Documents manquants (pages, cahiers...)
NF Z 43-120-13

L'INSTRUCTION PUBLIQUE DES FEMMES

EN FRANCE

L'INSTRUCTION PUBLIQUE

DES

FEMMES EN FRANCE

PAR

LE D' J. WYCHGRAM

PROFESSEUR A L'ÉCOLE SECONDAIRE MUNICIPALE DE JEUNES FILLES DE LEIPZIG

TRADUIT PAR

E. ESPARCEL

EMPLOYÉ AU MINISTÈRE DE L'INSTRUCTION PUBLIQUE ET DES BEAUX-ARTS,
OFFICIER D'ACADÉMIE

> Le peuple qui a les meilleures écoles est le premier peuple; s'il ne l'est pas aujourd'hui, il le sera demain.
>
> JULES SIMON.

PARIS

LIBRAIRIE CHARLES DELAGRAVE

15, RUE SOUFFLOT, 15

—

1889

A Monsieur

Le Professeur Dr WILHELM NŒLDEKE

A LEIPZIG

HOMMAGE DE RESPECT ET DE VÉNÉRATION

L'AUTEUR

AVANT-PROPOS DU TRADUCTEUR

Le livre du Dr Wychgram dont nous offrons aujourd'hui la traduction au lecteur français, date déjà de l'année 1885 ; il n'a cependant rien perdu de son intérêt. Conçu dans un esprit large, favorable à notre enseignement secondaire des jeunes filles, cet ouvrage a été maintes fois cité, et toujours avec éloge, depuis son apparition.

Parmi les diverses publications en France dans lesquelles l'ouvrage de M. Wychgram est cité ou apprécié, on peut signaler spécialement les suivantes :

Janvier 1886. — *Revue des Deux Mondes* : L'enseignement secondaire des jeunes filles d'après un livre allemand, par G. Valbert (V. Cherbuliez).

15 janvier 1886. — *Revue pédagogique* : L'instruction publique des Femmes en France, par J. S.

Mars et mai 1886. — *Revue de l'enseignement secondaire des jeunes filles* : I. L'Instruction des Femmes en France ; II. Remarques sur l'enseignement secondaire des jeunes filles en France, par J. Gaubert.

19 avril 1886. — *Journal des Débats politiques et littéraires* : L'Education des filles d'après un Allemand.

24 avril 1886. — Le *Temps*.

2 mai 1886. — Le *Rappel* (Frédéric Montargis).

16 mai 1886. — Le *Progrès* (Journal de Lyon).

28 juin 1886. — Le *Figaro*.

3 septembre 1886 : Le *Petit Parisien* (Jean Frollo).

18 septembre 1886. — La *France* : Un problème pédagogique, par Raoul Frary.

15 août 1886. — *Revue internationale de l'enseignement* : La loi

Camille Sée jugée par un Allemand, par E. Dreyfus-Brisac (voir aussi pour cet article: L'Education nouvelle, par E. Dreyfus-Brisac, 2ᵉ série, pages 266-276 ; Paris, Masson, 1888).

Octobre 1887. — *Étude sur l'organisation, le fonctionnement et les progrès de l'enseignement secondaire des jeunes filles de 1879 à 1887*, par A. Villemot (Paris, Dupont) ; le livre de M. Wychgram est cité une douzaine de fois.

Avril 1889. — *Aperçu sur la situation de l'enseignement secondaire des jeunes filles en Allemagne*, par Eugène Blum (Paris, Dupont) ; M. Blum a cité le Dʳ Wychgram une dizaine de fois.

Nous devons ajouter que M. Wychgram continue à s'intéresser à l'importante question de l'enseignement secondaire des jeunes filles ; il a publié à ce sujet dans la « Zeitschrift für weibliche Bildung » deux articles très intéressants (mars et avril 1886) et récemment dans la « Mädchenschule » de Bonn (n° du 2ᵉ trimestre 1888) une appréciation détaillée de la brochure de M. Camille Sée sur l'enseignement secondaire des jeunes filles en Belgique.

M. Wychgram a divisé son livre en cinq chapitres, dont nous donnons ci-dessous une analyse rapide.

Chapitre premier. — Historique de la question de l'enseignement des femmes en France : 1° jusqu'à la Révolution ; 2° jusqu'à la loi Camille Sée.

Chapitre II. — La loi Camille Sée. — L'auteur, tout en ne cachant pas ses sympathies pour cette loi, expose impartialement les théories qui se sont fait jour soit à la Chambre, soit au Sénat ; il reproduit les passages les plus importants des discours prononcés aussi bien par les adversaires que par les partisans de la loi.

Dans le *chapitre III*, l'auteur étudie les principaux décrets et arrêtés ayant pour objet l'organisation des lycées et collèges et en particulier le règlement du 28 juillet 1884.

Le *chapitre IV* traite de l'École normale de Sèvres. M. Wychgram retrace l'historique de cette école, dont il donne le programme. Il fait les plus grands éloges de l'école.

Pour terminer (*chapitre V*), M. Wychgram étudie notre enseignement primaire supérieur; il s'attache plus spécialement à l'examen des écoles normales d'instituteurs et d'institutrices et à l'École normale primaire supérieure de Fontenay-aux-Roses.

Nous espérons qu'en publiant cette traduction d'un livre remarquable, nous aurons contribué à répandre dans notre pays le goût des questions qui se rattachent à l'éducation des femmes et à l'instruction des jeunes filles.

Juillet 1880.

E. Esparcel.

PRÉFACE

Lorsque feu le Conseiller intime supérieur du gouvernement, le Dr Louis Hahn, publia, en 1848, son exposé détaillé et bien connu de l'état de l'enseignement en France à cette époque, il ne put consacrer que quelques pages à la situation de l'instruction publique des jeunes filles, tant ce que l'on avait fait jusque-là sous ce rapport était de peu d'importance. Il résuma son jugement dans ces paroles sévères, mais parfaitement justifiées :

« Pour les écoles de filles, tout reste encore à faire. Sauf en ce qui concerne le degré élémentaire, tout a été, jusqu'ici, abandonné au hasard, à l'industrie privée et au bon plaisir des particuliers. On voit clairement que l'opinion publique n'a même pas un pressentiment de la grande et impérieuse nécessité ni des conditions essentielles de la réussite de l'œuvre à entreprendre : toutes les tentatives d'amélioration sociale du pays seront cependant inutiles, si on ne commence par en poser la base de ce côté-là. »

La troisième République a, sur ce point comme sur beaucoup d'autres, réparé ces péchés d'omission des gouvernements antérieurs : en y consacrant des sommes importantes, elle a créé pour le sexe féminin un enseignement vaste et très bien organisé, et elle le considère comme une condition indispensable de l'œuvre de régénération nationale. Dans toute ville de quelque importance s'élève maintenant un lycée ou un collège de filles, où l'instruction est donnée au nom de l'Etat. En outre, presque chaque petit village possède son école primaire de filles, et dans chaque département une École normale d'institutrices pourvoit au recrutement du personnel enseignant. Les grandes Écoles nationales de Fontenay-aux-Roses et de Sèvres sont, pour les femmes, les pendants des Écoles de Saint-Cloud et de Paris, destinées aux hommes.

Dans le cas même où nous, Allemands, nous possèderions un enseignement des femmes si parfait que nous n'eussions plus rien à apprendre des autres nations, il serait encore très intéressant pour nous de connaître les nouvelles créations de nos voisins. Cependant, nous pensons que c'est plus qu'un intérêt théorique qui doit nous faire souhaiter d'acquérir cette connaissance. Sans doute, tout ce qui concerne l'organisation militaire et l'instruction des garçons doit exercer une action prépondérante sur la prospérité d'une nation et l'accroissement de sa force morale ; néanmoins il ne faut pas méconnaître la grande influence que peut avoir, à ce point de vue, l'adoption d'un système sain et convenable pour la formation de l'esprit des femmes. D'ailleurs, pour le progrès même de nos institutions nationales, il est indispensable de les comparer aux institutions étrangères.

Dans un assez long séjour en France, je me suis imposé la tâche d'obtenir une connaissance approfondie de l'organisation et du fonctionnement de l'enseignement des femmes : c'est le résultat de mes études que j'expose dans cet ouvrage.

Je me sens tenu d'exprimer ici mes sincères remerciements à toutes les personnes qui m'ont aidé à atteindre mon but. Mes remerciements s'adressent non seulement au très méritant et très compétent propagateur de l'enseignement des femmes en Allemagne, qui a bien voulu agréer la dédicace de cet ouvrage, mais encore au Conseil municipal de Leipzig, aux autorités françaises et principalement à celles de l'Académie de Paris ; ils s'adressent aussi à M. le Conseiller intime Dr Bornemann (Dresde), à M. le Conseiller municipal Franz Wagner (Leipzig), à M. le professeur Dr Stephan Waetzoldt (Hambourg), à Mme la Vicomtesse du Peloux, à Mme Mathilde Salomon (directrice du collège Sévigné), à Mlle Provost (directrice du lycée Fénelon), à Mme Ferrand (directrice de l'Ecole normale primaire d'institutrices), ainsi qu'à l'honorable M. Oct. Gréard, vice-recteur de l'Académie de Paris ; à M. Camille Sée, Conseiller d'Etat, à Paris ; à Mme Jules Favre, à Sèvres, et à M^m de Friedberg (directrice de l'Ecole normale primaire supérieure), à Fontenay-aux-Roses.

Leipzig, été de 1885.

Dr J. WYCHGRAM.

TABLE DES MATIÈRES

	Pages.
Avant-propos du traducteur	VII
Préface de l'auteur	XI
Table des matières	XV

Chapitre Ier. — *Coup d'œil rétrospectif sur l'histoire de l'enseignement des femmes en France*. 1

    I. Jusqu'à la Révolution : L'éducation des femmes au moyen âge, Pierre Dubois, l'éducation dans la famille, déclin de l'instruction des femmes à la fin du moyen âge, Renaissance et Réforme, Vivès et Erasme, femmes ayant des connaissances littéraires, écrits sur l'éducation des jeunes filles : Mlle de Scudéry, Mme de Sévigné, Saint-Evremond, La Bruyère, Malebranche, Poullain de la Barre, l'abbé Fleury ; les ordres féminins d'instruction, Port-Royal et Jacqueline Pascal, décadence de l'enseignement donné par les couvents ; Fénelon, Mme de Maintenon à Saint-Cyr, Rollin, Mme de Lambert ; suite de la décadence de l'enseignement ecclésiastique au xviiie siècle, projets de réforme : l'abbé de Saint-Pierre, Mme de Miremont, Bernardin de Saint-Pierre, l'instruction des filles dans la maison paternelle, Rousseau.

    II. De la Révolution à la troisième République : La Révolution et l'éducation des femmes, Talleyrand, Condorcet, Lakanal, l'enseignement libre, Mmes Campan, l'instruction publique des femmes au xixe siècle, Guizot, Barthélemy Saint-Hilaire, enseignement secondaire des jeunes filles : pensions, institutions, cours, controverses pédagogiques ; Duruy, cours de la Sorbonne ; écrits théoriques : Bonnin, Mme de Rémusat, Mme Guizot, Mme Necker de Saussure, Aimé Martin, Dupanloup.

Chapitre II. — *La proposition de loi Camille Sée et le Parlement français.*   67

    Exposé des motifs, discussion à la Commission, discussion à la Chambre des Députés, première et deuxième lectures : M. Keller, M. Camille Sée, question de l'internat, bourses, plan d'études ; discussion au Sénat : M. de Richemont, l'enseignement de la morale, M. Henri Martin, M. Chesnelong, M. J. Ferry, amendement Fresneau, M. le duc de Broglie ; promulgation de la loi Camille Sée ; tableau comparatif des projets de loi relatifs à la création de l'enseignement secondaire des jeunes filles.

CHAPITRE III. — *Les établissements publics d'enseignement secondaire pour les jeunes filles (Lycées et collèges de jeunes filles)*. 104

I. Plan d'études : langue et littérature françaises, morale, histoire, géographie, cosmographie, mathématiques, sciences naturelles, physique, chimie, langues vivantes, droit usuel, économie domestique, hygiène, gymnastique, dessin, histoire de l'art ; résumé, valeur du plan d'études, matières obligatoires et facultatives.

II. — Organisation extérieure des écoles : classes préparatoires, division des classes secondaires, examen de sortie, personnel administratif et enseignant : la directrice, l'économe, les maîtresses, maîtresses répétitrices ; conditions d'admission, discipline, emploi du temps, examens de passage, traitements, composition exclusivement féminine du personnel enseignant ; succès de la loi Sée, le collège Sévigné à Paris.

CHAPITRE IV. — *Les études préparatoires du personnel enseignant des lycées et collèges* 159

Maîtresses ou professeurs, l'Ecole normale d'enseignement secondaire pour les jeunes filles, installation de l'Ecole à Sèvres, vie intérieure de l'Ecole ; Mme Jules Favre ; qualité de l'enseignement, sections, examen d'admission, répartition de l'enseignement, méthode, concours d'admission à l'Ecole de Sèvres (juillet 1883), agrégation, certificat d'aptitude pour l'enseignement secondaire des jeunes filles.

CHAPITRE V. — *Ecoles primaires et écoles normales primaires*. 182

Ecoles normales primaires, les écoles primaires de la République, esprit de l'enseignement congréganiste, importance de l'instruction laïque en France, organisation de l'enseignement primaire des filles, instructions générales ; les écoles chrétiennes ; but des nouvelles lois.

Des écoles normales primaires, comparaison des écoles normales d'instituteurs et d'institutrices, dispositions générales, examens des institutrices primaires : brevet élémentaire, brevet supérieur ; l'école normale primaire supérieure de Fontenay-aux-Roses, certificat d'aptitude à la direction des écoles normales primaires, certificat d'aptitude au professorat des écoles normales primaires, inspection des écoles par des femmes.

CONCLUSION. 225

Ier SUPPLÉMENT. — 1. Loi relative à la création d'établissements destinés à l'enseignement secondaire des jeunes filles (21 décembre 1880). . . 228

2. Ecole normale d'enseignement secondaire de Sèvres. 230

2e SUPPLÉMENT. — L'Institut protecteur des femmes de la société, à Paris . 231

CHAPITRE PREMIER

COUP D'ŒIL RÉTROSPECTIF SUR L'HISTOIRE DE L'ENSEIGNEMENT DES FEMMES EN FRANCE (¹)

I

JUSQU'A LA RÉVOLUTION

En France, comme dans les autres pays catholiques, l'Eglise fut, pendant la première moitié du moyen âge, la seule institutrice de la jeunesse. Sans doute, une instruction laïque était bien donnée çà et là; Charlemagne lui-même ouvrit l'ère d'une sorte de renaissance littéraire qui posséda momentanément une certaine indépendance vis-à-vis de l'Eglise; mais jusqu'au XIIe siècle l'Eglise resta maîtresse de presque tout ce qui regarde la culture intellectuelle et l'enseignement des sciences. Les cloîtres avec leurs dépendances deviennent les centres de la vie intellectuelle; c'est là que l'on cultive les sciences, chacun selon ses moyens et selon la règle de son ordre; tantôt le moine, dans la solitude de sa cellule, recueille sur des parchemins l'héritage littéraire de l'antiquité, tantôt il enseigne aux fils des nobles les éléments de la science humaine.

Dans les couvents de femmes, on donnait également l'instruction aux jeunes filles, mais principalement et presque exclusivement à celles qui depuis leur enfance étaient destinées à la vie du cloître. Le programme d'une semblable éducation était très restreint : Lecture, Ecriture, Chant, Grammaire (dans le sens que le moyen âge attachait à ce mot), lecture des saintes Ecritures et des Pères

---

1. L'ouvrage de P. Rousselot : *Histoire de l'éducation des femmes en France* (2 vol., Paris, Didier), m'a été d'un grand secours pour la composition de ce chapitre.

de l'Eglise. Même dans les couvents de femmes, toute instruction était donnée, tout exercice intellectuel était fait en latin; et, détail caractéristique, les femmes maniaient cette langue avec autant d'habileté que les hommes. Il est facile de s'en convaincre en jetant un coup d'œil sur les lettres d'Héloïse. Mais tous ces travaux avaient surtout un but ascétique. Ils n'étaient pas destinés à ouvrir des horizons nouveaux, mais à écarter les pensées frivoles que favorise à un si haut point l'oisiveté de la vie monacale: « Prie, écris, lis, fais des vers, et tu écarteras de toi les mauvaises pensées », écrivait un abbé du couvent de Bourgueil à une religieuse d'un cloître voisin.

C'est à peine si l'instruction, en général, poursuivait au moyen âge un but social, encore moins celle donnée aux femmes. Considérer les écoles au point de vue du bien qu'elles font à la société, le moyen âge en était loin. La manière de voir de Pierre Dubois, célèbre légiste et ministre de Philippe le Bel, nous touche tout particulièrement pour ce motif. Dans un opuscule (*sur le recouvrement de la Terre Sainte*) qu'il présenta à Edouard V d'Angleterre, il développe à peu près les pensées suivantes : Les Croisades n'avaient pu atteindre leur but par la force des armes. Il fallait les remplacer par une tentative de conquête morale de l'Orient. Dans ce but, il fallait introduire dans ces pays les idées et les mœurs du Christianisme. A quels meilleurs missionnaires que les femmes pouvait-on confier cette tâche? Pourquoi ne pas obliger les prêtres du rite grec, auxquels le célibat n'est pas imposé, pourquoi ne pas obliger les Sarrasins eux-mêmes à épouser des femmes chrétiennes, à la condition cependant que celles-ci apporteront non seulement des vertus, mais encore des connaissances suffisantes pour se rendre utiles à ces nations étrangères? On devait donc, dans la pensée de Dubois, diriger dans ce sens l'éducation des filles. Mais pour que l'instruction donnée aux femmes portât ses fruits, il fallait diminuer notablement le nombre des couvents. Les revenus de ceux que l'on supprimerait serviraient à fonder de grandes écoles nationales d'enseignement pour le sexe féminin. Les jeunes filles y seraient reçues dès l'âge de quatre ou cinq ans. Les matières du programme seraient : la religion, le latin jusqu'à complète intelligence, le grec, l'hébreu, l'arabe, de telle sorte qu'elles fussent en état de converser avec les peuples orientaux; mais, de plus, des connaissances théoriques et pratiques assez étendues en histoire naturelle, en médecine et en chirurgie. Ainsi les femmes chrétiennes gagneraient la confiance des peuples de l'Asie, leur deviendraient indispensables et ramèneraient à la vraie foi les infidèles et les schismatiques.

Il va de soi que ce projet ne fut pas mis à exécution. Mais, eu égard à l'époque, on est touché et surpris de cette pensée que la femme, dont toute l'éducation depuis l'origine du christianisme semblait n'être dirigée que vers un but placé au delà de ce monde, que la femme, dis-je, a sur cette terre une mission à remplir, et que cette mission exige des connaissances solides.

Il faut ajouter que les couvents ne changèrent rien dans leur enseignement et que ni les Etats ni les villes ne firent quoi que ce soit pour l'enseignement des filles. Cependant, vers la fin du XIII° siècle, se montre en France un élément puissant qui ouvre à la femme, du moment qu'elle n'est pas destinée à prendre le voile, le chemin vers une éducation laïque relativement bonne : l'éducation dans la famille. C'est d'abord chez les nobles et chez quelques riches bourgeois que l'on s'habitue à donner un précepteur aux jeunes filles. Les matières enseignées varient selon le temps et le lieu. Si, dans le principe, l'enseignement du couvent sert de modèle, l'influence et les besoins de la société laïque ne tardent pas à se faire sentir. Au XIV° siècle la langue et la littérature françaises constituent le noyau de l'instruction des filles. La connaissance du latin devient de plus en plus rare chez la femme ; ce sont les produits de la littérature française, fabliaux, romans de chevalerie, chansons de gestes, qui deviennent les livres servant à exercer la mémoire des filles.

On est tenté de croire, eu égard à la place importante occupée, littérairement parlant, par les femmes dans les *Cours d'amour*, qu'il y avait dès ce temps, chez elles, une certaine préciosité. Cette raison seule peut avoir donné naissance à la série d'écrits relatifs à la question, toujours vivante, de savoir si la femme doit, ou non, recevoir une éducation scientifique. Les jurisconsultes principalement, dans leurs traités sur la loi salique, ne peuvent témoigner assez d'indignation contre les femmes qui s'occupent de sciences.

« Toutes fames, dit Pierre de Navarre (1), doivent savoir filer et
« coudre, car la pauvre en aura mestier et la riche conoistra
« mieux l'œuvre des autres. A fame ne doit-on apprendre lettres
« ni escrire, si ce n'est espéciaument pour estre nonain ; car par
« lire et escrire de fame sont maint mal avenu : car tiex li osera

---

1. *Les quatre temps d'âge d'ome*, cf. *Hist. Litt.*, XXI, p. 443.

« baillier ou envoier lettres ou faire jeter devant li, qui seront de
« folie ou de prière en chançon ou en rime ou en conte qu'il
« n'oserait dire ni proier de bouche ne par message mander : et
« si n'eust été nul talent de mal faire, li diables est si soinis et
« entendans à faire péchier, que tost la mettrait en corage que
« eles lise les letres et li face respons »

Nous trouvons de semblables idées soutenues par des prêtres qui combattent l'instruction des femmes au moyen de toutes sortes d'arguments empruntés avec art à la Bible (1). Ces opinions rencontrèrent cependant en France, au moyen âge, une vive opposition et furent habilement combattues. Il suffit de lire la *Cité des Dames* de Christine de Pisan, femme de talent, devenue tout à fait Française par son éducation et sa manière de comprendre la vie. « Comme doncques est-il a penser, dit-elle, que bonnes leçons et doctrines les (femmes) peut empirer. Cette chose n'est pas à soutenir. » Dans les rangs élevés du tiers état l'opinion qui accorde à la femme le droit à une culture intellectuelle appropriée à sa situation est de beaucoup prépondérante, comme nous le montre le *Ménagier de Paris* (2). Il faut d'ailleurs que des écoles de filles proprement dites aient déjà existé, en petit nombre, à Paris, au xiv° siècle, puisque nous trouvons, en 1357, un règlement scolaire qui défend expressément aux instituteurs de recevoir des filles dans leurs écoles et aux institutrices d'admettre des garçons (3). Une liste qui date de 1380 donne même les noms des institutrices qui ont assisté à une réunion pédagogique à Paris (4). Mais dans les provinces, la femme n'en était pas moins totalement négligée sous le rapport de l'instruction.

La Pucelle d'Orléans ne savait ni lire ni écrire, et ce n'est pas sans une certaine tristesse que nous lisons ce passage dans une prière adressée par une femme à la Vierge Marie :

Femme je sui, povrette et ancienne,
Ne rien ne sçays, onques lettres ne leus !

---

1. L'évêque de Troyes, Lesguisé, prétendait, dans la préface d'un programme qu'il avait rédigé pour les écoles placées sous sa direction (1436), que Jésus-Christ avait dit plusieurs fois : Paissez mes agneaux, et qu'il n'avait dit qu'une seule fois : Paissez mes brebis, et que par ces dernières il entendait les jeunes filles. Cf. Vallet de Viriville, *Histoire de l'instruction publique en Europe*, p. 210.
2. 2 vol., Paris, 1846-47 (publié par la Société des bibliophiles).
3. Félibien, *Histoire de Paris*, II, 447 et suivantes, chap. ix : « Idem : Il est défendu à tous maîtres de tenir des filles dans leurs écoles et aux maîtresses de tenir des garçons sous quelque prétexte que ce soit. »
4. Ibid., pages 449 et suivantes.

Ce furent la Renaissance et la Réforme qui donnèrent en France, comme en Allemagne, la première impulsion féconde à l'instruction des femmes. Si la Renaissance a défendu, au profit d'une certaine classe de la société, le droit de la femme à recevoir une éducation semblable à celle de l'homme et surtout à aborder l'antiquité classique, dans l'étude de laquelle l'homme instruit voyait le but suprême et le moyen par excellence de la culture intellectuelle, c'est la Réforme qui a posé, en s'efforçant de le faire prévaloir, le principe de l'instruction du peuple et de l'égalité des deux sexes devant ce principe.

La Renaissance italienne nous offre déjà plusieurs traités de pédagogie dans lesquels il est question, en passant il est vrai, mais non point cependant comme de quelque chose d'accessoire, du droit de la femme à l'instruction, droit qui se dégage des idées plus généreuses qu'on s'est faites de la société humaine (1). Mais les discussions les plus importantes sur cette question ont été soulevées par deux humanistes dont l'esprit s'est développé en subissant l'influence de la science française, et dont l'un n'a cessé d'être revendiqué par les Français comme un des leurs, — Vivès et Erasme. Nous avons caractérisé (2) plusieurs fois, et en nous plaçant à des points de vue différents, les opinions de ces deux hommes. Il nous suffira d'en faire ressortir ici seulement les points principaux. Tous deux réclament énergiquement que, dans les classes élevées, la femme participe à la vie intellectuelle de la nation à laquelle elle appartient. Les motifs sur lesquels ils se basent l'un et l'autre sont avant tout les inconvénients sociaux résultant de la disproportion entre le degré d'instruction de l'homme et celui de la femme. En même temps et malgré la distance qui les sépare tous les deux de l'Eglise catholique, on voit reparaître chez eux les idées qui ont guidé les Pères de l'Eglise et les écrivains ecclésiastiques du moyen âge dans les jugements qu'ils ont portés sur les occupations scientifiques de la femme. Quant à ce que doit apprendre la femme, nos humanistes n'ont pas sur ce point d'idées bien nettes. Ils ne conçoivent pas un plan d'études destiné à l'instruction d'une catégorie nombreuse de jeunes filles; ils ne recherchent pas, par des études psychologiques, les besoins et la

---

1. P. P. Vergerius, *De ingenuis moribus et liberalibus studiis* et M. Vegius, *De educatione liberorum* (2 éditions, Paris, 1508, et Tübingue, 1513) attribuent faussement cet ouvrage à Francesco Filelfo.
2. Wychgram, *Œuvres choisies de Vivès*; Vienne, 1883 (p. 67-69). Vivès, *Traité de l'éducation des femmes*; Vienne, 1883.

méthode d'enseignement particuliers à l'un et l'autre sexe. Les programmes qu'ils ont composés, et que nous possédons, sont, pour la plupart, destinés à des personnes étudiant isolément; ils ne peuvent donc nous fournir d'indications sur leur manière générale de voir à ce sujet. On a donc tort de prétendre, comme on l'a fait quelquefois, que Vivès avait recommandé d'enseigner le grec aux jeunes filles et de leur mettre entre les mains Platon et Aristote : il n'a conseillé cette mesure que pour la princesse Marie d'Angleterre ; cependant on s'aperçoit que Vivès et Erasme s'accordent à reconnaître l'utilité pour les jeunes filles d'apprendre le calcul, l'écriture et surtout la lecture ; qu'on les mette à même de comprendre et d'apprécier, en outre de la Bible, un choix d'ouvrages de la littérature profane. Chez l'un et chez l'autre, on retrouve le désir déjà rencontré chez Dubois, que les jeunes filles possèdent des connaissances en physique, en médecine ainsi qu'en d'autres matières dont l'utilité est manifeste en bien des circonstances de la vie. Ce qui nous importe surtout, c'est ce que ces deux humanistes placent la femme en face de l'homme, ils lui accordent les mêmes droits et soutiennent que le bien de la société exige que la femme soit munie de tous les moyens pour s'acquitter de la mission qui lui est dévolue ; pour cela, il faut en première ligne développer son instruction.

Cette idée, conséquence naturelle de la Renaissance, est ce qui donne aux traités de Vivès et d'Erasme une place dans cette esquisse, plus particulière à la France. La société sent qu'un souffle puissant de progrès traverse le temps ; l'idée de famille devient plus nette; la famille elle-même devient, en face de l'universalité humaine, un petit monde à part ; elle forme le complément naturel de l'individu, auquel la Renaissance a rendu ses droits d'homme ; du sentiment éclairé des sublimes devoirs qui incombent à la famille, en tant que famille, pour le bien-être de la société, résulte naturellement cette conviction que la femme a une influence capitale, puisque c'est elle qui, entourée de ses enfants, est appelée à soutenir et à faire prospérer la famille.

Les écrits d'Erasme et de Vivès furent particulièrement goûtés en France, et la traduction les rendit promptement accessibles aux femmes qui ignoraient le latin. Ils eurent un grand nombre d'imitateurs (1). Il va sans dire que l'influence qu'ils ont exercée

---

1. Un livre original est celui de Pierre Hubert : *Le miroir de vertu et chemin de bien vivre;* Paris, Jean Caveillier, 1559.

ne peut être mesurée exactement ; l'important, c'est qu'ils ont contribué à modifier l'opinion publique au sujet de la question qui nous occupe.

Le xvi° siècle nous présente en France un grand nombre de femmes qui, à l'intérêt qu'elles prennent aux sciences, joignent une connaissance plus ou moins nette de la position et des devoirs de leur sexe ; le nombre de ces femmes n'est pas restreint aux rangs des dames de la cour et de la noblesse ; c'est peut-être chez les femmes du tiers état, plutôt qu'à la Cour bel-esprit de François Ier, que nous rencontrons, pour les intérêts intellectuels, les soins les plus purs et les moins entachés d'arrière-pensées égoïstes ; c'est au sein de la famille qu'on voit étudier des jeunes filles comme Nicole Estienne, nièce du célèbre Robert Estienne ; on les voit se familiariser avec les littératures classiques, dont elles sauront plus tard rendre l'étude chère aux personnes de leur entourage. Nous entendons dire que des jeunes filles appartenant à des familles de savants ont su le grec, le latin, même l'hébreu, sans avoir jamais mérité le reproche d'avoir été de mauvaises ménagères.

L'éducation des jeunes filles cessa naturellement d'être dirigée vers l'étude des classiques lorsque l'éclosion d'une grande littérature nationale donna du prix, en France, à la langue du pays. Il est digne de remarquer que ce sont les femmes qui ont pris une part très importante au perfectionnement de la langue française ; et sous bien des rapports, même dans la littérature du grand siècle, les femmes ont exercé une influence dont l'étendue et l'efficacité ne peuvent être trouvées ailleurs. L'extrême délicatesse de sentiment en fait de langue qui, encore aujourd'hui, caractérise la femme française, nous ne la trouvons pas seulement chez les femmes grands écrivains telles que Mme de Sévigné ou Mme de Maintenon. Les hommes leur reconnaissent cette qualité sans en être jaloux (1). Tous les genres de littérature ont leur origine dans les salons influents des grandes dames (2) : le style épistolaire, élevé par Mme de Sévigné à la hauteur d'un art, naquit à l'hôtel de Rambouillet ; les Samedis de Mlle de Scudéry favorisèrent les à-propos et l'épigramme ; c'est chez la duchesse de Montpensier, au Luxembourg, qu'on lut pour la première fois les portraits lit-

---

1. Dans les doutes de la langue, il vaut mieux, pour l'ordinaire, consulter les femmes. Vaugelas, *Remarques sur la langue française*, I, 78.
2. Rousselot, *Histoire de l'éducation des femmes*; Paris, Didier, I, 213 et suivantes.

téraires, dont La Bruyère est l'auteur devenu classique ; enfin, chez Mme de Sablé, on cultive les Maximes et les Pensées. Nous pourrions citer des douzaines de femmes qui, dans ces centres de vie littéraire, ont exercé une influence décisive sur le développement de la langue et de la littérature françaises. Ce n'est pas seulement à Paris que nous voyons des femmes jouer ce rôle, c'est aussi en province, à Montpellier, à Dijon, même en Auvergne (1). N'oublions pas que cette participation des femmes au mouvement littéraire a eu, sur la vie intellectuelle de la France, une influence salutaire qui n'est pas à dédaigner pour avoir quelquefois donné naissance à des « précieuses » ou des bas-bleus. Il ne faut d'ailleurs pas juger ce phénomène dans son ensemble d'après les comédies de Molière ; pas plus qu'Aristophane, Molière ne nous donne de son temps une image exacte. Il s'élève contre un abus, mais c'est peut-être lui qui est le champion le plus ardent d'une instruction solide, mais modeste, de la femme (2).

Lorsque, parmi les femmes, il y a tant de têtes qui réfléchissent, je dirais volontiers des têtes spéculatives, comme au siècle du grand roi, il va sans dire que beaucoup d'entre elles s'occupent avec une prédilection toute particulière des questions qui ont trait à l'éducation des femmes. Un instinct naturel pousse même dans cette voie celles qui semblent d'ordinaire n'exister que pour le bel esprit. Dans son roman si fort admiré, *Artamène ou le Grand Cyrus* (3) Mlle de Scudéry consacre nombre de pages à discuter la manière dont les jeunes filles doivent être élevées et instruites: « Que l'on fait donc peu, dit-elle avec amertume, pour donner du savoir et de la clairvoyance à notre sexe. Je demande qu'on lui mette en main tous les moyens de se procurer des connaissances utiles ; jusqu'à présent, et sauf quelques rares exceptions, l'instruction des filles ne va pas au delà de la lecture, de l'écriture, de la danse et du chant. Et malgré cela les hommes veulent que, jusqu'à leur dernier soupir, et dans toutes les circonstances de la vie, les femmes aient un jugement raisonnable, qu'ils n'ont pas toujours eux-mêmes. D'un autre côté, ils leur enlèvent tout moyen de développer leurs facultés intellectuelles. Je suis loin de proposer que les femmes soient savantes, ce qui au contraire serait,

---

1. Fléchier, *Mémoires sur les Grands Jours d'Auvergne*, I, 57, 74.
2. Cf. Les *Femmes savantes*, I, 3 ; l'*Ecole des femmes*, I, 1. — Voir aussi le remarquable article d'Adolphe Brisson dans l'*Enseignement secondaire des jeunes filles*, revue mensuelle dirigée par Camille Sée, V, p. 203 et suiv.
3. Paris, 1649-53, X, p. 560.

à mon sens, une grande erreur ; mais entre la science et l'ignorance absolue il y a un moyen terme que l'on devrait précisément adopter. Mais en quoi doit consister l'éducation de la femme ? Il ne s'agit point pour elle de faire provision de grandes connaissances spéciales, mais d'être capable de comprendre la conversation de l'homme instruit, de pouvoir disserter sur toutes choses, non par sentences et comme un livre, mais en quelque sorte comme la saine raison humaine qui médite et n'a pas à rougir de son savoir. » Ce passage de Mlle de Scudéry nous rappelle la femme vraiment instruite telle que nous la dépeignent Molière, et Goethe dans son *Tasse*. En lisant ces remarques de Mlle de Scudéry, on s'aperçoit bien vite combien il était déraisonnable de croire que Molière, dans ses *Précieuses ridicules*, avait voulu se moquer de cette femme.

Mme de Sévigné, avec ce bon sens qui lui est propre et ce sentiment naturel du juste qui la caractérise, a, elle aussi, esquissé un plan général de l'éducation des filles. On le trouve dans sa correspondance avec Mme de Grignan, quand elle parle de l'éducation de sa petite-fille, qui fut plus tard Mme de Simiane. Ce sont des idées que nous retrouvons en partie dans Fénelon et qui ne s'éloignent guère de celles qui ont cours à Port-Royal. Les jeunes filles ne devaient pas apprendre beaucoup, mais bien approfondir ce qu'elles apprenaient. Elle paraît attacher surtout de l'importance à ce qu'on leur enseigne soigneusement la lecture. Elle ne demande pas qu'on fasse lire aux jeunes filles des ouvrages nombreux et variés, mais qu'on les fasse lire souvent et en stimulant leur esprit. C'est par ce moyen seulement qu'on formera leur goût pour la lecture. Quant au choix des ouvrages à lire, elle n'est pas sévère ; elle ne repousse même pas les romans (que l'on songe à l'esprit dans lequel ils étaient alors écrits!) : car, dit-elle, « tout est sain aux sains » (1), et elle ne comprend même pas comment les romans pourraient corrompre les idées d'une jeune fille vivant dans la bonne société. Certes elle estime que des ouvrages d'histoire seraient préférables, d'autant que l'étude de l'histoire est le meilleur moyen d'élever l'esprit au-dessus des étroites limites de la vie journalière. On devra principalement donner aux jeunes filles des livres qui les amusent. La littérature, dans le sens propre du mot, voilà ce que Mme de Sévigné recommande comme le véritable domaine dans lequel doit s'exercer l'esprit de

---

1. *Lettres de Mme de Sévigné*, éd. Monmerqué. 8 vol. 1863, V. 33-36.

la femme. En même temps que les « belles oraisons funèbres d'un Fléchier, d'un Mascaron, d'un Bourdaloue », les tragédies de Corneille exercent une heureuse influence. S'il faut apprendre une langue étrangère, elle donne la préférence à la langue italienne, qui abonde en productions littéraires convenant beaucoup à la femme.

Une preuve de l'intérêt que le public éclairé prenait à ces sortes de discussions sur l'éducation, ce n'est pas seulement la grande faveur que le *Grand Cyrus*, par exemple, obtint auprès des lecteurs, faveur dont on aurait peine à se rendre compte aujourd'hui ; c'est aussi ce fait que beaucoup d'hommes, et parmi eux des écrivains renommés, discutent également de la meilleure éducation à donner aux jeunes filles. Saint-Evremond (1) écrit un traité : « La femme telle qu'elle doit être ; » il y trace le portrait de la femme vraiment instruite, aussi éloignée de la femme pédante que de la femme illettrée. Malheureusement, dit-il, on ne trouvera jamais l'original de cette femme. La Bruyère (2) se prononce dans le même sens ; il est même plus amer, car il attribue à la femme même la cause pour laquelle il n'existe pas de femme qui réalise le portrait tracé par Saint-Evremond. Elles ne savent se modérer ni dans leurs penchants ni dans leurs plaisirs ; elles manquent de cette indépendance et de cette suite dans le jugement sans lesquelles il est impossible de régler sa vie d'une manière logique et conforme à l'idéal. Le premier qui, à ce que nous sachions, ait posé et cherché à résoudre, d'une manière scientifique, la question de la différence qui existe entre l'esprit de l'un et de l'autre sexe, c'est Malebranche (3). Les fibres du cerveau sont, chez la femme comme chez l'enfant, infiniment plus fines et plus sensibles que chez l'homme ; par suite, les impressions extérieures sont plus fortement ressenties ; dans ces conditions, le calme et l'isolement du monde extérieur, nécessaires pour la continuation d'études sérieuses, sont plus pénibles pour la femme et par conséquent plus rares chez elle. Aussi, même lorsqu'il fait des efforts d'attention, l'esprit de la femme s'attache-t-il plutôt à l'extérieur et à la manière d'être des choses ; il en approfondit rarement la cause, car l'abstraction n'est pas son fait. Mais de cette différence des dispositions naturelles, Malebranche ne tire pas d'autres con-

---

1. *OEuvres de Saint-Evremond*: Paris, 1740, II, 350 (*La femme qui ne se trouve point et qui ne se trouvera jamais*).
2. *Caractères* (chapitre *des Femmes*).
3. *OEuvres complètes*. Paris, Charpentier, 1874, III, 222 et suivantes.

séquences. Il admet qu'il serait à désirer qu'on donnât aux filles une instruction solide ; mais il n'en discute pas les voies et moyens.

Trois écrivains, Poullain de la Barre, Fleury et Fénelon, nous donnent un grand nombre d'idées importantes sur l'éducation des femmes, dont ils s'occupent avec beaucoup de compétence. Sous le titre *De l'égalité des deux sexes, ou discours physique et moral où l'on voit l'importance de se défaire des préjugés*, le premier a publié un traité dans lequel il considère la femme à des points de vue très hardis pour son temps. Le genre humain se divise en deux grandes catégories : l'une qui a des connaissances, l'autre qui n'en a pas. A cette dernière appartiennent les femmes. Elles-mêmes d'ailleurs croient que c'est une conséquence nécessaire de la condition naturelle de leur sexe. — Mais ceci est une grande erreur : au contraire, les deux sexes sont également aptes à acquérir des connaissances. On exagère beaucoup la faiblesse physique des femmes et les défauts de leur caractère. Malgré les recherches les plus minutieuses, l'anatomie n'a pu découvrir jusqu'ici aucune différence dans la constitution du cerveau de l'homme et du cerveau de la femme. Or si les dispositions du cerveau, si la façon dont il travaille sont les mêmes, toutes les branches de la science sont accessibles à la femme. Nous avons tous, hommes et femmes, le même droit à la vérité, parce que notre esprit est également apte à la connaître. La connaissance de la vérité est la condition fondamentale du bonheur, car seule la vérité est constante au milieu de l'éternelle transformation de toutes choses ; et, encore une fois, le bonheur est inséparable de la vertu. Poullain de la Barre est donc bien près d'avoir l'idée que Molière fait ressortir dans l'*École des femmes* (1), c'est-à-dire que l'intelligence éclairée est une condition essentielle de la morale. Mais que les femmes sont loin d'avoir cette intelligence éclairée ! On ne pense pas à leur donner une instruction solide, l'égoïsme des hommes le veut ainsi. « Le miroir est le grand précepteur des femmes ; elles l'interrogent comme un oracle. » Et pourquoi l'Etat n'introduirait-il pas l'élément féminin parmi ses fonctionnaires ?

La femme médecin, avocat, même prêtre, remplirait certainement ses fonctions aussi bien que l'homme. Le livre de Poullain

---

1. *École des femmes*, I, 1 : « Mais comment voulez-vous, après tout, qu'une bête puisse jamais savoir ce que c'est qu'être honnête ? »

de la Barre est un chapitre particulièrement intéressant de l'histoire de la question de l'émancipation des femmes. Ce qui importe à notre but, c'est qu'il revendique l'égalité des deux sexes devant l'instruction.

L'abbé Fleury (1640-1728) s'est également occupé de la question de l'instruction des femmes dans un chapitre de son *Traité du choix et de la méthode des études*. « On a conclu, dit-il, que les
« femmes n'étaient point capables d'études ; comme si leurs âmes
« étaient d'une autre espèce que celles des hommes, comme si
« elles n'avaient pas aussi bien que nous une raison à conduire,
« une volonté à régler, des passions à combattre, comme s'il leur
« était plus facile qu'à nous de satisfaire à tous ces devoirs sans
« rien apprendre. Il est vrai que les femmes ont, pour l'ordinaire,
« moins d'application, moins de patience pour raisonner de suite,
« moins de courage et de fermeté que les hommes, et que la consti-
« tution de leur corps y fait quelque chose, quoique sans doute la
« mauvaise éducation y fasse plus ; mais en récompense, elles ont
« plus de vivacité d'esprit, plus de douceur et de modestie ; et si
« elles ne sont pas destinées à de si grands emplois que les hom-
« mes, elles ont d'ailleurs beaucoup plus de loisir, qui dégénère en
« une grande corruption des mœurs, s'il n'est assaisonné de quelque
« étude. Au reste, nous avons une raison particulière, en France,
« de souhaiter que les femmes soient éclairées et raisonnables, c'est
« le crédit et la considération qu'elles ont dans le monde. » Puis il esquisse un programme d'études. « Il faut leur enseigner les
« dogmes communs sans entrer dans la théologie et travailler
« surtout à la morale, leur inspirant les vertus qui leur convien-
« nent le plus et celles dont leur tempérament les éloigne le
« plus, comme la force, la fermeté, la patience. Pour l'esprit, il
« faut les exercer de bonne heure à penser de suite ; leur appre-
« nant le plus essentiel de la logique sans les charger de grands
« mots qui puissent donner matière à la vanité. La grammaire ne
« consistera pour elles qu'à lire et à écrire, et composer correcte-
« ment en français une lettre ou un mémoire. L'arithmétique
« pratique n'est pas moins nécessaire aux femmes qu'aux hom-
« mes ; elles ont encore plus besoin de l'économique. Il faut leur
« enseigner également les principes de la médecine et de la thé-
« rapeutique et leur donner pour les affaires du dehors des con-
« naissances en jurisprudence. » Fleury proscrit toute autre étude : le latin, de même que toutes les langues étrangères, l'histoire, les mathématiques, la littérature et toutes les autres curio-

sités n'ont, en tant que matières d'enseignement, aucune utilité pour les femmes; néanmoins, il les admet volontiers pour occuper les heures de loisir.

Pour faire ressortir la grande importance de Fénelon et de son célèbre ouvrage sur le développement des théories sur l'éducation des filles, il est nécessaire de jeter un coup d'œil sur les principes alors en vigueur dans les établissements d'enseignement dirigés par le clergé; nous apprécierons en même temps la physionomie particulière de Jacqueline Pascal et de la maison de Port-Royal. Cet examen nous fera comprendre Fénelon et Mme de Maintenon.

Fécondés par les idées de la Réforme d'une part, par celles du mysticisme de l'autre, les couvents essayaient, au XVII° siècle, par une modification partielle de leur règle, de donner la première place à l'instruction. En présence de l'ignorance générale des masses, l'Eglise voulait à toute force être maîtresse de l'enseignement. Partout nous voyons ses organes les plus autorisés tenter, par exhortations et amendements, d'arracher aux ténèbres de l'ignorance l'autre moitié du genre humain, c'est-à-dire les jeunes filles des classes pauvres. « Si la bonne instruction, dit un prêtre « du diocèse de Lyon en 1666, est nécessaire dans les pauvres « garçons, elle ne l'est pas moins pour la gloire de Dieu et le bien « public dans les pauvres filles, ce sexe ayant d'autant plus besoin « d'être soutenu par la vertu que sa faiblesse est plus grande et « que de leur bon commencement dépend leur fin heureuse. La « bonne éducation est une aumône permanente (1). » Les ordres de femmes établis en vue de l'instruction procédèrent de considérations de ce genre. Les *Ursulines* (fondées vers 1560 par Borromée) se répandirent en France dans le XVII° siècle et arrivèrent à compter jusqu'à 320 établissements; les *Augustines*, fondées vers 1600, agirent dans l'ouest de la France; en 1625, Mme de Combé fonda les *Filles de la Croix*, et dix ans plus tard, le célèbre saint Vincent de Paul fonda l'ordre important des *Filles de la Charité*.

Nous ne donnerons pas la liste complète de tous ces ordres. Ils se ressemblent sur ce point qu'ils se consacraient de préférence à l'instruction des classes inférieures du peuple; il y avait toujours à côté de leur couvent une école ouverte aux enfants les plus pauvres. Les « Constitutions » (2) de Pierre Fourier nous font voir

---

1. Rousselot, op. c., I, 348.
2. Constitutions de Pierre Fourier; 3ᵉ partie: *de l'Instruction des filles séculières*.

clairement à quel point les fondateurs de ces associations prenaient leur tâche à cœur. Pierre Fourier entre même dans les moindres détails, en ce qui concerne les devoirs des maîtresses et des écolières. Justice et humilité, telles sont les deux principales qualités qu'il exige des premières. « Qu'elles aient toujours présente à l'esprit l'importance des fonctions qui leur sont confiées. Car il est de toute nécessité pour le bien de l'Etat et de la famille que les jeunes filles soient élevées dans de bonnes mœurs ; non seulement on les habituera de bonne heure à l'ordre et aux bienséances, mais on leur donnera aussi quelques connaissances élémentaires très utiles telles que la lecture, l'écriture, l'arithmétique, les travaux à l'aiguille ; mais on les exercera principalement à rédiger leurs pensées dans un style simple et clair. » Nous trouvons des principes analogues dans les *Instructions* composées par Mme de Maintenon pour les écoles publiques des Ursulines qu'elle soutenait à Rueil.

Mais bien que les sœurs fussent animées de la meilleure volonté, les résultats qu'elles obtenaient n'étaient pas considérables. Bien souvent, pour suffire à leur tâche dans une vaste mesure, les moyens leur faisaient défaut ; souvent même il était difficile de trouver un local scolaire ; et lorsque, par suite des guerres de Louis XIV, le pays alla toujours en s'appauvrissant, la disproportion entre la bonne volonté et la possibilité d'exécution devint de plus en plus grande. Aussi, l'aptitude pédagogique des sœurs laissait-elle le plus souvent beaucoup à désirer et aux beaux projets des fondateurs ne répondait que trop fréquemment, dans la pratique, une exécution indigne d'eux.

Les grands établissements religieux créés pour l'instruction des jeunes filles appartenant aux classes aisées eurent une influence plus marquée sur la vie intellectuelle de la nation. Il y eut un grand nombre de couvents ayant ainsi des écoles de filles. Les Ursulines de Saint-Denis, de 1628 à 1657, firent l'éducation de quatre mille jeunes filles. On voit par là de quelle vogue jouissaient ces établissements. Et cependant leur organisation était si défectueuse, tant d'abus y étaient commis, que Fénelon et Mme de Maintenon ne crurent pouvoir déployer assez d'ardeur pour les faire disparaître.

Parmi ces établissements d'instruction pour les femmes, le couvent de Port-Royal mérite une mention toute particulière. Il s'est attaché, avec le plus de persévérance, à réaliser l'idée qui présidait dans ce temps à l'éducation donnée dans les couvents ;

resté en dehors des égarements accidentels des autres, il était en même temps affligé des défauts inhérents à son essence.

L'abbaye de Port-Royal avait été, en 1609, réformée par la sœur Jacqueline Arnaud. Elle admettait des pensionnaires « non pour une mais pour plusieurs années », comme le disent les Constitutions (1) parce qu'une année ne suffit pas pour les élever dans les bonnes mœurs, selon la doctrine du Christianisme. Les jeunes filles restaient enfermées dans l'établissement depuis l'âge de trois ou quatre ans jusqu'à seize ans. Nous pouvons nous faire une idée très nette de la vie et des exercices de cette maison d'après l'exposé qu'en fit la sœur Sainte-Euphémie (Jacqueline Pascal) pour l'abbé Singlin. On se lève à 4 heures (les toutes petites filles à 5 heures). On se peigne, on se lave très vite « afin de s'habituer à mettre le moins de soin possible à l'embellissement du corps ». Les grandes peignent et débarbouillent les petites et font leurs lits. On fait ensuite la prière et on se met au travail : on coud, on brode, on fait des lectures spirituelles. Pendant tous les exercices, on observe le silence le plus absolu. C'est là un trait essentiel de Port-Royal. C'est seulement pendant les récréations, alors que les petites jouent, qu'il est permis aux grandes de parler, mais toujours « familièrement et modestement, selon leur portée, pas toutes ensemble pour éviter le grand bruit », sans s'interrompre mutuellement, « ce que l'on leur fait voir être une grande incivilité ». Une organisation bien réglée préside aux exercices religieux. Les petites n'ont qu'à faire leur prière et aller à la messe : les autres offices ne sont suivis que par celles qui peuvent les comprendre. On veut empêcher par là les petites filles de devenir indifférentes et de perdre le respect de la religion, ce qui ne manque pas d'arriver lorsqu'on assiste à des cérémonies que l'on ne comprend pas. Élever les enfants dans le respect de la religion, voilà encore un des points essentiels de Port-Royal. C'est par ce moyen seulement que l'on croit pouvoir amener les enfants à se respecter eux-mêmes, ce qui doit être le but de toute éducation. La maîtresse doit toujours traiter les enfants avec amitié, mais en conservant une dignité mesurée. Toute familiarité qui pourrait égarer les jeunes filles est interdite. Tous ces principes méthodiques concernant la manière de traiter les différents âges, témoignent d'un remarquable esprit d'observation. On croirait

---

1. Les *Constitutions de Port-Royal* (avec le règlement pour les enfants), Mons, 1665.

difficilement que Fénelon lui-même eût pu écrire quelque chose de mieux sur l'art d'élever les femmes. Mais on s'étonne à la mention des punitions, qui ne sont nullement à la hauteur de cette clairvoyance pédagogique (1). On n'enseignait que fort peu de choses à Port-Royal : la lecture, l'écriture, le calcul, voilà tout ce que comportait le programme des études. Mais la méthode suppléait amplement au reste, et cette méthode de Port-Royal est unique : la lecture était conduite de telle sorte que son but essentiel était d'apprendre aux enfants à penser par elles-mêmes ; on engageait sans cesse l'élève à demander l'explication de ce qu'elle ne comprenait pas et la maîtresse amenait l'enfant, par la conversation, à trouver elle-même la réponse. Voilà un exemple de l'esprit de Port-Royal, esprit qui a rendu si fécondes les méthodes scientifiques et que de nos jours des hommes comme M. Bréal ont vanté comme celui auquel devait, sous peine de dégénérer, recourir l'enseignement moderne. En habituant les élèves à penser par elles-mêmes, en profitant dans ce but des mille circonstances de la vie journalière, on a récolté les fruits les plus précieux ; la meilleure lettre de recommandation pour une femme de ce temps était d'avoir été élevée à Port-Royal. Aucune vertu n'y était pratiquée machinalement ; la parfaite connaissance de sa valeur la rendait désirable.

> L'épouse que tu prends, sans tache en sa conduite,
> Aux vertus, m'a-t-on dit, dans Port-Royal instruite,
> Aux lois de son devoir règle tous ses désirs,

dit Boileau, et c'était là la simple expression de l'opinion publique.

On comprend facilement qu'une telle éducation dépendait entièrement de l'esprit dont la supérieure savait animer le couvent. Qu'un heureux tact en matière pédagogique fasse défaut à une Jacqueline Pascal et à ses auxiliaires, et les avantages que nous venons de signaler se changent en autant de défauts. L'exiguïté des programmes qui, grâce à l'excellente méthode de Port-Royal, donnait de si heureux résultats, était un danger redoutable pour les autres maisons religieuses. En n'enseignant que le peu qui était prescrit, on avait un excès de loisir ; il faut voir dans ce fait, selon l'avis unanime des contemporains éclairés, la cause

---

1. Le manque d'espace nous empêche de donner de plus longs extraits et nous renvoyons au règlement cité ci-dessus, pages 423, 459 et autres.

de toutes les erreurs dans lesquelles tombait l'éducation donnée au couvent. Le but primitif que s'étaient donné les fondateurs de ces ordres religieux d'enseignement, disparaissait de plus en plus : « Peu à peu, dit Rousselot (1), l'ancien esprit monastique pré-
« valut sur l'esprit pédagogique ; l'institution inclina à redevenir
« ce qu'elle avait été si longtemps : un couvent avec une école,
« au lieu d'être une école avec un couvent. L'idée qu'une femme
« prenait le voile dans le but d'être institutrice, c'est-à-dire de
« remplir des devoirs séculiers au lieu de passer le temps en orai-
« sons, en pratiques diverses, cette idée eut peine à germer, elle
« n'eut jamais de solides racines ; on en voit la preuve dans
« Mme de Maintenon, dont la plus grande difficulté en fondant
« Saint-Cyr fut de se procurer des institutrices. » Aussi l'instruction, dans bien des couvents, était-elle tout à fait nulle. « Les
« Ursulines, écrit Mme de Maintenon (2), sont les créatures les plus
« sottes que j'aie jamais vues. »

Il s'en fallait beaucoup d'ailleurs que la pureté des mœurs, qui fut toujours placée au premier rang à Port-Royal, régnât dans les autres couvents. On accueillait les jeunes filles, sachant qu'on ne devait les garder que quelques années, pour en recevoir de l'argent ; dans le but de leur rendre le séjour de la maison aussi agréable que possible, en vue de futures recommandations, on leur laissait faire ce qu'elles voulaient. C'est contre cette démoralisation des couvents, dont je parlerai encore dans la suite, que s'élevèrent les deux personnages distingués qui font autorité en cette matière, Fénelon et Mme de Maintenon, celle-ci en fondant la grande école de Saint-Cyr, celui-là en écrivant son célèbre traité *De l'éducation des filles*.

C'est par un heureux hasard que le jeune Fénelon, qui s'était fait avantageusement connaître par son administration comme curé de Saint-Sulpice et par quelques écrits, fut choisi par Monseigneur d'Harley, archevêque de Paris, pour diriger l'Institut des *Nouvelles Catholiques*. Il s'était formé, à Paris, des sociétés dans le but d'instruire les jeunes filles calvinistes dont les parents avaient été ramenés à l'Eglise catholique ; l'une de ces sociétés avait, à cet effet, fondé l'institut que nous venons de nommer. Fénelon se consacra à cet enseignement avec le plus grand dévouement ; il y trouva l'occasion de faire de nombreuses obser-

---

1. Op. c. 375.
2. A Mme de Brinon, 19 octobre 1682. *Lettres historiques*, I.

vations sur l'esprit particulier aux filles et sur les besoins pédagogiques qui en sont la conséquence. Il a consigné plus tard ces observations dans son traité qui, bien que destiné surtout à guider la duchesse de Beauvilliers dans l'éducation de ses huit filles, n'en traite pas moins, d'une façon générale, la question de l'éducation des filles. Ce traité a été imprimé, pour la première fois, en 1687, après être resté quelque temps en manuscrit chez les Beauvilliers.

Fénelon signale l'insuffisance des soins pris, dans son pays, pour l'éducation et l'instruction des jeunes filles. On ne se rend pas compte, dit-il, de toute l'influence qu'exerce la femme sur le sens moral d'une nation. Les premières impressions, ineffaçables, et qui sont pour la conduite ultérieure de la vie d'une importance décisive, l'homme les reçoit de sa mère ; et la femme exerce également sur l'adulte des impressions plus fortes que toutes les autres. Que de fois l'état d'esprit de l'homme, état d'esprit duquel dépendent ses actions, bonnes ou mauvaises, que de fois cet état d'esprit dépend-il de la femme, avec laquelle il vit en commun, selon l'ordre de la nature ? La société n'est pas une pure idée, elle est la réunion de toutes les familles ; et celui qui voit dans la famille le fondement de tout l'ordre moral doit convenir que l'éducation des filles ne mérite pas moins de sollicitude et de soins que celle des garçons. Le plus grand ennemi de l'instruction de la femme, c'est cette opinion que, la femme n'étant pas absolument indispensable au fonctionnement des rouages publics, n'ayant aucun emploi à remplir, il n'est pas nécessaire de lui imposer, pendant sa jeunesse, un travail sérieusement réglé, travail sans lequel l'homme ne se rendrait pas capable de remplir les fonctions qui lui seront dévolues. Mais cette idée résulte de ce que l'on méconnaît complètement l'importance du travail dans l'enfance ; le prix de ce travail ne consiste pas seulement dans le profit immédiat, dans les connaissances qu'il procure, mais dans un fonds de vertu qu'il laisse après lui, lorsqu'il a été bien dirigé, et même lorsque la matière sur laquelle il s'est exercé a disparu ou est oubliée. C'est là un point de vue que nous retrouvons dans la littérature ancienne, lorsque l'on vante l'occupation de la pensée dans la jeunesse, l'habitude de l'activité intellectuelle comme un préservatif contre la paresse dans l'âge mûr. Certes, Fénelon considère comme important de nourrir l'esprit de la jeune fille de précieuses matières d'étude et de méditation; mais il considère comme infiniment plus importante la manière dont ces matières doivent être assimilées, par le travail personnel et non par une absorption machinale. On comprend facilement qu'un tel précepte ne saurait être suivi dans la première enfance ; on ne peut en effet demander à l'enfant un travail d'assimilation que lorsque son esprit est arrivé à cet état de maturité qui lui permet de se concentrer sur un sujet.

Fénelon se livre à un examen tout particulier du premier âge. Il n'entre pas dans notre tâche de répéter ici les judicieuses réflexions qu'il fait sur l'âme des enfants et sur les procédés que doit employer le maître, procédés qui conviennent d'ailleurs aussi bien aux jeunes garçons qu'aux jeunes filles.

La partie capitale de la première instruction, lorsque l'enfant possède les éléments de lecture et d'écriture, Fénelon la voit dans la religion ; la religion n'est pas moins utile à la femme qu'à l'homme. Mais quoique Fénelon, conséquent avec ses convictions, veuille que la jeune fille reste sur le terrain de l'Eglise, il recommande tout particulièrement d'éviter la tentation de mêler aux leçons des questions dogmatiques. Pour lui, le devoir de la femme consiste à répandre la paix tout autour d'elle, et à mettre la bonne harmonie au milieu des antagonismes qui troublent la vie. Sans doute, la femme doit rester à l'écart des idées calvinistes, produit d'une réflexion sceptique qui ne lui convient pas, mais elle doit éviter également un excès d'orthodoxie qui lui ferait haïr ses semblables plongés dans l'erreur ; cette haine la déparerait. L'instruction religieuse doit faire voir que les opinions dissidentes proviennent, pour la plupart, de malentendus, et non de sentiments haineux. La véritable religion consiste dans une noble tolérance à l'égard de ceux qui pensent autrement que nous. Ce qu'il y a de remarquable, c'est la place dominante que Fénelon assigne à la lecture des saintes Ecritures dans l'enseignement de la femme. C'est dans elles, et uniquement dans elles, qu'on puisera le christianisme, en respectant bien entendu le droit d'interprétation qui a toujours appartenu à l'Eglise ; pour lui, ce droit est la garantie de la bonne interprétation, car ce qu'une assemblée des hommes les plus éclairés a proclamé comme la vérité ne peut guère être altéré par l'opinion, toujours sujette à l'erreur, de tel ou tel individu, quelque savant qu'il soit. Dans l'instruction des filles, on doit surtout se servir des passages de la Bible où les vérités morales et religieuses sont enseignées par des narrations ou des exemples. Les faits seuls se gravent dans l'esprit de la jeunesse avec une précision inaltérable, et ils possèdent une conviction entraînante.

Jamais peut-être plus éloquentes et plus belles paroles n'ont été dites au sujet de la valeur pédagogique de l'Ancien et du Nouveau Testament que dans les chapitres vi et vii de l'ouvrage de Fénelon dont il est ici question.

Cette énergique recommandation des récits qui occupent l'imagination, est accompagnée d'une appréciation du matériel destiné à intéresser les yeux. Que l'on emploie toujours de bonnes estampes, surtout de bons tableaux, car la peinture est de la plus haute importance. On devra faire également tous ses efforts pour rendre accessibles aux enfants, au moyen d'images, les vérités théoriques du christianisme.

Dans deux chapitres, Fénelon discute les principes d'éducation au moyen desquels il faut lutter, dès leur origine, contre les défauts particuliers aux femmes. « Les jeunes filles, dit-il (1), pren« nent la facilité de parler, et la vivacité d'imagination pour l'es« prit ; elles ne choisissent point entre leurs pensées ; elles n'y « mettent aucun ordre par rapport aux choses qu'elles ont à expli« quer ; elles sont passionnées sur presque tout ce qu'elles disent « et la passion fait parler beaucoup. Cependant on ne peut rien « espérer de fort bon d'une femme si l'on ne la réduit à réfléchir « de suite, à examiner ses pensées, à les expliquer d'une manière « courte, et à savoir se taire ensuite. »

La délicatesse avec laquelle Fénelon signale les causes psychologiques de la dissimulation et du mensonge chez la jeune fille, excite notre admiration. L'espace nous manque malheureusement pour reproduire ici toutes ces observations, ce que l'on ne pourrait faire d'ailleurs sans en donner l'enchaînement complet. Et chose étonnante, c'est à des résultats tout à fait semblables qu'est arrivé Lotze, dans les parties de son *Microcosme* qui ont trait aux femmes, et cela dans un temps beaucoup plus récent et par des chemins autres. La femme ne doit pas être jugée sur des manifestations et des qualités isolées, dont l'homme réclame pour lui l'appréciation, mais bien plutôt d'après ce que j'appellerai l'ensemble artistique de la physionomie féminine ; c'est l'action réciproque des qualités physiques et morales qui détermine aux yeux d'autrui la valeur de la femme ; aussi, la femme, considérée isolément, n'a-t-elle, comparativement à l'ensemble du sexe, qu'un prix peu important ; elle peut être fausse, frivole, mensongère ; il suffit qu'elle constitue un anneau dans la chaîne des conditions

---

1. Page 57 (édition Firmin Didot, 1880).

d'où résulte l'impression finale de la personnalité féminine. De à vient la préférence accordée par les femmes aux apparences, aux équivalents ; de là vient leur penchant pour les atours et la toilette. Sur ce dernier point, Fénelon conseille de donner à entendre aux jeunes filles que, pour les vêtements, la convenance doit être la base de la beauté ; tout ce qui n'est pas d'accord avec la première dépasse les limites de la seconde. C'est dans la simplicité que consiste surtout la convenance ; pour montrer aux jeunes filles que ces deux qualités permettent de s'élever à la beauté, on leur montrera et on leur fera étudier les costumes et les coiffures des statues de femmes de l'antiquité.

Les derniers chapitres, qui sont les plus substantiels, traitent de la question de savoir s'il est utile aux jeunes filles, pour conduire leur vie, d'avoir des connaissances et de la manière dont elles doivent s'assimiler ces connaissances. La somme de connaissances que comportera l'éducation littéraire de la femme variera suivant la position qui lui sera particulière. On peut cependant, pour les classes éclairées (auxquelles toutefois Fénelon ne s'adresse pas exclusivement) fixer un minimum de connaissances dont la possession est indispensable pour une instruction supérieure. A dire vrai, ce minimum est bien peu de chose. Tout d'abord, il faut savoir exprimer ses pensées, soit verbalement, soit par écrit, dans sa langue maternelle, d'une manière claire et convenable. En arithmétique, on poussera les jeunes filles jusqu'à ce qu'elles puissent facilement exécuter elles-mêmes ou contrôler les opérations de comptabilité que nécessite la tenue d'une maison ou une exploitation agricole ; on leur demandera donc une connaissance familière des quatre règles fondamentales et du calcul des intérêts. On exigera d'elles aussi une certaine connaissance du droit usuel, principalement des notions sur la valeur des termes de droit (ce que c'est qu'un contrat, etc.), choses dont elle pourra souvent avoir à faire usage dans certaines situations. Pour la lecture, le premier rang appartiendra aux lectures pieuses et aux lectures historiques, car aucune autre n'est aussi féconde en enseignements moraux. L'histoire elle-même pourra faire l'objet d'un enseignement particulier, mais limité à la Grèce, à Rome et à la France. Sans doute, l'histoire des autres peuples mérite d'être connue ; mais on la réservera pour des lectures particulières, données et choisies à cet effet. D'une manière générale, Fénelon ne considère pas l'étude des langues étrangères comme utile pour la femme ; il est vrai que, de son temps, on a coutume d'apprendre aux femmes l'espagnol et l'italien, mais à quoi cela leur sert-il ? Peut-être celles qui iront un jour dans ces contrées à la suite d'un prince auront-elles occasion de faire usage de ces langues ; mais, pour la plupart, cette connaissance ne peut être que nuisible : elles leur permet, en effet, l'accès de littératures qui, parmi certaines beautés, cachent de nombreux écueils pour la morale. Fénelon admet plutôt que les jeunes filles apprennent le latin ; il y a, en effet, dans la littérature latine un trésor considérable d'œuvres sérieuses et utiles ; il faut aussi tenir compte que la piété de la femme gagnera à ce que celle-ci comprenne les paroles chantées ou prononcées par le prêtre. La connaissance de plusieurs langues étrangères présente d'autre part un grave inconvénient : elle rend les jeunes filles vaniteuses et donne lieu de craindre qu'elles ne perdent souvent de vue leurs intérêts.

L'art a pour Fénelon une importance inappréciable pour la vie morale de la femme. Les créations poétiques, lorsqu'elles n'ont rien de choquant, exercent une influence des plus salutaires en élevant l'âme au-dessus des préoccupations vulgaires et en laissant entrevoir les règles de la beauté que nous cache souvent la marche peu régulière des choses : c'est par là que la poésie se place à côté de la religion. La musique de son côté, principalement la musique sacrée, offre des avantages semblables : elle est, pour la femme, un moyen de s'occuper d'une façon agréable. Fénelon semble attacher non moins de prix à la peinture : tout en s'occupant de travaux de son sexe, la femme peut faire usage de cet art qui, bien cultivé, est, plus qu'aucun autre, propre à développer le goût de la simplicité dans la beauté.

L'ouvrage traite en terminant de quelques questions d'un autre ordre. On rencontre les opinions les plus diverses touchant le lieu où les jeunes filles doivent recevoir l'éducation et l'instruction. Surtout, dit Fénelon, que ce ne soit pas le couvent ! Que celui-ci en effet, comme il arrive le plus souvent, soit animé d'un esprit mondain, les dangers sont alors immédiats, et le couvent devient plus à redouter que le monde lui-même. La règle en est-elle, au contraire, trop sévère : on est assuré, il est vrai, que la jeune fille sera nourrie de bons principes ; mais ce n'est pas entre les murs ou dans les jardins du couvent qu'elle trouvera l'occasion d'appliquer et d'expérimenter ces principes ; et, plus tard, quand elle rentrera dans le monde, elle éprouvera souvent, à son grand regret, l'insuffisance de l'éducation qui lui aura été donnée dans le couvent. La meilleure institution est donc et restera la maison paternelle, où viennent se confondre heureusement l'éducation, l'instruction et le libre commerce du monde. Mais les parents sont rarement capables de donner l'enseignement par eux-mêmes : de là la nécessité d'avoir des gouvernantes à la maison. On trouvera rarement, pense Fénelon, une femme possédant naturellement des aptitudes pédagogiques ; il importe donc que l'Etat et les villes prennent soin de former des institutrices ; mais celles qui auront été ainsi formées devront s'en tenir strictement, en raison des entrainements auxquels est sujet l'esprit féminin, aux instructions contenues dans les écrits analogues à celui de Fénelon. Pour la partie didactique de l'enseignement, Fénelon conseille naturellement de la confier à des hommes, comme aux plus capables de la donner ; mais alors, comme de nos jours, il n'était possible qu'aux familles très aisées d'entretenir chez elles un professeur. — Nous pouvons dégager encore un autre principe du raisonnement de Fénelon : il importe non seulement que précepteurs et gouvernantes aient un bon caractère ; il est à désirer qu'ils sortent de familles de la condition de celles auxquelles appartiennent leurs élèves. Il est possible qu'un parvenu ait acquis du savoir, même, ce qui est plus rare, de bonnes manières ; mais il n'aura jamais ce que rien ne peut remplacer, cet ensemble indéfinissable du savoir-vivre, que l'homme de bonne famille s'assimile inconsciemment dès l'enfance.

Ce traité de Fénelon, qui, jusqu'à nos jours, a eu sa place marquée, en France, parmi les livres classiques de la littérature pédagogique, et dont nous n'avons pu donner qu'un pâle résumé, ce traité a exercé une influence considérable. Nous retrouvons les pensées de l'auteur, non seulement dans les écrits des auteurs contemporains ou venus bientôt après, mais aussi dans l'idée qui a présidé à l'organisation du grand établissement de Mme de Maintenon à Saint-Cyr ; nous allons nous occuper ici en détail de cette intéressante institution, qui a été récemment l'objet d'une étude particulière de la part d'un des plus éminents pédagogues de France, M. Gréard, vice-recteur de l'Académie de Paris (1) ; nous empruntons en grande partie à ce remarquable exposé les détails suivants : Mme de Maintenon avait fait, par hasard, la connaissance d'une Ursuline, Mme de Brinon, que le manque de ressour-

---

1. *Mme de Maintenon* : Extraits de ses lettres, avis, etc., sur l'éducation, précédés d'une introduction par O. Gréard, membre de l'Institut. 3me édition ; Paris, Hachette, 1885.

ces avait contraint de quitter le couvent qu'elle dirigeait à Rouen, et qui était venue s'installer à Montmorency pour y tenir un pensionnat. Mme de Maintenon lui procura quelques élèves, qui devaient être instruites dans la religion, la lecture, l'écriture et le calcul. Mme de Maintenon trouva un si vif plaisir dans « la culture de ces jeunes plantes » qu'elle loua pour elles, afin de les voir plus souvent, une maison particulière près de Saint-Germain, à Rueil. Cette maison était assez grande pour recevoir soixante jeunes filles, appartenant pour la plupart à la haute bourgeoisie et à la petite noblesse. Elles recevaient là un enseignement méthodique. Mme de Maintenon joignit bientôt à cette école quelques cours élémentaires, surtout techniques, pour les enfants des paysans de son domaine de Maintenon. Ce petit établissement devint bientôt un « lieu de délices ». « J'en reviens toujours plus « assotée », dit-elle; « le succès passe mon espérance. » Son influence sur le roi lui permit de le gagner à ses plans d'organisation scolaire et le roi lui acheta le château de Noisy, où fut transporté l'établissement, considérablement agrandi. Bientôt cette femme puissante fit plus : elle fit partager à Louis XIV cette idée, que l'Etat avait le devoir de prendre soin des filles d'officiers qui se couvraient pour lui de blessures à la guerre ; cette idée plut tellement au roi qu'il accepta en bloc le plan de son amie, et qu'il acheta, près de Versailles, une propriété pour y faire construire un vaste bâtiment destiné à la réalisation de ce projet : 2.500 ouvriers y travaillèrent pendant quinze mois; la dépense, d'après les registres de la comptabilité royale, ne monta pas à moins de 1.077.000 fr. Le 2 août 1687, l'institution fut transférée de Noisy à Saint-Cyr. Dès ce moment, Mme de Maintenon crut devoir se consacrer tout entière à l'organisation et à la direction de la nouvelle école. L'histoire de Saint-Cyr peut se diviser en deux périodes : la première s'étend de la fondation de l'école jusqu'à la représentation de l'*Esther*, de Racine, représentation qui marque le point de départ de la seconde période. Pendant la première période, Saint-Cyr fut un établissement purement laïque; Louis XIV n'aimait pas les couvents et voulait que le nouvel établissement ne les rappelât en rien; ce ne devait pas être une « congrégation de religieuses », mais « seulement une com-
« munauté de filles pieuses, capables d'élever les jeunes filles
« dans la crainte de Dieu et dans la bienséance convena-
« ble à leur sexe. » C'était là un point de l'opinion publique sur lequel Fleury Fénelon et même La Chaise s'accordent :

« Les jeunes filles, a dit ce dernier, seront mieux élevées par des
« personnes tenant au monde. » Même dans l'aspect extérieur, on
avait évité ce qui aurait pu lui donner l'apparence d'une maison
religieuse ; on ne s'y appelait ni « ma sœur », ni « ma mère » ; les
élèves étaient simplement des demoiselles ; les relations étaient
celles de la bonne société laïque.

Dans la première période, l'enseignement porte la marque de
l'influence de Mme de Brinon ; une certaine affectation de bel esprit,
la lecture, la composition en étaient le noyau ; la déclamation
était le principal exercice. Par les compositions écrites, que les
élèves avaient à faire en grand nombre, principalement sur des
sujets de littérature et de morale, la directrice avait surtout pour
but de donner aux jeunes filles cette légèreté et cette souplesse de
style qui répondent aux dispositions naturelles de leur sexe ; mais
elle était bien loin de leur demander une correction parfaite.
« Vous savez, écrit-elle à Racine, que dans tout ce que les femmes
« écrivent, il y a toujours mille fautes contre la grammaire ; mais,
« avec votre permission, un agrément qui est rare dans les écrits
« des hommes. » D'autre part, ce qu'il y avait de meilleur était,
pour elle, à peine suffisant pour ses protégées ; Mlle de Scudéry
lui fournissait des modèles pour les exercices de conversation,
Fénelon s'était chargé de l'instruction religieuse, Lulli composait
la musique des exercices de chant et Racine écrivait des tragédies
pour les représentations données dans l'intérieur de la maison :
car le goût des exercices de déclamation était poussé jusque-là.
Les petites filles jouèrent une fois l'*Andromaque* de Racine d'une
manière si remarquable, que Mme de Maintenon se demanda si les
règles d'une bonne pédagogie permettaient de leur faire apprendre des pièces semblables. Elle ne peut cependant se résoudre à
faire disparaître ces représentations : en 1688, elle demanda à
Racine d'écrire une pièce « où l'action fût mêlée de chant et dont
le sujet fût tiré de quelque vérité religieuse ou morale ». Le poète
composa alors *Esther*. Le 26 janvier 1689 eut lieu la représentation ; le roi lui-même voulut y assister. Deux ans
plus tard, *Athalie* fut jouée devant toute la cour réunie ; des
applaudissements enthousiastes récompensèrent les jeunes
actrices, qui avaient paru sur la scène en costumes magnifiques.

Ces succès eurent de funestes conséquences. Si Mme de Maintenon avait cru, en faisant jouer ces pièces par les jeunes filles,
remplir leurs cœurs de sentiments élevés, elle s'aperçut bientôt que

le résultat était tout autre : les jeunes actrices en conçurent en effet une vanité malsaine.

Le parti de Mme Maintenon fut bientôt pris : Mme de Brinon, cause de tous ces faits, fut remerciée ; avec ce sans-façon qui ne ménageait personne et qui lui était propre, Mme de Maintenon rompit avec la direction primitive. Contrairement au vœu de Louis XIV, elle fit tant et si bien que Saint-Cyr perdit complètement son caractère laïque et devint un couvent régulier d'Augustines (1692) (1). Toute lecture mondaine fut proscrite ; les écrits de saint François de Sales furent seuls admis. L'enseignement scientifique proprement dit fut réduit à des proportions mesquines : elle trouvait suffisant, par exemple, que les jeunes filles en apprissent assez pour ne pas confondre un empereur romain avec un empereur chinois ou japonais. Bien que cette réaction ait perdu par la suite un peu de sa rigueur, l'établissement n'en garda pas moins un tout autre cachet : une direction pratique prit la place des exercices littéraires tendant parfois à la préciosité. L'objectif principal fut dorénavant de préparer les jeunes filles d'une manière proportionnée à leur vie future. Les filles d'officiers pauvres, que le roi dotait à leur sortie de l'établissement d'une rente de cinquante écus seulement, étaient obligées de se retirer en province et d'y mener une vie très modeste. Mme de Maintenon songea à en faire des institutrices ; elle eut même la pensée de fonder, au moyen d'anciennes élèves, des écoles de filles dans les diverses contrées de la France, sur le modèle de Saint-Cyr. Faire des ménagères et des institutrices, tels furent les deux termes de l'éducation donnée à Saint-Cyr. Pour obtenir ces résultats, Mme de Maintenon crut ne pouvoir rien faire de mieux que d'habituer de bonne heure les jeunes filles à une vie réglée par une discipline sévère, et de leur faire aimer cette vie en leur en enseignant le prix. Chaque élève avait, dans la communauté, sa place particulière et son service spécial : faire les lits, épousseter, soigner les malades, préparer les médicaments, surveiller la lingerie, éplucher les légumes, nettoyer les planchers, etc. Comme l'illustre femme s'occupait toujours, même dans la voiture du roi, à quelque

---

1. « Peu de temps auparavant elle écrit dans une instruction aux maîtresses : Il faut reprendre notre établissement par ses fondements ; il faut renoncer à nos airs de grandeur, de hauteur, de fierté, de suffisance ; il faut renoncer à ce goût de l'esprit, à cette délicatesse, à cette liberté de parler, à ces murmures, à ces manières de railleries toutes mondaines, enfin à la plupart des choses que nous faisons. »

ouvrage manuel, elle exigeait que les jeunes filles fussent constamment occupées et qu'elles ne restassent pas une seconde inactives. Mais si elle se servait ainsi de l'habitude comme d'un moyen pédagogique, elle prenait bien soin que cette habitude ne devint pas machinale. Elle se mêlait souvent aux jeunes filles, et engageait avec les plus âgées des conversations sur les questions les plus importantes de la vie civile et familière; elle était d'une habileté accomplie dans l'art de conduire les idées, d'entrer dans les questions qui lui étaient posées et de faire de ses réponses de précieuses leçons. C'est en cela que consistent les célèbres conversations et entretiens qui, jusqu'à nos jours, ont tant été lus et si souvent imprimés en France. Par une sorte de méthode socratique, elle savait donner aux jeunes filles de larges aperçus pour le jugement du monde et de la vie; elle mettait à la portée de l'esprit féminin les problèmes les plus ardus et en donnait la solution avec une surprenante clarté. On est surpris de trouver, dans ces entretiens, les explications les plus lumineuses sur la question de la liberté du commerce, sur les devoirs civils de toutes sortes, sur le service obligatoire pour tous, etc.; sans étalage d'érudition, comme sans légèreté, elle expose tout ce que, d'après elle, doit savoir une femme instruite, dont l'influence se fait, par la famille, sentir à l'Etat. Même lorsqu'il s'agit de choses telles que le mariage, l'amour conjugal, etc., son langage est juste et naturel. Cet incomparable talent de faire de la conversation, sans en compromettre le naturel, un moyen d'instruction, n'appartient certainement pas à Mᵐᵉ de Maintenon seule; mais elle a su communiquer aux institutrices de la maison un souffle de son génie. Les « Avis aux maîtresses de classe » nous donnent une idée exacte du talent avec lequel elle procédait; tout l'enseignement était donné dans cet esprit : point de leçons, au sens propre du mot, mais des développements et des conversations animées; et si la somme des connaissances acquises était peu importante, du moins les jeunes filles retiraient de leurs études, de l'enseignement qu'elles avaient reçu à Saint-Cyr, quelque chose d'un prix inestimable : un jugement indépendant et une éducation morale complète.

En parcourant les écrits de Mᵐᵉ de Maintenon, nous rencontrons un trait qui nous touche particulièrement et qui est bien rare à cette époque, le patriotisme; non pas le patriotisme qui se concentre sur le roi, mais un patriotisme plus large, qui prend à cœur le passé et l'avenir du pays tout entier et du peuple. Souvent elle esquisse à grands traits devant les jeunes filles les portraits des grands hommes de l'histoire nationale, elle leur montre les rapports qui existent entre eux et l'avenir du pays. Les événements de la guerre de la succession d'Espagne étaient suivis à Saint-Cyr avec anxiété, et Mme de Maintenon, après avoir appris aux élèves la victoire de Denain, ajouta avec enthousiasme : Vive Saint-Cyr! Puisse-t-il durer autant que la France et la France autant que le monde! Elle et ses élèves sentaient bien, en effet, que non seulement l'intérêt dynastique, mais aussi l'intérêt national étaient en jeu.

En ce qui concerne l'organisation extérieure et l'emploi du temps dans ce remarquable établissement, nous allons donner maintenant quelques détails. Tout le personnel de la maison, non compris les élèves, se composait de 80 membres. Parmi ces membres, 40, les *dames*, étaient investies des fonctions les plus importantes, savoir : 25 avaient les *grandes charges*, par exemple la direction supérieure de l'enseignement, et 15 avaient les *petites charges*, par exemple la surveillance de la lingerie, l'enseignement dans une classe, etc. Les 25 titulaires des grandes charges formaient le *conseil de dedans*, aux décisions duquel la supérieure, aux termes des statuts, était le plus souvent tenue de se conformer. La distribution des diverses fonctions se faisait partie par voie d'élection ou de tirage au sort, partie par des nominations faites par la supérieure. Les élèves étaient au nombre de 250. Elles étaient toutes boursières, c'est-à-dire que leur entretien incombait exclusivement à l'État, circonstance que les institutrices ne manquaient pas, à chaque occasion, de rappeler aux jeunes filles. Admises à l'âge de sept ans, les élèves restaient dans l'établissement jusqu'à leur vingtième année. Elles étaient divisées en quatre classes, selon leur âge et aussi selon l'étendue de leurs connaissances : chaque classe se reconnaissait à la couleur différente du ruban attaché à la robe noire que portaient toutes les jeunes filles sans exception. La classe *rouge* comprenait 56 élèves au-dessous de dix ans, la classe *verte* en comptait un nombre égal ; à la classe *jaune* appartenaient les jeunes filles de quatorze à seize ans (63), le reste portait le ruban *bleu*. Les classes elles-mêmes étaient subdivisées en « bandes » ou « familles » de 8 à 10 élèves, groupées selon le degré de leur instruction ; à la tête de chacun de ces groupes, était placée une « mère de famille ». Les élèves de la classe supérieure étaient parfois chargées, dans les classes inférieures, des devoirs accessoires du professorat (sous le nom de *monitrices*). Un ruban couleur de feu était leur marque distinctive.

L'emploi du temps soit journalier, soit annuel, était réglé de la manière la plus précise. Tout le monde se levait à 6 heures ; jusqu'à 8 heures travaux domestiques ; à 8 heures messe ; de 8 h. 1/2 à midi, classe et étude ; à midi, dîner et récréation jusqu'à 2 h. De 2 heures à 6 heures classe et confection des devoirs ; à 6 heures souper, à 9 heures coucher pour toutes les élèves, même les plus grandes. Voici quelle était la composition des programmes : I. *Classe rouge :* lecture, écriture, calcul, éléments de grammaire, catéchisme et histoire sainte ; II. *Classe verte :* mêmes matières. et en plus la musique, un peu d'histoire, de géographie et de mythologie ; III. *Classe jaune :* continuation des exercices des années précédentes, mais en insistant particulièrement sur la langue française ; en plus le dessin et la danse ; IV. *Classe bleue :* exercices pratiques de style et de grammaire et enseignements se rapportant aux travaux manuels. C'est dans cette classe que l'on s'efforçait de former le caractère des jeunes filles, de les mettre en état de juger par elles-mêmes, et cela au moyen des conversations et entretiens dont il a été question ci-dessus. C'est dans cette classe que l'on prenait les « couleur de feu » et les « noires » qui participaient déjà à l'enseignement ; c'est dans cette classe enfin qu'on recrutait le personnel enseignant destiné à rester dans la maison.

Les élèves étaient traitées sur le pied de l'égalité la plus absolue ; on n'avait aucun égard pour la naissance et les protections ; Mme de Maintenon elle-même prenait plaisir à voir ses propres parentes traitées comme les autres. Chaque élève avait dans sa classe sa table et ses fonctions particulières et sa responsabilité personnelle. On s'appliquait surtout à développer le sentiment de la responsabilité. Les punitions étaient peu nombreuses ; la plus grave était le renvoi de la maison ; cette dernière ne pouvait être prononcée qu'après avis du « conseil de dedans » et pour une des trois fautes suivantes : insubordination persistante, mauvaises mœurs, apostasie. La plus haute récompense pour l'élève était d'être admise à participer à l'enseignement ; l'usage de l' « enseignement mutuel » était fréquent à Saint-Cyr ; Mme de Maintenon le considérait comme le meilleur moyen de préparer les jeunes filles au professorat ou à leur rôle de mère.

Après avoir ainsi réglé la discipline de la maison, Mme de Maintenon songea à donner aux maîtresses des instructions générales au point de vue pédagogique et didactique. En se rapportant à des cas et à des questions déterminées, elle explique ses principes tant verbalement que par écrit. A partir de l'année 1696, les *Dames* commencèrent à prendre note par écrit des instructions de leur guide, ou, quand elles leur étaient données par écrit, à les recopier; elles les placèrent, pour l'usage commun, dans la bibliothèque où elles sont rangées dans un certain ordre. Ces *Lettres et avis aux Dames de Saint-Cyr* contiennent un grand nombre de sages conseils de pédagogie pratique : on a de la peine à s'arracher à cette lecture pleine d'importantes considérations et de bon sens ; et nous devons ici témoigner notre reconnaissance à M. Gréard de nous avoir fait, dans un exposé lumineux, connaître ce trésor d'un autre âge. Il nous est impossible d'exposer, dans le cadre étroit où nous devons nous renfermer, la pédagogie de Mme de Maintenon et nous sommes obligé de renvoyer le lecteur à l'excellent livre de M. Gréard.

Tout bien considéré, Saint-Cyr était une tentative ingénieuse faite pour résoudre, sur un champ restreint, la question, si discutée alors, de l'éducation de la jeunesse féminine. En faisant réagir l'un sur l'autre, dans un but déterminé, l'enseignement et l'éducation, cet établissement offrait aux jeunes filles ce que, de nos jours, on a emphatiquement appelé « l'éducation harmonique ». Quoique dominée tout d'abord, et avec raison, par ce principe que l'éducation doit être mesurée d'après la position sociale et les devoirs futurs de celles qui la reçoivent, la fondatrice de Saint-Cyr pensait qu'une instruction générale littéraire, non seulement n'était pas incompatible avec ce principe, mais était même indispensable. C'est ce qui explique que parmi les élèves sorties de cette école plusieurs sont devenues plus tard des femmes qui, sous tous les rapports, comptent parmi les plus notables de France.

De même que dans les écrits de Mme de Maintenon et dans l'organisation de Saint-Cyr on rencontre à chaque pas l'influence et la mise en pratique des idées de Fénelon, de même on les retrouve dans la plus grande partie des autres ouvrages qui traitent de la question de l'éducation des filles, par exemple dans le célèbre *Traité des études* du bon Rollin, et surtout dans les écrits de la noble et spirituelle marquise de Lambert. Nous avons d'elle plusieurs essais sur l'enseignement des filles (1). Elle composa un programme détaillé des études qu'elle jugeait utiles à une jeune fille de la bonne société ; pour elle, le but de ces

---

1. *Avis d'une mère à sa fille : Réflexions sur les femmes* (Œuvres morales ; Paris, 1843, p. 65-107, 149-176), ouvrage composé vers 1728.

études doit être principalement de rendre les jeunes filles capables de remplir les devoirs que la vie leur imposera comme épouses et comme mères. Toutefois elle considère la femme comme une individualité propre qui, abstraction faite des relations de la vie de famille, a droit à une instruction harmonique. Quel que soit l'avenir de la femme, elle pourra toujours prouver l'utilité d'une bonne éducation par un jugement indépendant. Il faut que la femme apprenne de bonne heure à connaître et à chasser les préjugés auxquels elle est le plus exposée. Cela ne lui sera possible qu'à la condition d'élargir le cercle de ses connaissances. Mais ces connaissances ne doivent pas être du domaine des sciences abstraites ; il faut qu'elles soient utiles et en rapport avec la vie ordinaire, ce qu'elle appelle *couler dans les mœurs*. De là vient qu'elle ne s'oppose pas à ce que le latin soit enseigné aux jeunes filles : le latin est, en effet, la langue de l'Eglise ; cependant une connaissance parfaite de la langue nationale lui semble, à la rigueur, suffisante pour une femme ; l'histoire grecque, l'histoire romaine, mais surtout l'histoire nationale, lui paraissent indispensables. L'étude de la philosophie, particulièrement celle de la philosophie moderne, ne peut présenter que de grands avantages : rien, en effet, n'est aussi propre à donner de la précision à l'esprit, de la clarté aux pensées. Mme de Lambert demande d'ailleurs que toutes les branches de la science soient accessibles aux femmes, selon les besoins et les goûts de chacune : augmenter leurs connaissances, c'est, pour elles, faire un pas vers le bonheur. Le bien de la société exige impérieusement que la femme possède des connaissances nombreuses et variées. L'établissement de Saint-Cyr marchait, il n'est point besoin de le dire, grâce seulement à la vigilance de Mme de Maintenon. L'établissement, il est vrai, survécut à Mme de Maintenon et la vénération de ses talents pédagogiques y demeura traditionnelle ; mais leur esprit se perdit de plus en plus (1). Aussi les institutions créées à l'image de la sienne, telles que l'institution de l'Enfant-Jésus, à Sèvres, fondée en 1752 sous le patronage de la reine Marie Leczinska, obtinrent peu de succès.

Le XVIIIe siècle fut, en général, peu favorable à ces sortes d'établissements. Les couvents en firent surtout l'expérience. La renaissance religieuse, comme nous l'avons vu, avait su remplir de

---

1. Saint-Cyr ne fut supprimé, en tant que pensionnat, que par décret du gouvernement du 16 mars 1793.

son esprit les établissements ecclésiastiques proprement dits d'enseignement ; et si ces établissements s'étaient développés d'une manière conforme à cet esprit, il est permis de croire que, même dans le grand siècle, leur existence eût mieux résisté aux assauts d'une opinion publique souvent égarée.

Déjà le jansénisme était, au fond, la manifestation d'un scepticisme religieux qui, au xviii° siècle, s'enracinait de plus en plus profondément en France. La Réforme n'avait pu s'implanter solidement dans ce pays ; elle qui voulait du moins remplacer par quelque chose de positif les institutions auxquelles on ne croyait plus, avait ouvert la voie à l'incrédulité, à laquelle le jansénisme servit souvent de manteau. Le témoignage de Mme de Maintenon elle-même (1) nous donne la meilleure preuve des railleries auxquelles, à la fin du xvii° siècle, donnait lieu l'attachement à l'antique foi religieuse et aux coutumes de l'Eglise. Si Mme de Maintenon avait bien senti les dangers de la bigoterie en face de l'opinion publique, et si elle-même avait évité ce danger à Saint-Cyr, il s'en faut qu'on en puisse dire autant de la plupart des couvents. En effet, les plaintes et, ce qui est plus grave, les railleries publiques, étaient encore bien plus fréquentes que de son temps. La discipline scolaire était devenue d'une sévérité absolument ridicule. A Port-Royal, à Paris, on punit de la « pendaison » une élève de cinq ans qui avait dérobé un écu. On la mit dans une cuve à lessive, que l'on éleva, au moyen de cordes, jusqu'au plafond ; les maîtresses, accompagnées des élèves, marchèrent en procession au-dessous de la cuve en chantant le *de Profundis*. Une des élèves, qui épousa plus tard le maréchal de Beauvau, lui demanda : « Es-tu déjà morte ? — Pas encore, » répondit la pendue. Celle-ci, devenue l'épouse d'un duc, rencontra, trente ans plus tard, la maréchale, qui ne put s'empêcher de lui demander : « Es-tu déjà morte ? » question à laquelle la duchesse répondit, comme autrefois : « Pas encore » (2). L'enseignement donné dans les couvents répond, sous tous les rapports, à une semblable discipline ; les jeunes filles n'apprenaient pour ainsi dire rien. Lorsque Mme Roland, alors âgée de onze ans, entra chez les dames de la Congrégation, elle savait déjà lire, écrire, compter ; elle avait même quelques connaissances en géographie et en histoire ; on s'aperçut bientôt qu'elle en savait plus que ses camarades, même âgées de

---

1. Mme de Maintenon, *Lettres et entretiens*, II, p. 41 et suivantes.
2. Mme de Campan *De l'Education*. Cf. Rousselot, op. cit., II, p. 97 et s.

dix-huit ans. Une des sœurs chargées de l'enseignement, et qui était pour toutes ses collègues un objet de jalousie à cause de son grand savoir, savait tricoter, connaissait l'orthographe et avait même quelques notions d'histoire (1). La duchesse d'Orléans écrivait (2), en 1718 : « Il est difficile, à notre époque, de trouver un couvent où l'on élève bien les enfants ; les Carmélites ne reçoivent pas de pensionnaires et tous les autres couvents sont tellement pleins d'erreurs et de vices que l'on soupire rien qu'en y pensant. » On voit donc que l'on ne peut accuser Rousseau d'avoir porté sur les couvents un jugement trop pessimiste quand il les appelle les vraies « écoles de la coquetterie » (3). Et, en effet, les divers faits que nous trouvons dans les mémoires de ce temps sont à peine croyables. Dans le couvent de Sainte-Madeleine de Tresnel (que Fénelon avait dirigé en 1678) habitait, en 1721, le lieutenant de police d'Argenson. Rien ne nous fait mieux voir sur quel pied il vivait avec la supérieure, Mme de Villemont, que l'épigramme suivante faite contre eux :

> Villemont est son Hélène
> Elle en fait son beau Pâris (4).

On donne même dans les couvents des bals et des soupers, auxquels les élèves se laissent inviter (5). Frivolité et bigoterie marchent, là comme ailleurs, la main dans la main.

Si cependant, dans plus d'un cloître, on se livrait, ce qui est incontestable, parfois même avec une sérieuse bonne volonté, à des travaux d'enseignement, nous voyons toutefois que cet enseignement, d'après les reproches de toute nature dont il était l'objet de la part d'hommes et de femmes des conditions les plus différentes, ne répondait pas aux désirs et aux besoins de la société. Nous n'avons pas besoin de rappeler les témoignages de Rousseau et de Voltaire (6); beaucoup d'autres s'offrent à nous, venant de plumes moins sceptiques. Tous ces témoignages sont d'accord sur ce point capital que l'éducation au couvent est inutile, attendu que les jeunes filles qui la reçoivent sont destinées, non pas à rester au couvent, mais à vivre de la vie commune.

---

1. *Mémoires de Mme Roland*, éd. Dauban, Paris, 1864, p. 29-31.
2. *Correspondance*, I, p. 446.
3. *Émile*; Genève, 1780, III, p. 391.
4. Saint-Simon, *Mémoires*, XXXIV, p. 114.
5. Mme Campan, op. c., II, p. 5.
6. *Œuvres complètes de Voltaire* (éd. Beuchot). Paris 1880, XII, p. 382-384.

Nous trouvons ainsi l'aveu que les couvents sont incapables de comprendre les besoins de l'époque et d'avoir une influence sur cette époque, même en se conformant à ses aspirations: de là vient la différence entre les établissements d'instruction du xvii° siècle, fondés sous l'influence de la renaissance religieuse, et du xviii° siècle. La connaissance de cette différence a porté plus de préjudice aux couvents que les dérèglements dont nous avons rapporté plus haut quelques-uns des principaux traits. On se plaignait aussi du peu de soin donné par les couvents à leurs pensionnaires sous le rapport de l'hygiène ; les faits les plus regrettables nous sont rapportés à ce sujet par Riballier (1) et par Mme de Miremont (2).

Nous voyons encore de grands projets pour réformer l'enseignement des femmes être faits dans un esprit hostile à l'enseignement donné dans les couvents. La littérature du siècle passé abonde en écrits sur ce sujet, et l'on voit quel puissant intérêt l'on attachait, dans toutes les classes de la société, à une solution satisfaisante de cette question.

En jugeant ce que l'administration de l'Instruction publique a fait récemment en France pour l'enseignement féminin, il ne faut pas perdre de vue que la conscience de la grande importance de l'éducation des femmes a été, de tout temps, bien mieux sentie en France que chez nous; nous aurons plus loin l'occasion de montrer pourquoi ce n'est que dans les temps les plus récents que des réformes décisives ont été faites à ce sujet.

Parmi les projets de réforme dus au xviii° siècle, nous prendrons d'abord les écrits de l'abbé de Saint-Pierre (1658-1743). Ce célèbre utopiste, une des plus intéressantes figures de l'histoire de la littérature française, avait imaginé un plan de réforme universelle très original, auquel il avait travaillé avec une persévérance touchante dans la solitude de son cabinet; tout son être était en proie à des idées de réforme qu'il croyait devoir étendre jusqu'à l'orthographe. Il se vit expulser des séances de l'Académie française, le public lui témoigna son hostilité par maint autre signe, mais rien ne put le faire démordre de ses idées; nous allons ici examiner, parmi ses ouvrages, les suivants:

1° Projet pour perfectionner l'éducation des filles (1730);

---

1. *De l'éducation physique et morale des femmes ;* Bruxelles et Paris, 1779.
2. *Traité de l'éducation des femmes et cours complet de l'instruction ;* Paris, 1779.

2° Observation sur le dessein d'établir un bureau perpétuel pour perfectionner l'éducation publique des enfants dans les collèges et dans les couvents (1730);

3° Projet pour multiplier les collèges (!) de filles (1730).

Il examine l'éducation au point de vue social; et d'après l'idée générale qu'il s'est faite du devoir qui incombe à l'Etat de se charger seul du soin de pourvoir au bien de la nation, il veut que l'instruction publique soit confiée à une commission spéciale nommée par l'Etat. Il va même jusqu'à donner son appréciation au sujet de la composition de ce ministère anticipé de l'instruction publique : il se composera de six conseillers nommés par le roi, auxquels s'adjoindront six ou huit membres nommés par l'Université et par quelques corporations ecclésiastiques; ces derniers auront seulement voix consultative. L'enseignement féminin sera également dirigé par ce conseil. Les jeunes filles seront élevées dans des collèges spéciaux. Elles trouveront dans ces établissements des avantages que ne pourrait jamais leur donner l'éducation dans la famille : la crainte d'être punies publiquement, le désir d'être récompensées publiquement, l'exemple de camarades estimées, tous les effets naturels de l'émulation. Le but de l'enseignement est, à son avis, le même pour les garçons et les filles : l'enseignement ne sert en effet qu'à donner à la société des membres utiles. On atteindra ce but par l'acquisition de cinq habitudes qui sont : 1° la prudence chrétienne (1); 2° la justice; 3° la charité; 4° le discernement de la vérité; 5° l'exercice de la mémoire. On voit par là que Saint-Pierre place l'éducation morale bien au-dessus de l'acquisition des connaissances; il dit ailleurs très clairement que les vertus sont infiniment plus précieuses que les talents pour le bien de la société : « Combien les femmes pourraient davantage concourir au bien de la société si les couvents pratiquaient ce principe ! » Saint-Cyr est le seul établissement que Saint-Pierre considère comme utilisable et — bien loin d'être un songe creux — il développe ainsi sa proposition : on recevra dans cette institution des externes simples jusqu'au nombre de 500, et on lui donnera la même organisation qu'aux collèges de garçons. Chaque classe aura sa régente et chaque salle de travail sera, comme chez les garçons, confiée à une maîtresse d'étude particulière. On fondera ensuite à Paris un établissement semblable qui

---

1. Peut-être un écho de cette « prudentia », vantée par Vivès comme le but de toute instruction. Cf. Vivès : *De tradendis disciplinis*, I, cap. II et suiv.

recevra 200 pensionnaires ; celles-ci passeront par 13 classes, de l'âge de cinq ans à l'âge de dix-huit ans. En comptant pour chaque classe 15 élèves et 3 maîtresses, l'établissement tout entier comptera 39 maîtresses et 195 élèves. Les grandes écoles semblent présenter à l'abbé de Saint-Pierre cet avantage que le sentiment de l'émulation y est plus excité. Il veut bien que les ordres religieux d'enseignement fournissent le personnel de ces établissements, mais il faut que ce personnel soit capable ; il faut qu'il se dépouille de ses préjugés religieux ; il faut même qu'il soit affranchi de la règle de l'ordre auquel il appartient. Quant aux matières à enseigner dans ces écoles, l'abbé de Saint-Pierre en rédige un vaste programme.

Mais il ne demande pas que chaque étude soit poussée à fond ; en employant des termes comme « un peu de », « les commencements de », « quelque chose », il donne à entendre qu'il aime mieux donner à la femme une connaissance, superficielle il est vrai, d'un grand nombre de choses utiles dans la vie pratique, plutôt qu'une connaissance approfondie d'un petit nombre de sciences. Il faut enseigner aux femmes les éléments de tous les arts et de toutes les sciences dont il peut être parfois question dans la société, tels que l'histoire, la géographie, les lois d'intérêt général et les règlements de police, « afin qu'elles puissent entendre avec plaisir ce que leur diront les hommes » ; un peu d'astronomie, afin qu'elles puissent se servir de l'almanach et confondre les impostures des astrologues ; on leur donnera également des notions sur la structure du corps des animaux, sur les phénomènes les plus fréquents de la physique et de la nature (pluie, grêle, etc.) et enfin, tout particulièrement, sur l'économie domestique. L'abbé de Saint-Pierre attache une importance toute particulière à ce qu'on développe au collège le goût de la lecture personnelle, goût qui peut seul donner quelques garanties de progrès intellectuels. C'est à ce dernier point que nous reconnaissons surtout l'influence du *traité* de Fénelon, dont l'abbé de Saint-Pierre ne suit d'ailleurs pas tous les principes, car la recommandation d'effleurer toutes les branches de la science ne s'accorde point avec la pédagogie de Fénelon.

Mme de Miremont (1) poursuit un but semblable, mais par d'autres moyens. Le triste état où elle voit l'enseignement des femmes la conduit tout d'abord à se demander les moyens de former un per-

---

1. *Traité de l'éducation des femmes et cours complet d'instruction*, par Mme la comtesse de Miremont ; Paris, 1779.

sonnel enseignant meilleur que celui qui existe à son époque. A son avis il y a dans les cloîtres un nombre suffisant de sœurs qui ont le goût, et même les talents nécessaires pour s'occuper de travaux intellectuels et donner l'enseignement ; mais ce qui leur manque totalement c'est une préparation convenable ; on devrait donc, selon le désir de Mme de Miremont, prendre dans les couvents les plus importants, dont l'amélioration la préoccupe particulièrement, les mesures nécessaires pour former des maîtresses capables. Si le nombre des sœurs n'est pas assez grand, on s'adressera à des jeunes filles de bonne condition que l'on trouvera certainement en nombre suffisant, en raison de la perspective d'un avenir assuré ; on ouvrirait par là aux femmes une carrière laïque régulière : celle de l'enseignement. Mais il faudrait les affranchir des règles religieuses et les dispenser du jeûne et des autres mortifications corporelles, qui ne peuvent être que funestes aux progrès intellectuels et moraux. Toutes les futures maîtresses passeraient six ans dans une école pédagogique : Mme de Miremont a donc en vue une école normale complète. Toutes les facultés de l'esprit et du cœur devraient être cultivées d'une manière harmonieuse, sous la direction d'une supérieure nommée principalement à cet effet. Même en supposant qu'à leur entrée dans cette école préparatoire les jeunes filles ne sussent que lire et écrire, il faut convenir que les six années qu'elles y passeraient suffiraient largement pour leur permettre d'acquérir les connaissances nécessaires à l'accomplissement de leur tâche ; le point capital, c'est que la méthode d'enseignement soit propre à exciter le désir de savoir et à développer l'aptitude à l'instruction personnelle. Les trois premières années seront consacrées à l'étude de la grammaire, de l'orthographe, de la géographie, de la mythologie et de l'histoire sainte ; les trois autres années seront consacrées plus particulièrement à l'histoire ancienne et moderne. L'histoire, au sens large du mot, est placée au premier rang par Mme de Miremont ; toutes les autres connaissances doivent y être plus ou moins rattachées, tels que les points principaux du droit civil français et de la constitution politique du pays. Les seules matières dont elle demande une étude plus particulière sont le calcul et les sciences naturelles, ces dernières surtout au point de vue de l'hygiène. L'enseignement sera donné par des conversations plutôt que par une méthode systématique ; avant tout, et ceci nous rappelle Fénelon, on s'efforcera de développer le goût de la lecture. La composition d'une bibliothèque à l'usage des femmes, telle que Mme de Miremont l'a imaginée, est un document extrêmement curieux : l'esprit sans préjugé de l'auteur se reconnaît au titre des ouvrages. A côté de la *Logique* de Port-Royal, des écrits de Fénelon et de Locke, figurent les classiques de l'antiquité, par exemple Horace et Ovide, que nous nous garderions bien aujourd'hui de mettre, du moins complets, entre les mains des jeunes filles.

Dans chaque couvent de quelque importance, Mme de Miremont demande qu'il y ait pour les jeunes filles une institution analogue à cette école normale. Cette institution, divisée en deux classes (1re classe de sept à douze ans : — 2me classe de treize à dix-huit ans), donnera aux élèves une instruction dont Mme de Miremont n'indique pas, il est vrai, tous les détails, mais qui, dans ses parties essentielles, sera calquée sur le programme de l'école normale. On fera marcher de front l'instruction et l'éducation ; les prescriptions de l'hygiène occuperont une place importante dans l'enseignement.

Les recommandations qu'elle fait au sujet de la méthode d'enseignement ne sont pas sans intérêt, principalement lorsqu'elle signale l'importance de rapporter les leçons les unes aux autres, et de confier à la même personne l'enseignement des matières qui ont entre elles des points communs.

Au fond, ces établissements publics d'instruction, dont l'accès n'était pas permis à toutes les jeunes filles, étaient principalement destinés à recruter des maîtresses dans les rangs de la société laïque éclairée. Les exigences de l'instruction publique se manifestent dans les écrits de Mme de Miremont comme dans ceux de l'abbé de Saint-Pierre. Plus nous approchons de la Révolution et plus nous voyons ces exigences se dessiner nettement. Dans le plan idéal d'éducation tracé par l'auteur de *Paul et Virginie*, Bernardin de Saint-Pierre (1), l'Etat doit prendre entièrement en main l'enseignement des jeunes filles. Il n'entre pas dans notre but de récapituler la manière dont ce rêveur philanthropique se figurait ces « *écoles de la patrie* », ce dont on pourra se rendre compte avec beaucoup de plaisir en lisant ses *Études*, citées en note. Le point intéressant pour nous, c'est qu'il demande que l'instruction primaire soit la même pour les garçons et les filles ; celles-ci ne doivent plus être élevées dans les couvents ; elles ont leur place réservée dans les grands établissements nationaux d'instruction. Mais à partir de douze ans, lorsque le temps qui

---

1. *Études de la nature ;* Bruxelles, 1792, étude 14.

doit être consacré à l'instruction primaire sera écoulé, la jeune fille rentrera à la maison paternelle et s'instruira dans les devoirs qui lui incomberont lorsqu'elle sera maîtresse de maison et mère ; le garçon, au contraire, continuera ses études. L'instruction scientifique ne sera pas donnée à la femme ; c'est à son mari qu'il appartiendra de lui donner, quand les soucis du ménage lui en laisseront le loisir, les connaissances dont il jugera que la possession peut lui être utile. Les idées que développe Bernardin de Saint-Pierre au sujet des rapports de l'homme et de la femme n'entrent pas dans notre sujet : elles montrent clairement comment le dégoût qu'inspire l'état de la société engendre les désirs sanguinaires.

Si ces idées, et d'autres analogues, gagnaient toujours du terrain, au détriment de l'instruction donnée dans les couvents, l'instruction donnée dans la famille n'en était pas moins un objet constant de critiques. Dans les rangs élevés de la société, les femmes — et même les mères — étaient absolument indifférentes à tout ce qui constitue, d'après nos idées, la base du charme de la vie de famille ; les personnes qui prenaient le moins à cœur l'éducation des enfants étaient les mères appartenant à la haute société ; une ou deux fois par jour, on conduisait les enfants auprès de leurs parents qui, après quelques paroles d'une amabilité convenue, les remettaient entre les mains des bonnes avec lesquelles les enfants passaient le temps que leurs parents employaient à leurs plaisirs bruyants. En ce qui concerne l'instruction religieuse, la mère, dans la haute société, n'y prenait aucune part ; on la considérait comme un hors-d'œuvre indépendant de l'éducation ; et si on donnait généralement cette instruction religieuse aux jeunes filles, c'est grâce à ce sentiment qui nous interdit de paraître impies en face des préjugés d'une génération antérieure. A tout prendre, il est permis de dire que les femmes ne sont pas moins que les hommes des preuves de l'irréligiosité du siècle dernier. Mme de Genlis nous raconte que l'on rencontrait souvent même des jeunes filles qui faisaient ouvertement parade de leur irréligion et croyaient que les termes d'athée et de philosophe étaient synonymes (1) ; l'instruction donnée dans la famille était, pour le moins, aussi superficielle que celle qui se donnait dans les couvents et ne se distinguait peut-être de celle-ci que par une variété plus grande des matières enseignées. Les discussions phi-

---

1. Mme de Genlis, *Adèle et Théodore*, II, p. 326.

losophiques jouaient dans cet enseignement le principal rôle et le déisme anglais, mis à la portée de jeunes filles à peine sorties de l'enfance, ne servait qu'à déconcerter les idées.

Il est vrai que, dans la petite bourgeoisie, l'on ne s'occupait pas de semblables matières ; et c'est ce qui fait qu'on y sentit bien mieux le besoin d'écoles de filles bien organisées : la petite bourgeoisie n'avait pas à se plaindre d'une fausse direction dans les études et dans les méthodes, fausse direction qui corrompait l'intelligence, mais d'une ignorance funeste et d'une fastidieuse étroitesse d'esprit. L'éducation que reçut celle qui devait être plus tard Mme Roland, éducation dont elle nous trace le tableau dans ses *Mémoires* (1), doit être considérée comme une des meilleures et des plus tempérées ; et cependant quel triste tableau !

Cependant, en l'absence d'une éducation donnée sous l'autorité de la famille ou de l'Etat, la petite bourgeoisie employait un enseignement individuel qui consistait principalement dans des lectures faites au hasard. Le goût de l'étude, le désir d'apprendre n'ont jamais manqué aux Françaises. Les idées des philosophes populaires et les productions sentimentales des romanciers entraient pêle-mêle dans la tête des jeunes filles.

Les écrits de Rousseau exercèrent, principalement sur les femmes, une influence considérable. Nous ne pouvons ici en examiner les raisons ; nous ne terminerons cependant pas cette partie de notre esquisse sans donner au moins quelques courtes explications sur la position que prit le citoyen de Genève sur cette question, qui occupait alors tous les esprits: De quelle manière faut-il élever les jeunes filles (2) ? Dans son *Emile*, il rapporte à son héros tous les développements particuliers de son idéal pédagogique ; Rousseau ne laisse pas, toutes les fois que l'occasion s'en présente, de donner son avis sur l'enseignement de la femme. Lorsque Emile éprouve le besoin de se donner une compagne, l'auteur lui présente Sophie, qui a été élevée entièrement d'après ses principes. D'après Rousseau, on ne peut traiter la question en admettant l'égalité absolue des deux sexes. Pour lui, l'homme est le maître de la création. Il reconnaît cependant aux deux sexes une équivalence relative. Les facultés qui leur sont communes ne leur sont pas également réparties ; mais, à tout prendre,

---

1. *Mémoires de Mme Roland* ; édit. Dauban, 1864.
2. L'Académie de Besançon avait même offert une récompense à celui qui démontrerait dans quelle mesure l'éducation de la femme peut contribuer à l'amélioration des mœurs.

elles se balancent ; la femme, en tant que femme, a sa valeur particulière ; partout où elle réclame les droits inhérents à sa nature, elle a l'avantage sur l'homme, qui peut cependant parfois les lui contester ; mais elle est dans son tort toutes les fois qu'elle veut s'attribuer les droits de l'homme. L'instruction de la femme par la femme, d'une manière conforme à ses facultés propres, est une des exigences de la société humaine ; c'est ce qu'il y a de plus convenable « pour elle et pour nous » ; la femme est créée « pour nous », c'est-à-dire pour les hommes. Donc, et c'est là la proposition fondamentale de Rousseau, la meilleure éducation à donner à la femme est celle qui la rend capable de nous plaire. « Toute « l'éducation des femmes, dit-il, doit être relative aux hommes. « Leur plaire, leur être utile, se faire aimer et honorer d'eux, les élever jeunes, les soigner grands, leur rendre la vie agréable et douce, » tel doit être le but de l'éducation féminine. La femme étant destinée à la famille, il convient, conclut plus loin Rousseau avec sa logique particulière, que la jeune fille soit élevée dans la famille. Sans doute, dans la société moderne il n'y a point de famille où cela soit possible ; car la famille, telle que Rousseau la conçoit, n'existe nulle part. Tous ses écrits tendent en effet à la faire naître ; c'est pourquoi, pour établir son plan idéal d'éducation, il suppose une famille selon ses idées. Mais alors quelle devra être l'éducation de Sophie ? Elle est élevée dans sa famille, instruite par son père et par sa mère, sans le secours d'aucun maître. Dès sa plus tendre enfance, son esprit n'a été dirigé que vers l'extérieur ; la femme ne reçoit d'impressions que de l'apparence des choses (1) ; on s'en aperçoit dans les relations de la petite fille avec sa poupée. Sophie n'a jamais manifesté le désir de connaître les rapports des choses entre elles ; la femme ne peut le témoigner davantage ; il faut que la femme croie uniquement à l'autorité absolue. Tandis qu'Emile n'entendra parler de la religion qu'à l'âge de dix-huit ans, âge auquel sa raison est suffisamment développée, la jeune fille sera, au contraire, instruite dans la religion dès sa première enfance ; si, en effet, on voulait attendre qu'elle eût assez de raison pour comprendre la religion, elle n'en entendrait jamais parler. Rousseau dispute à la femme la faculté de comprendre quelque science que ce soit, parce qu'elle est absolument incapable d'étudier aucune des branches élevées de la science humaine. On ne doit enseigner aux jeunes filles, et

---

1. La parure.

cela le plus tard possible, que la lecture, l'écriture et le calcul, afin qu'elles puissent plus tard suffire à leur tâche de ménagères. Au reste, la jeune fille ne doit étudier que ce qui peut rendre plus tard la vie agréable à l'homme. Quant à la lecture, Rousseau est tout porté à l'interdire : les plus belles productions d'un Corneille et d'un Racine lui paraissent dangereuses, ce qui fait que nous trouvons très paradoxal qu'il permette aux jeunes filles la lecture du *Télémaque*. L'esprit de Sophie est donc complètement vide, et bien que Rousseau nous la dépeigne comme la plus charmante des femmes, on se demande comment elle pourra plaire, même à un être aussi réaliste qu'Emile. Le défaut capital de cette fantaisie de Rousseau, c'est que pour la reconstruction de la société il rejette toutes les pierres qui faisaient partie de l'ancien édifice et qui, certes, n'étaient pas toutes causes de sa ruine !

II

DE LA PREMIÈRE RÉVOLUTION A LA TROISIÈME RÉPUBLIQUE (1)

Avec Rousseau nous sommes arrivés à la veille de la Révolution. Si, dans un sens, Rousseau était l'interprète d'un desideratum de l'opinion publique, il y mêlait ses propres conceptions, conceptions que nous verrons apparaître dans les programmes du gouvernement révolutionnaire.

Les écoles primaires, du moins celles qui existaient dans la dernière moitié du siècle qui a précédé la Révolution (2), étaient, pour la plupart, destinées aux garçons ; si bien que, partout où l'on refusait de donner l'éducation aux deux sexes à la fois, les jeunes filles étaient laissées sans instruction. De 1786 à 1790, on trouve seulement 26,88 p. 100 de femmes capables de signer leur contrat de mariage (3). La Constituante voulut mettre fin à cet état

---

1. On trouve dans l'ouvrage de Lotheissen : *La littérature et la société française*, etc., un essai très attrayant, mais très bref, sur la situation des femmes pendant la Révolution. Publié à Vienne, chez Gérolds fils, en 1872 (pages 49-59).

2 Par ordonnance royale de l'année 1724, il en avait été fondé un certain nombre, dont le but principal était d'instruire les enfants protestants dans la religion catholique. Déclaration du roi, concernant les religionnaires, du 14 mars 1724 Cf. Rousselot, op. cit., II, 204.

3. Cette proportion est pour toute la France ; elle diffère beaucoup selon les

de choses. Les 3-4 septembre 1791, l'instruction obligatoire pour les garçons ayant été adoptée en principe, Talleyrand arriva bientôt avec un projet de loi sur l'enseignement des filles. Il est vrai qu'il offrait bien peu de chose, mais c'est la première fois que l'on voit, en France, l'Etat s'occuper de l'instruction publique des filles. Voici quels sont les points principaux de ce projet de loi : Les jeunes filles pourront être reçues dans les écoles publiques jusqu'à l'âge de huit ans. L'Assemblée nationale engage les pères et mères à se charger eux-mêmes de l'instruction de leurs filles quand elles auront atteint cet âge. De plus, l'Etat aura soin de pourvoir à ce que, dans chaque département, il y ait des écoles où les jeunes filles, après leur sortie de l'école primaire, recevront les connaissances qui leur sont nécessaires pour exercer une profession compatible avec leur sexe. On établira également, dans chaque département, des maisons d'éducation pour les jeunes filles qui n'auront pu, sous un prétexte quelconque, compléter leur instruction dans la maison paternelle. Ces maisons seront dirigées par des maîtresses nommées par l'administration départementale ; le but de toute cette instruction sera de faire des jeunes filles de bonnes épouses et de bonnes mères de famille.

L'exposé des motifs que Talleyrand joint à son projet de loi, nous fait voir suffisamment le mélange de l'influence de Rousseau avec les conséquences naturelles de l'esprit républicain. Il est évident qu'il faut donner de l'instruction aux deux sexes. L'instruction, en effet, est un bien commun à tous ; comment donc la société, protectrice des droits de tous, pourrait-elle la refuser à l'un des deux sexes ? Il est donc nécessaire de fonder des écoles pour l'un et pour l'autre sexe. Mais il est également nécessaire d'organiser ces écoles conformément aux principes qui résultent de la destination naturelle des sexes. De ce que la femme est faite pour la famille et pour la maison, il s'ensuit qu'elle doit être élevée dans la famille. Ce n'est que dans le cas où l'éducation dans la famille n'est pas possible, qu'il faut avoir recours à l'école publique. Les programmes sont très restreints, et limités aux matières et aux exercices les plus élémentaires; toutefois, et

---

provinces. Dans le Nivernais, par exemple, elle descend à 5,94, tandis qu'en Lorraine elle monte à 64,00 p. 100. Il faut remarquer d'ailleurs qu'en considérant seulement ces chiffres, on jugerait encore trop favorablement de la situation : car beaucoup de femmes, qui savaient juste écrire leur nom, étaient absolument illettrées quant au reste.

le fait est digne de remarque, c'est Talleyrand le premier qui a eu la pensée de l'école professionnelle destinée à la femme.

C'est par là que son plan doit être mis bien au-dessus des théories de Rousseau.

Cependant tout ce projet, présenté à la Constituante peu de temps avant sa dissolution, resta sur le papier. L'affaire fut reprise, mais à de tous autres points de vue, par Condorcet (1). Le célèbre projet présenté par cet esprit clairvoyant ne rencontra pas, il est vrai, un succès immédiat, mais on sait quelle influence les idées qu'il renferme ont exercée jusqu'à nos jours sur le développement de l'enseignement primaire en France. Lui aussi revendique l'égalité des droits pour les deux sexes. Mais il considère moins leur destination que leurs facultés naturelles lorsqu'il trace les lignes fondamentales de leur instruction. Douées au même degré que les hommes pour le professorat et la médecine, les femmes doivent être admissibles à ces carrières. Le bien public exige que les femmes reçoivent une instruction universelle, essentiellement semblable à celle que reçoivent les hommes : ce n'est qu'en la possédant que la femme pourra remplir dans la famille la tâche qui lui incombe. 1° Il faut que les mères soient à même de contrôler l'instruction de leurs enfants ; 2° l'inégalité de la culture intellectuelle mettra dans une fausse situation l'épouse vis-à-vis de l'époux, la mère vis-à-vis de ses enfants devenus grands; 3° le meilleur moyen pour l'homme de conserver les connaissances acquises dans la jeunesse, c'est de rencontrer, chez la compagne de sa vie, un fonds de connaissances semblable et d'intérêt pour les sciences. Comme l'instruction universelle doit être la même pour les deux sexes, Condorcet va jusqu'à demander qu'elle soit reçue en commun : le personnel enseignant se composera donc d'hommes et de femmes en nombre égal. Non seulement le législateur ne voit pas d'inconvénients à la « *coéducation* », mais il y trouve de nombreux avantages ; principalement l'émulation réciproque des deux sexes ne peut que profiter aux résultats de l'enseignement. Le plan d'études des écoles imaginées par Condorcet se plie d'ailleurs aux circonstances et aux besoins des divers lieux.

Dans les écoles de village on enseignera la lecture, l'écriture, les éléments de l'arithmétique, les premières notions de morale et

---

1. Œuvres de Condorcet; Paris, 1847. (Cinq Mémoires sur l'instruction publique et rapport et projet de décret sur l'organisation générale de l'instruction publique. Cf. particulièrement Mémoires 1 et 4).

les principes des sciences naturelles et de l'économie domestique ; dans les écoles primaires des bourgs et des villes, on enseignera les mêmes matières en ajoutant des indications particulières sur les arts industriels. Les écoles secondaires (dans les villes seulement) enseigneront : 1° ce qu'il faut de grammaire pour parler et écrire correctement ; 2° l'histoire et la géographie de la France et des pays voisins ; 3° les principes des arts mécaniques, du commerce, du dessin (industriel) ; 4° les notions des points principaux de la morale et du droit civil ; 5° les éléments des mathématiques, de la physique et de l'histoire naturelle en tant qu'ils trouvent leur emploi dans l'industrie, le commerce et l'agriculture. En ce qui concerne les leçons de morale, nous y trouvons le germe de l'enseignement que, depuis quelques années, on a rendu obligatoire dans toutes les écoles de France. Condorcet veut même repousser de l'école toute instruction religieuse proprement dite ; l'État ne doit enseigner à ses enfants que ce qui appartient à toutes les religions : une morale raisonnable. En traitant Condorcet d'athée, on n'aurait peut-être pas tort, mais beaucoup de passages de ses écrits démontrent que son athéisme n'allait pas jusqu'à l'intolérance : exclure la religion de l'école était le résultat d'une réaction naturelle, bien que trop radicale, contre les empiètements du clergé.

Sous la Convention, Lakanal déposa, le 26 juin 1793, un projet de loi qui reproduisait, dans ses parties essentielles, les idées de Condorcet : cette proposition eut du moins sur ses devancières l'avantage de devenir loi. D'après cette loi, il y aura deux sortes d'écoles : 1° pour les tous jeunes enfants ; elles seront mixtes et dirigées par une femme ; 2° pour les enfants plus âgés, et celles-ci seront confiées des instituteurs. Par mille habitants, il y aura au moins un instituteur et une institutrice. Voilà donc admis par le législateur le principe d'une éducation publique générale. Ce qui caractérise la proposition de Lakanal, c'est qu'il comprend dans son programme : pour les garçons, les exercices militaires, la visite des fabriques, l'apprentissage d'un métier ; — pour les filles, la couture. Le 17 novembre 1794, la proposition devint loi.

Cependant, lorsqu'on examine ces lois faites sous la Révolution, il faut distinguer entre l'intention et l'exécution : sous tous les rapports, celle-ci demeurait en dessous de celle-là. Le plus grand obstacle à l'exécution de la loi du 17 brumaire était l'absence d'un personnel enseignant convenable ; non seulement en effet on avait exclu de l'enseignement toutes les sœurs appartenant à des ordres religieux ainsi que les institutrices laïques appartenant à la noblesse, mais encore toutes celles qui avaient été nommées institutrices soit par le clergé soit par la noblesse. De là vient que presque personne ne demandait à faire partie du corps enseignant, et que des arrondissements entiers (celui de Nogent-sur-Seine par exemple) n'avaient ni instituteur ni institutrice. Les quelques femmes qui se déclaraient prêtes pour l'enseignement étaient très ignorantes, et lorsqu'elles étaient nommées, les grands embarras d'argent de la République se chargeaient bien vite de les dégoûter de leurs fonctions. Le bourg de Mussy (Aube) avait une institutrice qui recevait sept élèves qui lui rapportaient par mois 1 fr. 75 (1).

Ni le Consulat ni l'Empire n'améliorèrent cet état de choses ; les femmes n'étaient pas comprises dans le grand système universitaire de Napoléon ; l'auteur de ce système ne se souciait pas de former des *raisonneuses*. Néanmoins, par un autre acte administratif, la Révolution avait donné à l'instruction des filles une vigoureuse impulsion. La loi du 19 décembre 1793 admit le principe de la liberté de l'enseignement, principe que les législations ultérieures ont respecté. En permettant ainsi à *l'enseignement libre*, c'est-à-dire aux écoles privées, de se développer, la Révolution suppléait dans une certaine mesure à ce qu'elle était forcée de négliger. L'autorisation de tenir une école privée fut, tout d'abord, subordonnée à la production d'un certificat constatant que le postulant (ou la postulante) avait des opinions conformes à la Révolution (certificat de civisme) ; mais après le 9 thermidor les ecclésiastiques purent rentrer dans l'enseignement à la condition de porter le costume laïque ; et si les basses classes, si les campagnes surtout possèdent depuis des écoles primaires, elles le doivent aux sociétés religieuses d'instruction qui ont poursuivi ce but avec la plus grande ardeur (2). Pour les jeunes filles de la meilleure société s'élevèrent successivement des établissements qui, sous le nom de *pensionnats* ou de *pensions de jour*, se sont conservés jusqu'à notre époque en grand nombre et presque sans changement ; ce sont ces établissements qui, jusqu'à la proposition de loi de M. Camille Sée, ont été presque les seuls donnant, concurremment avec les couvents, une instruction secondaire aux jeunes filles.

---

1. Babeau, *École de village*, p. 74.
2. Rousselot, op. cit., II, p. 338.

Mme Campan, femme d'un tact pédagogique des plus remarquables, créa le type de ces établissements. Ancienne femme de chambre de la malheureuse épouse de Louis XVI, la chute de la royauté l'avait réduite à la plus profonde misère. Elle avait à sa charge une mère septuagénaire, un mari malade et un fils de neuf ans. Un assignat de 500 francs composait toute sa fortune ; en outre, elle avait contracté pour son mari une dette de 30.000 francs ; pour pouvoir suffire à ses besoins, elle se décida à fonder un pensionnat à Saint-Germain. Comme elle n'avait pas de quoi payer les frais d'impression de son prospectus, elle dut en écrire trois cents exemplaires de sa propre main. Elle eut au début beaucoup d'élèves (plus de cent), mais lors de la guerre contre l'Angleterre, les jeunes filles originaires de ce pays la quittèrent, et Mme Campan eut de la peine à couvrir ses frais. Le grand nombre de pensionnats qui s'étaient fondés un peu partout sur le modèle du sien, rendait la concurrence difficile. La nécessité de compter avec les désirs des parents et celle d'attirer le plus grand nombre possible d'élèves firent bientôt sortir ces établissements de leur voie véritable. Mme de Genlis, chargée par Napoléon de l'inspection des écoles de Paris, visita un certain nombre de pensionnats, et trouva que, dans presque tous, on cultivait le goût de la dépense, du luxe et de la frivolité. Un décret de Napoléon supprima quelques-uns des plus importants. Mme Campan, malgré le bon esprit qui régnait dans son établissement, aurait succombé sous la concurrence, si Napoléon, qui avait pu l'apprécier comme institutrice d'Hortense et d'Emilie Beauharnais, ne l'avait mise à la tête de la maison d'éducation fondée à Ecouen pour les filles des membres pauvres de Légion d'honneur (décembre 1807). Le Conseil d'Etat, pour cet établissement, n'avait réglé que les questions générales, mais tout ce qui concerne la pédagogie et l'enseignement était confié à la directrice (1). Nous reparlerons plus tard des maisons d'éducation de la Légion d'honneur ; il ne s'agit, pour le moment, que des principes pédagogiques de Mme Campan. Elle les a réunis dans un volumineux ouvrage (2). Si au début de son établissement elle faisait enseigner aux élèves toutes les branches de l'économie domestique, elle s'aperçut bientôt que ces choses ne sont pas matières qu'on peut enseigner

---

1. Napoléon a cependant exprimé, dans une lettre, son opinion sur cette question. Cf. Thiers, *Histoire du Consulat et de l'Empire*, VII, p. 427 (livre 26).
2. *De l'éducation.*

à l'école et qu'on ne peut les apprendre que dans la famille : c'est là seulement en effet que peut agir l'élément indispensable de la responsabilité de la direction du ménage, responsabilité qui est la vraie maîtresse. Mᵐᵉ Campan pose d'abord comme condition *sine qua non* que la vie de l'internat soit ordonnée d'après les lois les plus strictes de l'hygiène. La propreté, les bains, le grand air, les repas réguliers et fortifiants, les jeux donnant de l'exercice, sont des choses auxquelles on ne saurait attacher trop d'importance. L'enseignement proprement dit est assez étendu : il comprend la religion, la langue maternelle, l'histoire, la géographie, l'arithmétique ; Mᵐᵉ Campan considère comme absolument indispensable de développer le goût de la lecture, dont Fénelon faisait déjà si grand cas ; il est de la plus haute importance pour la femme qu'elle puisse lire à haute voix avec expression, car la lecture ainsi faite transforme en paroles vivantes les trésors de la littérature. Nous trouvons là, sans doute, la raison des représentations de pièces modèles qu'on donnait à Ecouen, comme autrefois à Saint-Cyr, pour exercer la diction. Sous le rapport purement pédagogique, les idées de Mᵐᵉ Campan nous présentent plus d'une particularité curieuse. Pour elle, l'émulation est la base d'un enseignement fructueux, le levier sans lequel tous les efforts sont inutiles. L'amour-propre peut être excité par des moyens relativement simples : tous les trimestres, il y aura une distribution de prix en présence des parents et des personnes invitées à Ecouen ; le prix consiste en une simple gravure sur bois, représentant tous les attributs de l'étude et du travail (1). Mᵐᵉ Campan est la première qui ait imaginé la distribution des prix, dont l'usage s'est répandu depuis dans toute la France. Mais cette institution, que Mᵐᵉ Campan voulait maintenir dans de modestes limites, a pris, dans les nombreuses pensions qui se sont élevées depuis, une importance exagérée : les jeunes filles arrivent dans la salle au son des trompettes, et là elles sont couronnées, au sens propre du mot.

Les punitions étaient publiques, comme les récompenses ; deux d'entre elles étaient particulièrement sévères : la *table de bois* (manger à une table séparée) et la *perte de ceinture*. Les vues générales de la directrice d'Ecouen sur l'enseignement des

---

1. Nous voyons plus tard ce prix remplacé par le suivant : l'élève couronnée plantait dans le parc un arbre, dans l'écorce duquel on gravait son nom pour en perpétuer le souvenir.

femmes et sur l'importance de cet enseignement pour la société moderne ont été condensées par elle d'une manière très claire dans un passage de la préface de son ouvrage (1) : « Dans un Etat constitutionnel où la sagesse du souverain, de concert avec les membres les plus éclairés de la nation, prépare et exécute les lois, l'enseignement de la femme doit avoir un but utile et louable. La grande civilisation du siècle enlève aux femmes le privilège de ne régner que par la puissance de la beauté ; de nos jours il faut absolument qu'une instruction solide la mette en état d'apprécier les talents et les vertus de l'homme, de conserver sa fortune par une économie intelligente, d'élever ses filles dans les occupations propres à leur sexe, et même de surveiller convenablement la première éducation des garçons. Leurs noms seront peut-être moins cités dans l'histoire ; puissent-elles fournir encore moins matière à des romans ! puisse un sentiment vraiment patriotique leur faire considérer la maison comme le véritable théâtre de leur gloire ! dans ces conditions la prospérité publique ferait bientôt de grands progrès »

Il est sorti de l'établissement de Mme Campan un grand nombre de femmes qui, soit comme institutrices, soit comme maîtresses de pension, ont propagé et mis en pratique ce qu'elle avait imaginé. C'est ainsi que Mme Campan est devenue la mère des centaines d'institutions qui se sont, jusqu'à nos jours, chargées de l'éducation secondaire des filles, et qui auraient pu faire le plus grand bien si elles étaient restées fidèles aux idées de cette femme remarquable.

Mme Campan n'a pas exercé une influence moins considérable sur l'éducation morale des filles du peuple : la première, en France, elle a composé des livres où les servantes, les ouvrières, etc., trouvaient une lecture agréable et utile en même temps ; la première, elle a compris l'importance de la littérature populaire qui exerce une influence incalculable sur les idées d'une nation ; elle a eu même le germe de l'idée des bibliothèques populaires (2).

Il nous faut maintenant suivre le développement de l'instruction publique des femmes au xixe siècle. En ce qui concerne les écoles primaires de filles, le premier Empire n'a pour ainsi dire rien fait. Napoléon, comme nous l'avons déjà dit, avait chargé Mme de

---

1. *De l'éducation*. Avant-propos de l'auteur, p. 4-5.
2. *Conseils aux jeunes filles*, op.cit., II, p. 83-245.

Genlis de l'inspection des écoles primaires de Paris (1) ; à la suite des tristes découvertes qu'elle fit dans ses tournées d'inspection, il lui demanda de lui adresser un rapport concernant les moyens de remédier au mal : mais les choses ne furent pas poussées plus loin. Sous la Restauration, l'affaire fut reprise par la grande et prudente société pour l'instruction élémentaire (2). C'est elle qui fit rendre l'ordonnance royale de 1816, qui autorisait les instituteurs de village à recevoir, l'après-midi, les filles dans leurs écoles ; en 1820, une autre ordonnance plaça les écoles primaires de filles sous la surveillance d'un comité cantonal et de la commission supérieure de l'instruction publique attachée au ministère de l'Intérieur. En 1824, les recteurs (des académies) reçurent l'ordre de donner, le cas échéant, aux institutrices le certificat de capacité pour l'instruction et l'autorisation d'enseigner. En 1828, les écoles de filles furent, comme celles de garçons, placées sous la surveillance des recteurs. Mais toutes ces mesures n'étaient applicables qu'aux écoles déjà existantes ; on n'en créa point de nouvelles. Une notice empruntée à une statistique de 1832 nous apprend que le nombre total des écoles primaires de filles en France était de 1.104.

Sous le gouvernement de Juillet (3) la cause des écoles de filles prit une meilleure tournure. Guizot voulait placer ces écoles sur le même pied que celles de garçons et le rapporteur de son grand projet de loi sur l'instruction, M. Renouard, a vivement plaidé en faveur de cette idée.

L'opinion publique n'étant pas favorable à ce projet, Victor Cousin répondit à l'orateur que des écoles particulières pour les filles ne pouvaient être que des écoles de luxe, ne pouvant subsister que dans les grandes villes ; que, du reste, il ne voyait pas pourquoi, dans les campagnes comme dans les petites villes, les jeunes filles n'iraient pas en classe avec les garçons ; à son avis, c'était même là le seul moyen de vulgariser l'enseignement de la jeunesse féminine. C'était l'expression de la volonté, sinon de la conviction, de la majorité. La loi de 1833 était limitée aux garçons. Toutefois, reconnaissant le besoin, et répondant au désir

---

1. Sur les rapports de cette femme avec Napoléon Ier, cf. les observations de Mme de Rémusat.(*Mémoires de Mme de Rémusat*, publiés par son petit-fils Paul de Rémusat, II, p. 102.)

2. A partir d'ici, je suivrai de préférence le remarquable livre de M. Gréard, rédigé d'après les documents officiels et intitulé : *L'enseignement secondaire des filles* ; Paris, Delalain frères, 3e édition, 1883.

3. M. de Salvandy, Rapport au roi, 1848, p. 13.

d'une minorité importante, l'ordonnance royale du 23 juin 1836 fit quelque chose pour l'instruction des femmes. Bien que le plus grand pas ne fût pas encore fait, l'obligation imposée aux communes de fonder des écoles, cette ordonnance peut être considérée comme un utile encouragement; elle fixa le programme de l'instruction primaire pour les filles. L'école fut divisée en deux classes: l'une élémentaire et l'autre supérieure. La première comprenait: la religion, la lecture, l'écriture, l'arithmétique, le français, le chant, les travaux d'aiguille, et le dessin linéaire; dans la classe supérieure, ces connaissances furent poussées plus loin et l'on y ajouta l'histoire et la géographie. Les maîtresses devaient justifier, par un examen, de quelques connaissances sur les principes fondamentaux de l'éducation et de la méthode d'enseignement. En imposant ainsi aux institutrices certaines connaissances, et à l'Etat le devoir de les contrôler, on leur garantissait le présent et l'avenir par l'application, en 1842, de la loi de 1833 et du règlement de 1836 sur les pensions des instituteurs.

Ce fut seulement en 1848 que l'on fit le grand pas que la Révolution et Guizot avaient tenté vainement; le projet de loi de Barthélemy Saint-Hilaire exigeait que chaque commune de 800 âmes (l'existence de ressources suffisantes étant supposée) fût obligée d'élever une école primaire de filles; cette proposition fut acceptée et englobée dans la loi fondamentale de 1850 sur l'enseignement obligatoire. Dès lors, la question de l'enseignement primaire pour les filles était résolue. La loi fut, en 1867, modifiée en ce sens que la même obligation fut imposée aux communes de 500 habitants, et que ce furent les administrations départementales, et non plus les communes, qui furent appelées à se prononcer sur les moyens financiers d'exécution. La loi du 16 juin 1881 a réduit à 400 le nombre minimum d'habitants, et pour assurer une meilleure exécution des prescriptions légales l'Etat a pris à sa charge une notable portion des frais de premier établissement et d'entretien (1).

Jusqu'en 1881, il n'y eut pas, en France, d'écoles secondaires de jeunes filles organisées d'après un plan déterminé; le besoin s'en faisait cependant vivement sentir. Il est intéressant d'exa-

---

1. La statistique de 1876 nous montre déjà l'influence exercée par les lois de 1850 et de 1867; 40 0/0 du nombre total des écoles primaires en France étaient des écoles de filles. Le nombre des écoles de garçons était de 42.421, celui des écoles de filles de 29.126. En tout, 71.547.

miner comment ce besoin a été ressenti dans notre siècle et comment on a tenté de donner à ce besoin une satisfaction partielle. Nous rencontrerons dans cette étude une grande activité déployée par l'enseignement libre et, dans le pêle-mêle d'institutions que cette activité fit surgir, nous verrons l'administration de l'Instruction publique intervenir de temps à autre par des ordres, des distinctions, des prohibitions, des encouragements. C'est en 1819 et en 1820 que l'idée d'un enseignement secondaire pour la femme commence à se développer. Deux ordonnances de ces années (19 juin, 20 juillet) placent au-dessus de l'école primaire les pensions et les pensionnats. Ce qui les distingue des écoles primaires, dit l'une des ordonnances, c'est un but plus élevé de l'instruction. Ce but plus élevé se montrait principalement dans les programmes des examens imposés aux institutrices. Pour obtenir le « *brevet primaire* », c'est-à-dire le certificat de capacité à l'enseignement dans les écoles primaires, il suffit « de savoir lire, écrire, chiffrer, et d'être en état de bien montrer ces trois choses ». L'examen qui donnait le droit d'enseigner dans les pensions (1) exigeait plus de connaissances : la religion, la lecture, l'écriture, les éléments de l'arithmétique jusqu'aux règles de société, la grammaire, les éléments de l'histoire et de la géographie de la France. Le diplôme pour être maîtresse dans un pensionnat exige, outre ces matières, quelques connaissances en histoire ancienne et en littérature française. Les examens qui donnaient le droit d'enseigner seulement dans le département où ils avaient été subis, avaient lieu devant une commission nommée par le préfet. En 1837 (2), l'enseignement secondaire libre fut l'objet d'une nouvelle ordonnance ; tous les établissements destinés à donner un enseignement supérieur à celui de l'école primaire, furent divisés en deux catégories : *Pensions* et *Institutions*. Chaque école devait avoir, au-dessus de sa porte d'entrée, une plaque portant l'une ou l'autre de ces deux indications ; les institutrices devaient, pour être admises à enseigner dans ces deux catégories d'écoles, avoir subi l'examen réglementaire. Cet examen avait lieu devant une commission nommée par le ministre lui-même et composée de sept membres (5 hommes, 2 dames) ; il avait

---

1. Je conserve à dessein les appellations françaises, parce qu'en Allemagne il n'existe pas d'établissements analogues et par suite point de nom pour les désigner.

2. Ordonnance du 7 mars 1837. Cf. *Manuel général de l'Instruction primaire*, 2ᵉ série, t. III.

lieu deux fois par an. Toutes les écoles dont il s'agit étaient soumises à la surveillance de l'Etat ; les inspecteurs et les inspectrices devaient adresser leurs rapports au recteur de l'académie (à Paris, au préfet de la Seine) ; ces rapports étaient ensuite soumis au ministre. Le programme des deux catégories d'établissements comprenait dix années d'études (de 8 à 18 ans) ; les matières principales étaient déterminées par un règlement ; dans la pension : la religion, la lecture, l'écriture, la grammaire française, l'arithmétique jusqu'aux règles de proportions, l'histoire de France, la géographie, les éléments de la physique et de l'histoire naturelle, le dessin, le chant, les travaux à l'aiguille, les langues vivantes (au choix) ; dans les institutions on ajoutait à ces matières l'histoire de la littérature française, des exercices de style, la géographie ancienne, l'histoire ancienne et moderne, les éléments de la cosmographie. En 1840, la surveillance de ces écoles fut complètement enlevée aux inspecteurs primaires et confiée aux commissaires d'académie, c'est-à-dire aux inspecteurs des écoles secondaires (1).

Ces établissements ne tardèrent pas à prospérer ; une statistique du département de la Seine (1846) en porte le nombre à 266, dans lesquels 13.487 élèves recevaient l'instruction. Les autorités les soutiennent de toutes les manières et leur permettent même (ce qui est surtout la cause de leur succès) de s'adjoindre des classes primaires, de sorte que ces établissements peuvent donner aux jeunes filles une éducation complète (2).

Mais peu à peu ces établissements eurent à lutter contre une concurrence importante de la part d'établissements d'un autre genre, les *cours*. Déjà, avant la Restauration, l'abbé Gaultier avait créé le type de cette institution, d'une organisation tout à fait particulière à l'enseignement français. Un témoin oculaire nous en retrace comme il suit les lignes principales (3) : « Les cours n'ont « lieu que six mois de l'année, un seul jour par semaine, le « samedi, en présence des parents. La première heure de la « leçon est consacrée à l'histoire, la deuxième à la langue fran-

---

1. Ce point est à noter pour nous, nos établissements d'enseignement secondaire pour les jeunes filles, établissements publics complètement organisés, étant encore, pour la plupart, placés sous la surveillance des inspecteurs primaires.
2. Les pensions comme les institutions étaient, en principe, des internats, mais auxquels, le plus souvent, était joint un externat.
3. Cf. Gréard, op. c., p. 32.

« çaise, la troisième à la géographie, la cosmographie et l'arith-
« métique. Le local où les cours sont établis se compose de neuf
« salles, disposées circulairement, pour chaque division, où
« chaque faculté est, à la même heure, simultanément enseignée.
« Les leçons consistent surtout en interrogations de la part des
« professeurs, et en réponses de la part des élèves, sur les ma-
« tières étudiées, pendant la semaine, dans l'intérieur des
« familles, d'après la marche indiquée le samedi précédent. » En
1820, M. Lévi Alvarès organisa sur ce modèle des cours d'éducation maternelle qui furent bientôt célèbres. Organisés comme
ceux de l'abbé Gaultier, ces cours permettaient aux mères d'assister aux leçons. La personne de M. Alvarès, d'après les jugements et les portraits des contemporains, confirmés par
M. Gréard (1), dut avoir un charme considérable, même entraî-
nant. C'est pourquoi le succès de ses cours fut immense ; leur
fondateur reçut, en 1836, sur la proposition de Guizot, aux
applaudissements de toute la presse et surtout des familles, la
croix de la Légion d'honneur. Ces cours eurent des imitations, à la
tête desquelles on vit parfois des professeurs éminents. Les pensions et les institutions se sentirent menacées dans leur existence
par cette concurrence, et cherchèrent à se maintenir par un changement dans leur système. Ces efforts profitèrent à l'enseignement
des femmes, non pas tant par les changements qu'on y apporta,
que parce que les méthodes d'enseignement furent partout l'objet,
dans la presse spéciale comme dans la presse politique, d'exposi-
tions et de discussions publiques. Dans les couches importantes
de la bourgeoisie éclairée, l'intérêt était excité et croissait de jour
en jour. Pestalozzi et le père Girard sont alors devenus populaires
dans les cercles pédagogiques de France et leurs théories ont
principalement trouvé leur application dans les écoles de filles ;
en effet, tandis que les écoles secondaires de garçons restaient
attachées à leurs traditions et que les écoles primaires ne possédaient pas encore de personnel enseignant capable, les écoles de
filles leur offraient le meilleur champ d'application. On discutait
sur des questions qui, de nos jours, ont été de nouveau si vivement débattues, sur la centralisation des programmes, sur les
sujets dont cette centralisation devait se passer ; le principe de
M. Lévi Alvarès : « *Toutes les connaissances s'enchaînent* », était sur
toutes les lèvres. Des revues particulières s'occupaient de toutes

---

1. Gréard, op. c., p. 58.

ces questions, et les discutaient, toujours au point de vue de l'instruction des filles (1). Les esprits étaient surtout excités par deux intérêts de nature l'un plutôt politique, l'autre pédagogique. Le premier était de savoir si les écoles tenues par des religieuses devaient être soumises à l'inspection laïque ; le clergé s'y opposait de toutes ses forces, mais on finit par trouver un moyen terme qui sauvegardait le droit de l'Etat à cette inspection : les inspecteurs de l'Etat étaient accompagnés dans leurs visites d'un ecclésiastique nommé à cet effet par l'archevêque.

Jusqu'alors l'instruction publique et laïque avait été donnée aux filles presque exclusivement par des hommes ; pour 1255 maîtres on comptait à peine 327 maîtresses (commencement de 1840). En 1845, la Chambre des Pairs eut à examiner la question de la convenance de cet état de choses. Une femme, Mme Dauriat (2), avait, dans des articles violents qui firent la plus grande impression, revendiqué pour les femmes le droit exclusif à l'enseignement ; en même temps, elle cherchait à discréditer l'enseignement donné par les hommes en publiant toutes sortes de notes haineuses, de faits scandaleux qui dénotaient un parti pris. M. Lévi Alvarès répondit à cet écrit d'une manière noble, calme et bien appropriée à la question dans une série d'articles (3) dans lesquels il démontra que l'esprit plus logique, que l'instruction plus complète de l'homme, surtout en ce qui concerne l'enseignement secondaire, ne pouvaient qu'être utiles aux femmes ; il concluait ainsi : « L'instruction d'une femme n'est complète et sérieuse « qu'autant qu'elle a été faite par un homme éclairé. » L'administration de l'Instruction publique adopta sur cette question une solution moyenne : elle encouragea les femmes à embrasser en plus grand nombre la carrière de l'enseignement, surtout dans les écoles primaires ; mais, dans les écoles secondaires, elle pensa qu'il était difficile de se passer d'un personnel enseignant masculin. Cet avis, et ceci est bien caractéristique, a été partagé par les femmes les plus éclairées : j'en donnerai pour exemple Mme de Bachellery dans ses *Lettres sur l'éducation des femmes* (V, p. 70).

Mais si les « cours » donnaient des résultats généralement satis-

---

1. *La Mère institutrice*, rédigée par Ph. Lévi; Paris, 1834. — *Revue pour l'enseignement des femmes* (1845-1848).
2. *Revue pour l'enseignement des femmes*, 1845 (août, septembre, octobre).
3. Pensées détachées dans la *Revue pour l'enseignement des femmes*. Novembre, 1846.

faisants, ils ne donnaient cependant pas une instruction étendue et complètement indépendante ; les pensionnats, de leur côté, souffraient de cette importante concurrence, le niveau de leurs études s'abaissait, et ils prenaient de plus en plus le caractère d'exploitation commerciale. Nous trouvons chez les écrivains les plus autorisés des plaintes sur la valeur du personnel enseignant qu'on y employait et qui était souvent engagé pour un prix modique aux dépens des résultats. Le plus grand nombre des institutrices se lassèrent peu à peu de continuer à vivre dans une position incertaine et subordonnée au bon plaisir des maîtresses de l'établissement. Aussi, en arrivent-elles à demander de plus en plus énergiquement que l'Etat prenne en main l'instruction secondaire des filles. L'opinion publique, du moins dans un certain nombre de milieux, ne leur était pas défavorable ; et nous ne devons pas oublier que, en France bien plus que chez nous, l'enseignement est une question politique. Dans un rapport semi-officiel (1), on constate un désir assez général d'avoir « des col-« lèges de filles semblables en tout aux collèges de garçons pour « l'organisation et la durée des études ». En 1847 on croyait généralement au bruit qui courait à Paris, que Salvandy avait nommé une commission chargée de rédiger un projet de loi sur l'enseignement secondaire des jeunes filles. Lorsqu'éclata la Révolution de 1848, le monde pédagogique, comme la bourgeoisie libérale, crut le moment propice. Déjà en février Mme Bachellery adressa un mémoire au ministre des cultes, Carnot (2), dans lequel elle développait le programme complet d'une école normale de filles organisée sur une large échelle et comportant une division d'enseignement professionnel (3). Cependant, la loi scolaire de 1850 tomba comme une douche sur ce grand projet. Nous ne pouvons dire ici comment cette loi prit naissance. Abstraction faite du bien qu'elle fit aux écoles primaires, elle tendit, en tout ce qui concerne l'instruction des femmes, à diminuer la responsabilité de l'Etat et à ouvrir aux écoles privées toutes les portes. Les examens furent réorganisés dans ce sens que le simple brevet de capacité pour l'instruction primaire donna le droit d'enseigner dans toutes les écoles privées d'enseignement secondaire de filles.

---

1. Kilian, *De l'instruction des filles à ses divers degrés*.
2. *Lettres au citoyen Carnot, ministre de l'instruction publique*, par Mme Bachellery (imprimées parmi les Lettres sur l'éducation citées ci-dessus).
3. Publié par Gréard, op. c., p. 161.

Voilà donc le personnel capable sur le pavé ; il s'engage pour quelques sous par jour. La loi de 1850 est ainsi le point de départ de la décadence de l'instruction libre des filles en province encore plus qu'à Paris.

Un fait très facile à expliquer et cependant très remarquable, c'est que le nombre des jeunes filles qui obtiennent le certificat de capacité pour les fonctions d'institutrice grandit prodigieusement. Mais celles qui le recherchent pour suivre plus tard la carrière de l'enseignement sont en minorité ; on le considère plutôt comme un diplôme honorifique, constatant qu'on a terminé ses études ; et c'est une chose à laquelle la mode ne demeure pas étrangère. Les jeunes filles des conditions les plus différentes se précipitent sur cet examen et M. Gréard fait remarquer que cette soif d'instruction et d'éducation est devenue une cause importante de l'extension des idées démocratiques.

Ainsi que nous l'avons vu, les bornes de l'instruction primaire ont été reculées, les examens primaires ont été rendus plus difficiles et l'on a cru pouvoir se passer du concours de l'enseignement secondaire. Par suite, le niveau de ce dernier s'est abaissé et sa tâche n'a guère consisté que dans la préparation au brevet primaire. Sous ce rapport, les écoles privées ont rendu de grands services ; car, sans ces écoles, l'Etat n'aurait pu trouver le nombre d'institutrices primaires dont il avait besoin ; même en 1881, sur 3164 institutrices ayant passé l'examen du brevet avec succès, 3003, c'est-à-dire 94 0/0, avaient été préparées dans des écoles privées ; il va sans dire que, parmi ces écoles, il y en avait beaucoup qui ne pouvaient être considérées comme de simples « *boîtes à brevet* ». La Société pour l'instruction élémentaire fonda plusieurs écoles distinguées. L'école libre du passage Saint-Pierre est même devenue l'excellente école normale de filles de Paris (boulevard des Batignolles), dont nous parlerons plus loin ; mais toutes ces écoles ne pourvurent pas à un enseignement secondaire dans le sens propre du mot ; elles avaient un but pratique qui consistait généralement dans la préparation d'un personnel pour les écoles primaires. L'enseignement secondaire ne peut ni ne doit avoir un but immédiat ; son devoir est de donner aux jeunes filles la maturité dont elles ont besoin pour remplir les obligations qui leur incomberont plus tard dans la famille comme épouses et comme mères.

Mais le besoin d'un enseignement secondaire était devenu si impérieux, au moins dans les classes éclairées, que l'on ne pouvait se contenter plus longtemps de ce qu'on avait. Le 2 mars 1867, Jules Simon porta la question devant le Corps législatif, et M. Duruy, l'éminent ministre de l'Instruction publique en France, s'associa aux idées du grand orateur, qui demandait avec instance que l'Etat apportât son concours pécuniaire à la fondation d'écoles où la « *compagne intellectuelle* » de l'homme serait élevée (1). « Que de plaintes ne s'élèvent point sur les difficultés de donner « aux jeunes filles une instruction en rapport avec le rang qu'elles « occuperont un jour dans la société et avec celle que reçoivent « leurs frères ! » M. Duruy ne se borna pas à reconnaître cette vérité. Vers la fin de 1867, se constitua à la Sorbonne l'*Association pour l'enseignement secondaire des jeunes filles;* l'élite des professeurs de Paris, des membres de l'Institut de France, des membres de l'enseignement secondaire et supérieur, se déclarèrent prêts à prendre une part active à l'enseignement que l'association se proposait d'organiser. Le but de l'association était clairement formulé dans le programme (2); il y est dit : « L'association a pour but de « compléter l'instruction des jeunes filles et de leur fournir les « moyens de s'élever au-dessus des connaissances primaires par « un enseignement analogue à celui des établissements de l'en- « seignement secondaire spécial pour les garçons (3). »

L'année suivante, ces « *Cours de la Sorbonne* » furent organisés à Paris et se firent dans les mairies des divers arrondissements ; des cours analogues s'ouvrirent bientôt dans les principales villes de province. Partout les chefs d'académie les encourageaient vivement. M. Duruy rompit mainte lance en faveur de son système, notamment contre le clergé, qui voyait un adversaire redoutable dans cet enseignement propagé uniquement par l' « Université laïque ». La polémique engagée entre M. Duruy et le célèbre évêque d'Orléans, Mgr Dupanloup, donna naissance à des écrits du plus haut intérêt. En parcourant cette polémique, on y trouve, d'une part, une foule d'aperçus nouveaux; d'autre part, une image exacte des prétentions du clergé sur l'enseignement des femmes ; nous reviendrons aux théories de Dupanloup quand nous examinerons la proposition de loi de M. Sée (4).

---

1. Séance du Corps législatif du 2 mars 1867.
2. Cf. Bulletin administratif du ministère de l'Instruction publique; Paris, 1868.
3. L'enseignement secondaire spécial correspond, *mutatis mutandis*, à ce que nous appelons « Realgymnasium » ; ce qui le caractérise c'est l'absence, ou du moins la réduction du temps consacré aux langues anciennes.
4. Cf. Dupanloup, *Lettres sur M. Duruy et l'éducation des filles*, 1867. — Deux

Mais bien que l'organisation de ces cours répondît dans une large mesure aux besoins et aux vœux des gens éclairés, elle ne réalisait cependant pas l'idéal. Ces cours avaient, en effet, l'inconvénient de mettre l'enseignement des jeunes filles dans la main d'hommes, qui étaient avant tout professeurs de lycée ou de collège et qui, par enthousiasme pour cette cause et aussi par complaisance, lui consacraient une partie de leur temps. En outre, cet enseignement manquait de régularité et s'adressait uniquement aux adolescentes. Il est vrai qu'on se louait beaucoup du zèle des élèves, dont le nombre est une preuve de la grande faveur dont jouissaient les cours. Le maître procédait principalement par demandes et réponses; il faisait faire des devoirs, des compositions, etc.; en un mot, tous les signes d'un enseignement scolaire méthodique ne se rencontraient pas, dans la pratique, aux cours de la Sorbonne (1). Je dis dans la pratique, car la pensée primitive de Duruy ne tendait pas à une semblable organisation, mais bien plutôt à de véritables écoles divisées en trois cours comprenant chacun une année; l'admission dans chacune des trois années dépendait du résultat d'un examen.

L'idée primitive du ministre Duruy a été réalisée, sous une forme plus large, par la proposition de loi de M. Camille Sée, proposition qui est l'expression d'une partie importante de l'opinion publique en France. La tâche que nous nous sommes imposée exige que nous consacrions un chapitre particulier à cette loi si importante et à sa mise en vigueur.

Mais avant d'aborder ce chapitre, nous devons, à l'aperçu que nous avons donné des essais d'organisation pratique de l'enseignement des jeunes filles, en ajouter un autre sur les théories de toutes sortes qui se sont fait jour en France, au XIXe siècle, concernant la position de l'éducation de la femme.

Nous possédons un petit traité que l'on peut considérer comme le dernier des écrits nés sous l'influence des théories révolutionnaires concernant l'instruction des femmes; c'est le traité écrit, sur l'éducation de sa fille, par le célèbre publiciste Bonnin, dans la prison où il était enfermé pour délits de presse (2). Bonnin

---

injustices de M. V. Duruy, Lettres écrites à S. G. Mgr Dupanloup par M Riancey, et aussi : *De l'éducation des filles*, etc., par L. C. Michel (Le *Correspondant* des 25 décembre 1867 et 10 avril 1868).

1. Sous beaucoup de rapports on peut comparer ces cours à ceux qui existent à Berlin, Leipzig et Cologne sous le nom de « Damenlyceen ».

2 *Lettres sur l'éducation*, écrites en octobre et en décembre 1823, dans la prison, par le publiciste C. D. B. Bonnin, sur l'éducation de sa fille; Paris, 1825.

s'inspire des idées de Rousseau: la femme étant exclusivement destinée à la famille doit être complètement élevée dans la famille. Il convient, cependant, d'ajouter qu'il tient compte des besoins et des aspirations de son époque, lorsqu'il réclame pour la femme plus de connaissances que Rousseau. Les éléments de l'instruction de la femme doivent être la langue maternelle, la littérature, l'histoire et la géographie, les principes fondamentaux de la morale et de la politique, et surtout l'hygiène. L'hygiène a pour base les connaissances physiologiques, et celles-ci, Bonnin insiste sur ce point, sont indispensables à la femme : « La physiologie explique les phénomènes du monde moral, elle est par conséquent la clef de la morale. » Bonnin, s'étant lui-même occupé de sciences médicales, attribue à la médecine une valeur dans l'éducation qu'elle ne mérite pas. Pour lui, le médecin est le vrai pédagogue : « Soyez persuadé, écrit-il, que si nous possédons jamais un traité de pédagogie qui réalise mon idéal, ce traité sera l'œuvre d'un médecin; » il a pour Fénelon, dont la morale lui semble la plus pure, une grande vénération; malheureusement, la connaissance physique de l'homme a manqué à Fénelon. Cette imperfection ne se rencontre pas chez Bonnin et c'est pourquoi la partie de son traité qui a rapport à l'éducation physique est la plus complète et la meilleure.

C'est dans un tout autre ordre d'idées que Mme de Rémusat, Mme Guizot et Mme Necker de Saussure, dominées par l'influence de la nouvelle philosophie spiritualiste, ont traité, d'une manière ingénieuse et large des devoirs et de la mission du sexe féminin. La première de ces trois femmes (1) cherche à déduire de l'idée que l'on se fait de la femme moderne les conditions qu'elle doit remplir pour satisfaire à cette idée. Quoique compagne de l'homme, la femme n'en a pas moins une existence propre et indépendante ; elle n'est pas un reflet de l'homme, mais une individualité par elle-même (2). Mais si elle est destinée à perfectionner cette individualité, elle ne le peut qu'au moyen et dans les limites de sa position sociale, qui est contenue dans ces mots « épouse et mère d'un citoyen ». Comment trouver, en allemand, un équivalent à ce mot de « citoyen » dans lequel se condense un chapitre tout entier de philosophie politique ! la femme est la compagne d'un

---

1. *Essai sur l'éducation des femmes*, par Mme de Rémusat (publié par son fils) ; Paris, 1824.
2. Cf. Rousselot, op. c., II, 380.

être qui se sent une partie indépendante et responsable de l'Etat. Mais si la femme est la compagne d'un homme ainsi fait, il faut qu'elle soit capable de le compléter au moyen de tout son être et de toute sa raison, il faut qu'elle soit capable de comprendre ses actions et son but. Il suit de là qu'une maturité intellectuelle relative est une nécessité de la condition de la femme. Cette maturité est naturellement plus nécessaire encore à la mère du citoyen.

L'éducation de la femme doit être dirigée vers ce double but. Les défauts que l'on reproche ordinairement au sexe féminin ne lui sont pas inhérents; la société en est seule responsable. Trop souvent on traite leurs femmes comme des idoles ou des jouets, au lieu de les traiter comme des créatures raisonnables. Elles ne demandent aucun privilège; ce qu'elles demandent, c'est seulement l'égalité devant le devoir et la vérité. Les femmes ne sont pas moins que les hommes capables de l'un et de l'autre; il n'y a qu'à cultiver leurs facultés. Sans doute, la femme, par sa nature, demande à être élevée autrement que l'homme; l'éducation, chez la femme, doit être plutôt le but de l'instruction; il faut surtout insister sur la morale. Nous ne pouvons indiquer ici que quelques-uns des points de vue auxquels se place Mme de Rémusat; elle montre plus loin comment on peut utiliser les prétendues faiblesses de la femme, comment on peut, de son amour pour les belles manières, pour sa propre beauté, faire, au lieu de les laisser dégénérer, une source des sentiments les plus nobles; comment même on peut, en se plaçant à un point de vue supérieur, obtenir de bons résultats de sa vanité et de sa coquetterie. — Le livre de Mme de Rémusat est resté inachevé; c'est ce qui explique qu'elle n'a pas exprimé ses idées sur l'enseignement proprement dit.

Mme Guizot (1) aborde immédiatement le problème de l'éducation. La question de savoir si la nature humaine est mauvaise dans son principe, et si, par suite, l'éducation a le devoir de supprimer ou corriger ses penchants naturels, l'intéresse vivement. Elle résout négativement cette question. Les penchants naturels ne sont pas mauvais par eux-mêmes; ils ressemblent à la sève de l'arbre : lorsque, pour obtenir de plus beaux fruits, on enlève les branches superflues, on ne nuit, on n'altère pas la sève; on lui donne seulement une autre direction, on en concentre l'action. L'éducation n'a pas mission de faire disparaître la nature primitive de l'enfant; comme si Dieu n'avait donné une nature à l'enfant que

---

1. *Education domestique ou Lettres de famille sur l'éducation*, 1826.

pour que le maître d'école la remplaçât par une autre, qu'il croit meilleure. C'est à la mère à donner aux penchants naturels de l'enfant la direction qui convient à la destination ultérieure de celui-ci.

Cependant ces théories, développées avec infiniment de finesse, ne sauraient nous occuper ici plus longtemps. En ce qui concerne les filles et les femmes, M*me* Guizot estime que pour elles l'éducation donnée dans la famille est la meilleure de toutes ; l'internat lui paraît absolument mauvais. La femme a moins besoin de savoir que l'homme ; par contre, le peu qu'elle apprend elle doit l'apprendre sérieusement et à fond, car pour la jeune fille la valeur intrinsèque de ses études est tout particulièrement importante. En développant leur jugement on les met à même d'élargir plus tard leur horizon, de suivre les conversations sur les sujets les plus divers, surtout de satisfaire à toutes les exigences de la vie intellectuelle de la société. Les matières que doit étudier une jeune fille doivent être déterminées par le rang qu'elle est appelée à tenir dans la société ; dans tous les cas, M*me* Guizot demande qu'elle apprenne l'histoire, la géographie, la littérature française, les éléments d'histoire naturelle, une langue étrangère, la musique, le dessin. L'enseignement religieux ne doit avoir, autant que possible, aucune couleur confessionnelle ; on parlera beaucoup de Dieu et peu d'une religion déterminée. « Ainsi formées à vivre « en la présence du Dieu de l'univers, elles pourront recevoir les « dogmes dont vous ferez l'objet de leur foi comme un bienfait « du maître qui les approche plus intimement de sa personne, « non comme le gage exclusif de leur admission en sa présence « en ce monde et ne s'imagineront pas que Dieu cesse là où se « posent les limites d'une croyance. »

Voici enfin quelques observations sur le livre de M*me* Necker de Saussure (1). L'action de la femme s'exerce tout spécialement sur les facultés de l'âme : ce sont elles qui communiquent et raniment les sentiments, vie de l'âme, mobiles éternels ! naturellement une telle influence doit se faire sentir également dans la famille, et M*me* de Saussure regarde l'accomplissement des devoirs d'épouse et de mère comme la destination normale de la femme. (Cependant presque la moitié des femmes ne se marient pas.) M*me* Necker aborde ensuite ce que, de nos jours, on appelle la ques-

---

1. *L'Éducation progressive ou étude du cours de la vie*, 3. vol. 1828, 1832, 1838 (le dernier volume traite particulièrement de l'éducation des femmes).

tion des femmes, question qui, après tout, n'a pas été résolue par ses devancières. Ce n'est pas qu'elle veuille admettre les femmes aux fonctions publiques ; mais elle demande que la bienfaisance, au sens large du mot, soit le champ cultivé de préférence par les femmes qui n'ont pas atteint leur destination réelle. Par-dessus tout, c'est l'instruction du peuple qui incombe à la femme : le métier d'institutrice est fait pour elle. Mais il y a aussi d'autres carrières dont M³ de Saussure ne veut pas défendre l'entrée aux femmes. Les sciences trouveront parmi les femmes, lorsqu'elles seront poussées par un intérêt particulier, des adeptes fidèles et laborieuses. En particulier, les minutieuses expériences de physique, de botanique, d'entomologie, de météorologie, ne peuvent-elles être faites par des femmes ? Plus d'une femme trouverait là un utile emploi de sa vie. De même pour les sciences morales (nous disons psychologiques) l'heureux talent naturel d'observation de la femme n'est pas à dédaigner. M³ Necker détourne les femmes du métier d'auteur, surtout en fait de belles-lettres ; il leur faut résister à toute velléité de s'en occuper ; la seule littérature qui convienne à la femme écrivain est celle qui a pour objet l'instruction du peuple.

Mais pour que la femme puisse aborder ces carrières, pour qu'elle puisse exercer dans la famille, en toute connaissance de cause, une influence morale, il faut que la femme reçoive dans sa jeunesse une éducation intellectuelle qui la rende capable de remplir ses devoirs ; pour cela des connaissances sont nécessaires. Mais ce qui est plus important et plus précieux que la possession de ces connaissances, c'est la direction que donne à l'esprit la manière dont on les acquiert. Pour M³ Necker, la méthode est d'un prix inestimable. Elle adopte les idées de Molière et de Gœthe, qui veulent que l'on cultive la faculté de la femme d'agir sur les esprits. M³ Necker est convaincue de la justesse de l'axiome que posait Nicole comme introduction à la grande *Logique* de Port-Royal : on se sert de la raison comme d'un instrument pour acquérir la science, alors qu'il faudrait plutôt se servir de la science comme d'un instrument pour perfectionner la raison. Pour atteindre ce but, il est indispensable pour tout le monde, et principalement pour la femme, de faire usage de matières peu attachantes. En effet, on doit éviter tout ce qui peut intéresser à la fois les diverses facultés de l'âme. Il faut écarter de l'enseignement donné aux jeunes filles toutes les choses sur lesquelles on pourrait avoir des opinions personnelles provenant de l'intérêt que notre âme y prend (1). L'étude de la nature inanimée, des lois éternelles et divines de la matière, tel est, par excellence, le domaine dans lequel doit s'exercer l'activité des jeunes filles, où leur esprit s'élèvera, où une observation paisible et sans préjugés les conduira à des résultats que l'on ne désire ni ne craint ; c'est le domaine enfin où elles apprendront à connaître le prix de la vérité pure. En conséquence, Mme Necker recommande de préférence aux jeunes filles l'étude des sciences naturelles exactes. Il va sans dire qu'on leur présentera ces sciences sans aucune considération esthétique, le seul but qu'on doive se proposer étant de développer la faculté du raisonnement. On étudiera particulièrement : l'arithmétique (même un peu de géométrie et d'algèbre), l'histoire naturelle, la physique et la chimie. Toutefois, l'histoire et la géographie pourront également passer pour des matières neutres grâce auxquelles l'imagination s'exercera au même titre que l'esprit au moyen des autres. A un autre point de vue, Mme Necker accorde encore une place importante à l'histoire : il convient de cultiver chez la jeune fille le goût des lectures historiques ; ce goût est, dans le cours de la vie, la meilleure sauvegarde du sens de l'idéal et de la véritable piété.

Ce qui met en mouvement tous les ressorts de l'esprit, ce qui s'adresse à toutes ses fonctions et les exerce en les maintenant en harmonie, c'est l'étude des langues ; en outre de la langue maternelle, qui doit occuper la première place, Mme Necker recommande particulièrement le latin comme moyen d'instruction ; l'étude du latin est préférable à celle de tout autre idiome ; elle aide en même temps à une connaissance plus approfondie de sa propre langue. Cette étude a pour la femme une importance toute particulière, car elle rend les mères capables de surveiller les premières études de leurs fils. En ce qui concerne les langues vivantes, Mme Necker donne la préférence à l'allemand, à l'anglais et à l'italien, mais par ce seul motif que la connaissance de ces trois langues permet l'accès de littératures nationales précieuses.

Mme Necker reconnaît la valeur, pour l'éducation des femmes, de la poésie et des arts d'imitation ; elle croit cependant pouvoir se dispenser de les recommander d'une manière particulière, la femme ayant naturellement une préférence pour ces matières.

---

1. Tout ce qui tient au sentiment répond à des idées personnelles chez les jeunes filles ; il y a toujours des images et des noms propres dans leur esprit ; ne suit-il pas de là que les questions pour elles les plus importantes ne peuvent donner un véritable exercice à la faculté du raisonnement ?

Nous passons sous silence les écrits de M. Théry (1), de Mme de Lajolais (2), de Mlle Sauvan (3), écrits dont l'examen nécessiterait un exposé complet des théories françaises sur l'éducation des femmes ; nous nous contenterons de jeter un rapide coup d'œil sur les publications originales d'Aimé Martin et du Père Girard. Aimé Martin (4) a, pour la femme, une sorte de vénération mystique. Pour lui, la femme a été chargée par Dieu de la conservation de l'ordre moral ; la femme est la dépositaire de l'avenir de l'humanité. Ne voyant partout dans la société que désordres et erreurs, il rend' l'Etat responsable, parce que celui-ci ne s'est jamais préoccupé de l'éducation du sexe féminin : dans « les trente lois sur l'instruction publique qui se sont produites depuis 50 ans, c'est à peine s'il est fait mention des filles ». De là vient la corruption croissante des consciences et des mœurs. Car « jamais l'éducation ne prendra de profondes racines dans le peuple, surtout à la campagne, si les enfants ne la reçoivent de leurs mères et les maris de leurs femmes. L'instituteur public n'est qu'une triste machine à faire répéter l'alphabet, la mère est une force morale qui féconde la pensée en même temps qu'elle ouvre les âmes à l'amour ». La mère, en effet, est une institutrice naturelle, et nulle méthode, inventée soit par l'homme soit par la science, ne vaut celle de la mère qui a été imaginée par Dieu lui-même. Le Père Girard a développé cette pensée avec une grande finesse psychologique. Quelle est la chose que la mère n'apprend pas à ses enfants et avec quelle infaillibilité son instinct ne lui fait-il pas découvrir la bonne méthode ! Que signifie alors ce mot pompeux « leçons de choses » si ce n'est : mise en pratique des principes de la « méthode maternelle » ?

Nous avons à nommer encore un défenseur enthousiaste et habile de l'éducation intellectuelle de la femme, le militant évêque d'Orléans, Dupanloup (5) ; nous aurons à en reparler plus loin. La femme est capable d'aborder toutes les branches de la science, et c'est bien là l'idée de la femme chrétienne, qui implique l'idée d'une instruction sérieuse. Mais il faut que cette

---

1. *Conseils aux mères*, 1839.
2. *Livre des mères de famille et des institutrices* (couronné par l'Académie française), 1843.
3. *Cours normal des institutrices primaires*, 1832.
4. *Éducation des mères de famille ou De la civilisation du genre humain par les femmes;* 1834 (3ᵉ édition, 1840).
5. *La femme chrétienne et française*, 1868. — *La femme studieuse* (3ᵉ édition, 1875). — *M. Duruy et l'éducation des filles*, 1868.

instruction soit donnée à un point de vue rigoureusement catholique ; il ne suffit pas que les professeurs soient des ecclésiastiques, il faut encore, autant que possible, que les diverses matières de l'enseignement soient tirées de sources catholiques. La femme s'occupera de philosophie d'après les œuvres de saint Thomas d'Aquin ; elle étudiera les préceptes de l'économie politique, mais seulement d'après les livres approuvés par l'Église ; elle lira beaucoup et s'intéressera à toutes les questions qui surgiront : seulement qu'elle ne fasse pas connaissance avec ces questions par l'intermédiaire de la *Revue des Deux Mondes* ! Les choses auxquelles pourra s'intéresser la femme ne sont pas limitées, mais la femme devra rester pieusement en deçà des bornes de la foi catholique.

En résumé, ce rapide coup d'œil que nous avons jeté sur l'histoire et sur les théories de l'instruction des femmes en France, aura suffi pour nous faire voir qu'au delà des Vosges il s'est trouvé, de tout temps, des femmes, aussi bien que des hommes, pour s'intéresser vivement à l'existence d'une certaine homogénéité dans l'éducation intellectuelle des deux sexes. Cette homogénéité a été plus vivement et plus souvent réclamée en France que chez nous ; bien des tentatives ont été faites dans ce but, mais ces tentatives, jusque dans les dix premières années de notre siècle, ont été isolées. C'est à Guizot que l'on doit le premier essai de ce genre. C'est lui et M. Duruy, l'un de ses successeurs au ministère, qui ont assuré l'instruction primaire de la femme dans les basses classes. Nos voisins font des efforts considérables pour regagner, par l'activité dans la réalisation, le temps perdu jusqu'ici. En ce qui concerne l'instruction donnée aux jeunes filles des classes aisées, et dont l'accès a été facilité, nous rencontrons même, en regardant de l'autre côté du Rhin, de quoi être quelque peu jaloux : tandis que chez nous cet enseignement est loin d'être organisé sur une base uniforme, tandis que chez nous les particuliers et les administrations municipales s'attardent dans des tâtonnements avant de prononcer le mot décisif, la France n'a pas hésité à faire le grand pas : l'ÉTAT a pris à sa charge de pourvoir à l'enseignement secondaire des jeunes filles.

Examinons maintenant comment s'est produit ce résultat ; considérons, en suivant l'histoire de la loi Camille Sée, les difficultés contre lesquelles a dû lutter l'idée de l'enseignement secondaire pour les jeunes filles et voyons quelles conjectures on peut faire pour son développement futur.

CHAPITRE II

LA PROPOSITION DE LOI CAMILLE SÉE ET LE PARLEMENT FRANÇAIS [1]

La proposition de loi de M. Sée peut, comme les lois sur la réorganisation de l'armée, sur l'enseignement primaire et sur bien d'autres points de la vie nationale, être considérée comme un résultat des efforts tentés pour réparer l'échec de 1870. Cette proposition demandait que l'enseignement secondaire des femmes fût réglementé par une loi unique. Après de longues négociations et discussions avec des sénateurs et des députés, M. Camille Sée, alors député de la Seine et maintenant membre du conseil d'Etat, déposa, en 1879, à la Chambre des députés, une proposition de loi aux termes de laquelle il devait être fondé, dans toute la France, par l'Etat avec le concours des communes, un certain nombre d'écoles secondaires, lycées et collèges de jeunes filles.

L'auteur du projet de loi donna à sa proposition un exposé des motifs bref, mais très habile et très clair ; cet exposé signale tout d'abord l'insuffisance, sous tous les rapports, de l'enseignement donné aux jeunes filles avec la prétention de dépasser le niveau de l'instruction primaire. Il montre en même temps que cette insuffisance a été reconnue par les écrivains qui se sont, depuis longtemps, particulièrement occupés de cette question ; il montre

---

1. Le lecteur est prié, en lisant ce chapitre, de se reporter au tableau synoptique placé à la fin du chapitre et qui donne les rédactions successives de cette loi.

comment les gouvernements antérieurs ont tenté quelquefois d'y remédier. Toutefois ces tentatives ont échoué : la cause doit en être attribuée au moins autant à l'indifférence de ceux qui en étaient les instigateurs, qu'à l'indifférence de ceux qui devaient en profiter. Sous ce rapport l'étranger a dépassé la France ; maintenant la France, où l'idée de l'instruction des femmes a été caressée plus que partout ailleurs, se trouve dans la triste nécessité de prendre conseil des autres pays sur les dispositions à adopter. La loi de M. Camille Sée met à profit les expériences faites au dehors, combinées avec les conseils de pédagogues éminents, anciens et récents. L'exposé des motifs donne en même temps quelques indications générales sur la manière dont M. Camille Sée pensait réaliser tout d'abord sa loi. La valeur absolue des lycées de filles a été affirmée à l'étranger et aucun doute ne peut subsister à ce sujet ; elle doit par conséquent être la même pour la France que pour les autres Etats ; il ne s'agit plus que de surmonter les difficultés que rencontre l'introduction de toute organisation nouvelle et inusitée ; une autre difficulté plus grande surgira peut-être : on ne trouvera pas facilement un personnel enseignant convenable. C'est pourquoi il recommande de fonder les lycées seulement dans les villes où l'on aura sous la main un nombre suffisant de professeurs hommes. On leur confiera — dit l'exposé des motifs — surtout au début, la direction et l'enseignement dans les nouveaux établissements, jusqu'à ce que l'on possède un nombre suffisant de dames professeurs capables. Ces dernières occuperont plus tard les chaires à peu près exclusivement : c'est là, dans la proposition de loi de M. Sée, un point social important. M. Sée termine par une rapide énumération des matières à enseigner et motive brièvement le choix qu'il en a fait.

Pour l'examen du projet de loi, la Chambre des députés nomma une Commission dont firent partie, outre l'auteur de la proposition, MM. Logerotte, Chalamet, Paul Bert, Brisson, Duvaux, Deschanel, etc. Pendant que cette commission délibérait, un deuxième projet, rédigé par Paul Bert, lui fut soumis ; elle ne se prononça pas pour ce dernier, mais pour la proposition de M. Sée, qui fut d'ailleurs l'objet de diverses modifications. Le 15 décembre 1879, M. Sée lui-même déposa à la Chambre des députés le rapport au nom de la Commission ; ce rapport était accompagné de documents nombreux ; les écoles de filles des principaux Etats européens et des Etats-Unis avaient été étudiées par des membres de la Commission dans leur organisation et dans leurs programmes ;

le rapporteur communiqua à la Chambre, dans un résumé très détaillé, les résultats de ces investigations ; les députés eurent en main les originaux des programmes des écoles de la Suisse, de l'Allemagne (1), de l'Italie et de la Russie.

Bien que la Commission eût adopté dans ses parties essentielles le projet de M. Sée, elle lui fit subir néanmoins des changements importants. Alors que M. Camille Sée voulait fixer, dans la loi elle-même, les limites de l'enseignement, la Commission en laissa le soin au ministère de l'instruction publique. En ce qui concerne la question de l'instruction religieuse, pour laquelle M. Sée s'en rapportait à la discrétion de l'administration, la Commission en régla le principe. Sur la question de l'internat, législateur et Commission furent du même avis ; l'internat seul, dirent-ils, peut donner aux établissements les moyens de soutenir la concurrence contre les établissements ecclésiastiques. — Pour les autres modifications, on s'en rendra compte plus facilement d'après le tableau que nous en avons publié ci-dessous.

Les discussions auxquelles cette loi donna lieu à la Chambre des députés et au Sénat sont du plus haut intérêt, même, si je puis m'exprimer ainsi, au point de vue de l'histoire de la civilisation ; elles nous font connaître les idées qui dominent dans les divers partis sur la question de l'instruction du peuple, sur le rôle et les devoirs de l'Etat, des ordres religieux d'enseignement, des femmes. Les hommes les plus instruits, les orateurs les plus éminents parmi les adversaires et les défenseurs de la loi entrèrent en lice, et un sujet en apparence inoffensif fit naître une des luttes de principe les plus acharnées que la jeune République eût vues jusqu'alors. La proposition de loi de M. Camille Sée étant fondée sur des principes de politique sociale, l'avenir de l'influence du clergé étant en jeu, l'opposition cléricale et conservatrice déploya les plus grands efforts pour empêcher l'adoption de la loi ; lorsqu'elle eut constaté son impuissance, elle essaya de faire accepter des amendements qui, adoptés, eussent fait de la loi une œuvre morte.

La première lecture à la Chambre des députés fut assez brève, mais elle montra déjà d'une façon indiscutable quels étaient les sentiments de la Droite à l'égard du projet de loi. A la lecture de l'article 6 (programme des matières de l'enseignement), la Droite fit entendre des rires ironiques ; le Président (Gambetta) invita

---

1. Berlin, Darmstadt, Heidelberg, Cologne, Leipzig, Munich, Nymphenbourg.

les membres de la Droite à combattre la proposition de loi si elle ne leur plaisait pas. M. de Launay lui répondit : « On ne combat pas de pareilles choses. » Après un quart d'heure de délibération à peine, les divers articles du projet de la Commission furent adoptés, à l'exception de l'article 1er, qui dut être rattaché à l'article 4 (amendement Ribot), et une seconde lecture fut décidée. Celle-ci eut lieu le 19 janvier 1880, également sous la présidence de Gambetta. Les partis se présentèrent bien armés et mirent en avant leurs meilleurs orateurs. M. Keller, député de Belfort, prit le premier la parole. Il commença par définir le point de vue auquel, dans l'examen de la loi, se plaçait le parti auquel il appartenait. « A différentes reprises, je vous ai signalé un plan d'ensemble « dans les lois d'enseignement ayant pour but de séparer l'Eglise « de l'école, la religion de l'éducation, ayant pour but de rétablir « et d'agrandir le monopole universitaire (1) et de faire de l'Uni- « versité le clergé laïque d'une nouvelle religion d'Etat, le clergé « laïque de la libre-pensée. Le projet de loi qui nous est présenté « est un nouveau pas dans cette voie. » Les pensionnats existants vont, c'est la crainte de M. Keller, être fermés ; ils seront remplacés par des lycées dépendant uniquement du ministère de l'Instruction. On réalisera bientôt de cette manière l'idée la plus chère de M. Paul Bert, la suppression de l'enseignement religieux. Les nouveaux lycées seront peuplés de boursières entretenues par l'Etat, c'est-à-dire par les contribuables. Quel motif a-t-on de réaliser cette innovation ? On prétend que jusqu'ici l'enseignement des filles a été organisé d'une manière déplorable, que les femmes sont en France dans une espèce d'abaissement moral et intellectuel. C'est là une injure adressée à toutes les femmes françaises. Que fait-on pour tirer les femmes de ce profond abaissement ? On nous reporte aux idées de la Révolution et aux rapports de Lakanal et de Danton. Et tout cela pour présenter la suppression de l'enseignement religieux comme un devoir patriotique « que l'on doit « aux grandes traditions de 1789 » ! On veut paraître tolérant ; on permet même à un prêtre de donner l'enseignement religieux dans l'intérieur de l'école aux jeunes filles internes qui le désirent. Mais c'est là un piège ; ce semblant de concession donnera aux inspecteurs de l'Université l'occasion d'exercer leur contrôle. Dans l'en-

---

1. Je dois faire remarquer ici que le terme français « Université » embrasse toute l'administration de l'Instruction publique et tout le corps enseignant placé sous le contrôle immédiat de l'Etat.

seignement obligatoire, on remplace la religion par une morale universelle, émanant seulement de la conscience, basée uniquement sur l'utilité publique et non pas sur la doctrine de l'existence de Dieu et de l'immortalité de l'âme. Le reste de l'enseignement sera imbu de l'esprit d'une telle morale. Qu'adviendra-t-il d'un pays où les femmes seront élevées de la sorte ? Que l'on compare la situation de la Russie où l'État a organisé l'enseignement des femmes en lui donnant un grand développement. Le nihilisme, d'après l'orateur, est une conséquence de la création des établissements d'enseignement pour les jeunes filles. La France sera entraînée dans ce courant : la loi de M. Camille Sée est un danger pour le pays !

Le rapporteur répondit au discours de M. Keller, discours vivement applaudi par la Droite, mais auquel la Gauche n'avait pas ménagé les signes de désapprobation. Il déclara franchement que la loi, en décrétant l'instruction laïque des filles, avait en effet pour but de soustraire la jeunesse féminine, et par suite le sexe féminin tout entier en France à l'influence pernicieuse du clergé. « La jeune fille élevée dans un couvent est incapable de
« remplir ses devoirs envers elle-même ; on la détourne, par des
« moyens mystiques, de tous ses devoirs terrestres qu'on lui pré-
« sente comme sans importance ; la jeune fille apprend même au
« couvent à oublier les plus sacrés de ses devoirs d'enfant. Il y a
« même des cas où les jeunes filles ont été tellement détournées
« de tout ce qui a rapport à la vie terrestre qu'elles ont perdu
« jusqu'à la notion du bien et du mal. Je reconnais que ces cas
« constituent l'exception, et je ne parle que de la jeune fille qui
« n'a retenu des pratiques religieuses du couvent que ce qui cons-
« titue les exercices journaliers de piété et appris que ce qu'on
« lui a enseigné ; eh bien, je dis qu'il est dans la vie des heures
« où cette piété ne lui suffira pas et qu'à ces heures tout l'ensei-
« gnement que l'enfant aura reçu au couvent ne lui permettra pas
« de se livrer à un travail intellectuel qui peut-être serait pour
« elle le salut. Cet enseignement, ce système religieux d'éduca-
« tion pouvaient convenir sous l'ancienne monarchie, alors que la
« porte du couvent se fermait pour ne jamais se rouvrir sur une
« enfant de huit ou dix ans. La fille, dans la famille, était considérée
« comme une gêne ; si minime que fût la part que lui donnait la
« loi à l'héritage paternel, on préférait enterrer ce droit avec elle
« dans un couvent. Les lois de la Révolution ont nivelé les droits
« des enfants à la succession de leurs parents ; la porte du cou-

« vent ne se referme plus sur les sœurs dans le seul but de gros-
« sir le patrimoine des frères. Si la coutume ou la coupable indif-
« férence des parents envoie encore aujourd'hui la jeune fille au
« couvent, elle n'y reste ordinairement pas, elle en sort; mais
« elle en sort élevée et instruite comme on élevait les jeunes
« filles au xviii⁰ siècle. Elle abandonne le couvent avec une ins-
« truction presque nulle et une éducation qui a mis dans son
« cœur la haine de tous les principes qui régissent et la France de
« 1789 et nos institutions. Ignorante, elle va épouser un homme
« instruit ; élevée à l'école de la superstition, elle va épouser un
« homme élevé à l'école de la raison; elle sera du xvii⁰
« ou de la première moitié du xviii⁰ siècle, l'homme sera de la fin
« du xviii⁰ ou du xix⁰ siècle. Et alors voilà deux êtres qui vont
« parcourir la vie étroitement unis de cœur et d'esprit, et inca-
« pables de se comprendre mutuellement. Le mari traînera lour-
« dement sa vie : quand, épuisé par une journée de labeur, il
« viendra s'asseoir au foyer conjugal, il y trouvera au lieu de
« repos, de consolation, le trouble et la récrimination. Quant à
« l'homme qui aura voué sa vie à la défense d'une cause dont
« l'existence ne sera qu'un long tissu de soucis, de décourage-
« ments, de déceptions, qui, plus que tout autre, aurait besoin
« de détendre son cœur et son esprit au foyer conjugal, quel sort
« sera le sien ? La lutte, la lutte encore, la lutte toujours ; celle
« qui devrait le soutenir, l'encourager, lui reprochera peut-être
« jusqu'à sa fidélité à ses principes ; elle le tourmentera par des
« paroles dont elle ne comprendra pas le sens, qu'elle répétera
« seulement d'après son confesseur. — Pendant que l'homme
« poursuit la voie que lui trace son devoir, la femme remplit son
« devoir de mère sous la direction de son confesseur. Elle le
« remplit avec d'autant plus d'ardeur que, n'ayant pu sauver son
« mari, elle veut au moins sauver son enfant. Elle s'occupe de
« lui avec un soin jaloux, et, entre deux caresses (1), elle sème
« dans ce jeune cerveau tous ses préjugés. Au lieu de développer
« l'intelligence de son enfant, elle l'étouffe ; elle lui répète béate-
« ment, non pas seulement les récits de l'histoire sainte, mais
« aussi les superstitions, les miracles qui défrayent la littérature
« à deux sous des librairies catholiques et qui semblent faits pour
« abêtir un peuple et déshonorer une religion ! (Vifs applaudis-
« sements à gauche.) Elle veut que son enfant croie, non pas seu-

---

1. Ici l'orateur fut bruyamment interrompu.

« lement aux mystères de la foi, mais à Bernadette et à l'eau de
« Lourdes ; elle lui fait presque un crime de penser. Quant au
« père, avec la meilleure foi du monde, avec les meilleures in-
« tentions, elle en fait un suspect vis-à-vis de son enfant. Cepen-
« dant l'enfant grandit et, quelque soin que l'on ait pris d'empri-
« sonner son intelligence, il ne tarde pas à remarquer ce qu'il y
« a de contradictoire entre le langage de sa mère et le langage,
« souvent même le simple silence de son père. L'enfant cherche
« la vérité ; il n'est plus assez faible pour ne pas se demander si
« elle est bien dans les affirmations de sa mère ; et voilà cet
« enfant, qui ne connaît encore l'existence que par son amour
« pour les deux êtres au milieu desquels il vit, qui se voit conduit
« au scepticisme en fait de doctrine, à l'indifférence en fait de
« sentiments. Qu'on s'étonne, après cela, de voir les caractères
« s'abaisser et les croyances disparaître !

« Et le père ? Le père laisse faire. Il a lutté pour lui-même, il est
« las de la lutte. Il vit au dehors, beaucoup par nécessité, beaucoup
« aussi parce qu'on lui a rendu la maison insupportable. Et puis, si
« l'enfant est un fils, le père se dit qu'il viendra un moment où le
« lycée enlèvera l'enfant à sa mère et effacera ainsi les traces de la
« première éducation. Cela est vrai dans une certaine mesure, mais
« cela n'est pas tout à fait exact ; je crois que l'on n'efface jamais
« complètement les traces de la première éducation, parce que
« l'enfant se souviendra toute sa vie que certaines idées ont été
« jetées dans son cerveau en même temps que naissait dans son
« cœur le premier et le meilleur des amours, et que ces idées
« souvent se sont confondues avec la tendresse qu'il a conçue pour
« celle qui les lui a données. Quoi qu'il en soit, le père, quand il
« s'agit de son fils, intervient... Le père, quand il s'agit de sa
« fille, se désintéresse de son éducation, sous prétexte que l'édu-
« cation de la fille appartient à la mère. Non seulement il ne
« cherche pas à redresser les erreurs de la première éducation,
« mais il trouve naturel que sa fille soit élevée dans un couvent.
« C'est ainsi que, par une condescendance coupable, se perpétue,
« de génération en génération, un état de choses contraire et à
« la morale et à la loi sociale. La femme, malgré ses instincts de
« soumission et de tendresse, vit à l'état d'adversaire dans la
« famille, de rébellion dans la société. On lui a dit que le prêtre
« tenait son pouvoir de Dieu, que l'homme devait tenir son pou-
« voir du prêtre, que le pouvoir civil devait être soumis au pou-
« voir spirituel, et que toute société qui ne s'inclinait pas devant cette

« loi était une société constituée en violation de toutes les lois et
« divines et humaines. L'instruction, dans nos lois, a été systé-
« matiquement refusée à la femme ; le législateur a d'abord
« passé la femme sous silence, et quand, sous la pression de l'o-
« pinion publique, il a dû légiférer en sa faveur, il s'est borné à
« lui assurer l'enseignement primaire ; un enseignement qui est
« terminé à douze ans, laissant aux arts d'agrément et aux futilités
« de la mode cette riche période intellectuelle de l'adolescence où
« l'âme reçoit avec tant de facilité et d'avidité les grandes notions
« générales de l'art, de la philosophie et des lettres. Ainsi la
« femme, c'est-à-dire la moitié de la France, — celle qui est
« appelée à exercer le plus d'influence sur l'autre, — n'est pas
« instruite. Elle ne l'est pas, parce que son ignorance est la con-
« dition même du rôle que le clergé lui fait jouer. Le clergé ne
« veut pas qu'elle soit instruite, parce qu'instruite elle échappe-
« rait à sa direction, et qu'alors il ne pourrait plus ni tenter
« d'agir sur le mari, ni disposer de l'éducation ni de l'instruction
« des enfants. Ce que cet état de choses a produit, vous le voyez,
« messieurs, il a jeté la division dans la famille, il tend à diviser
« de plus en plus la France en deux nations. Je dis qu'il faut uni-
« fier la France. C'est également ce que veulent nos adversaires ;
« cela est vrai, mais ils veulent une France cléricale, et nous une
« France libérale. Ils asservissent, nous émancipons. Ils veulent
« gouverner les femmes et, par elles, nous dominer ; nous voulons
« au contraire éclairer les femmes, les élever jusqu'à nous pour
« les élever jusqu'à la liberté. La femme est une créature hu-
« maine, et, comme telle, responsable de ses actes ; la femme a sa
« personnalité. Elle a droit, pour ces deux raisons, au développe-
« ment de ses facultés. La femme n'est pas née pour vivre dans
« un couvent d'une vie contemplative ou surnaturelle. Elle sera
« épouse, elle sera mère. Epouse, il faut qu'elle puisse vivre de la
« vie de son mari, s'intéresser à ses travaux, l'encourager, tra-
« verser avec lui la bonne comme la mauvaise fortune. Mère, il
« faut qu'elle puisse donner à son enfant, non seulement les pre-
« mières notions de toutes choses, mais encore une première ins-
« truction. La femme, comme épouse et comme mère, a droit à
« une instruction solide et conforme aux progrès. La société a le
« devoir de la lui assurer... L'intérêt le plus pressant de la famille,
« de l'Etat, est que ce devoir soit rempli... La France, il y a un
« siècle, a soulevé la première cette grande question de l'ensei-
« gnement des femmes. Vous avez vu comment elle a été résolue

« en Europe et aux Etats-Unis ; il ne nous reste plus, messieurs,
« qu'à nous inspirer de ces solutions, à les améliorer et à les appro-
« prier à notre esprit français et à notre génie national. »

C'est à cela que servira la loi. Elle est à la fois, dit M. Sée, une loi morale, une loi sociale, une loi politique. Il ajoute après avoir examiné l'une après l'autre les critiques de ses adversaires : « C'est
« dans cette loi, ne l'oubliez pas, que se trouvent le salut, l'avenir
« de la France, car la grandeur aussi bien que la décadence des
« peuples dépendent de la femme. » Si nous comparons les conclusions de M. Sée avec celles que M. Keller avait exposées à la tribune, nous aurons un tableau fidèle des sentiments qui divisent les deux partis opposés, nous dirions volontiers qui divisent le monde; à l'occasion de cette loi, ces deux partis ont lutté soit par discours soit par écrits. « Parce que la France, dit M. Keller, est
« une nation catholique, on veut nous faire voter des lois despo-
« tiques destinées à déraciner la foi de la France et à faire passer
« les jeunes filles, comme les jeunes garçons, dans le laminoir du
« despotisme. »

L'opposition, cependant, ne tarda pas à s'apercevoir qu'il serait difficile de faire échouer la loi ; c'est pourquoi elle résolut de lutter au moyen d'amendements et de voter contre quelques-uns des articles. La discussion la plus vive naquit sur la question de l'internat qui, nous le verrons bientôt, était d'une importance capitale pour la mise à exécution de la loi.

En ce qui concerne les garçons, l'internat (1) est très profondément entré dans les mœurs françaises sans en être cependant une conséquence nécessaire. Organisé tout d'abord par les Jésuites, il fut ensuite adopté par la plupart des ordres religieux d'enseignement; il fut enfin accueilli par Napoléon, mais assurément à de tout autres points de vue. Ce dernier, en réalisant sa grande réforme de l'enseignement, en fondant l'*Université de France*, a donné à l'internat une place prépondérante, parce qu'il espérait ainsi parvenir à créer une nation de soldats (2). Au début, guidé par cette idée, qui ne déplaisait point à l'Eglise, il introduisit dans le corps enseignant un grand nombre de célibataires à l'imitation des moines. C'est ainsi que l'internat est entré peu à peu dans la chair et le sang du peuple français, si bien que, de nos jours,

---

1. Pour l'organisation et l'origine de l'internat, consulter entre autres le chapitre y relatif dans l'ouvrage de M. Bréal : *Quelques mots sur l'Instruction publique, en France;* Paris, Hachette.
2. Discours de M. Bardoux (C. Sée, op. c., page 233).

l'externat, même pour les garçons, est l'exception (1). De simples externats sont en France impossibles pour les jeunes filles, car ici on se trouve en face d'autres préjugés. Quiconque a vécu en France dans la bonne société sait que les femmes mariées ont seules le droit de sortir sans être accompagnées, et que cette règle ne souffre pas d'exception. On montrerait au doigt une jeune fille qui se rendrait seule à l'école, sa serviette sous le bras. On trouve choquant d'exposer sa fille aux prétendus dangers de la rue. Ce préjugé social est si puissant et si généralement répandu en France (2), que grâce à lui, la loi Camille Sée, si elle n'avait proposé de fonder que des externats, eût été mort-née. Il est évident que c'est avec l'internat seul que l'on peut lutter contre les établissements congréganistes. Le parti clérical et conservateur sentit bientôt que c'était sur les articles 2 et 3 de la loi que devaient porter tous ses efforts. L'influence exercée sur l'enfant tient moins à l'enseignement qu'à l'éducation. Le meilleur serait donc d'abandonner complètement celle-ci à la famille, ainsi que cela a lieu dans les pays protestants (3). Mais il n'appartient pas à l'Etat de laisser uniquement à la famille le soin de l'éducation : s'il ne fonde que des externats, ils ne seront pas plus régulièrement fréquentés que ne l'ont été les cours, et la loi manquera son but; le public s'adressera, en général, aux écoles qui possèdent des internats, c'est-à-dire aux couvents et aux pensionnats. Par conséquent, comme le faisait remarquer Paul Bert, l'internat est un mal nécessaire; c'est peut-être, au fond, la conviction de M. Camille Sée lui-même. L'internat seul mettra l'Etat à même de soutenir la concurrence du clergé. Mais l'idée de l'internat exclusif se heurtait à des considérations d'un autre genre, qui furent présentées par le ministre de l'Instruction publique lui-même (alors M. Ferry); tout d'abord les dépenses seront augmentées dans des proportions considérables; il faudra plus de 300.000.000 de francs; et les richesses de la France, disait M. Ferry, sont grandes, mais non inépuisables. D'ailleurs le gouvernement ne se montrait guère disposé à endosser la lourde responsabilité que comportent des établissements d'une nature aussi délicate que des internats de jeunes filles. C'est pourquoi le ministre pro-

---

1. Comme exemple d'un lycée destiné exclusivement aux externes, citons le lycée Condorcet (rue du Havre) à Paris.
2. Ce n'est qu'à l'extrême nord de la France, tout près des frontières de la Belgique, qu'on trouve ce préjugé le moins profondément enraciné.
3. Cf. l'opinion de M. Bardoux dans le discours cité plus haut.

posa de créer des externats de préférence à des internats, et d'amener l'initiative privée à fonder autour de ces lycées des pensionnats dans lesquels les jeunes filles pourraient habiter et où elles ne seraient point soustraites à l'influence de la famille; M. Ferry pensait alors à la situation particulière du lycée Charlemagne (lycée de garçons).

La Chambre adopta finalement une autre solution. Les nouveaux établissements seront, en principe, des externats; mais des internats pourront y être annexés, sur la demande des communes, si elles consentent à en supporter les frais. Si M. Sée rompit encore une lance en faveur de son idée première (que les nouvelles écoles seraient, en principe, des internats avec externats facultatifs), il n'avait guère d'autre intention que de protester une dernière fois ; le sort de son projet était décidé, et l'opposition, n'ayant pas été assez puissante pour faire échouer complètement la loi, se réjouissait d'en avoir, du moins, diminué les chances de succès.

Si l'on considère l'internat comme un mal, accepté seulement pour des raisons d'opportunité, on doit reconnaître que les débats ont amené des modifications constituant un progrès sur la pensée primitive de M. Sée ; l'Etat ouvre la voie à une transformation progressive de l'idée que l'on se fait de l'utilité de l'internat : sans désavouer ce préjugé, il ne se laisse pas dominer par lui. C'est à ce point de vue que M. Gréard (1) a pu dire que cette loi renferme tous les fruits des progrès que le bon sens et l'opinion publique ont faits depuis trois siècles.

Il est un autre point sur lequel la Chambre discuta très vivement : c'est l'article 5 qui traite des bourses à fonder dans les nouvelles écoles. L'opposition fit tous ses efforts pour empêcher que la collation des bourses fût laissée au pouvoir discrétionnaire d'une commission nommée par le gouvernement. Des considérations de toute nature furent mises en avant : on déclara qu'il était dangereux pour les jeunes filles, auxquelles la possession du diplôme de fin d'études obtenu à la sortie du lycée ne donnait pas, comme aux jeunes gens, accès à une carrière quelconque, de recevoir, au nom de l'Etat, une instruction hors de proportion avec le rang qu'elles étaient appelées à tenir plus tard dans la vie. La fondation de bourses fut cependant adoptée en principe; mais la Chambre ne détermina pas la manière et les conditions dans les-

---

1. Gréard, *Enseignement secondaire des jeunes filles*, p. 95.

quelles ces bourses seraient concédées; M. Ferry proposa, en effet, de s'en remettre, sur ce point, à une décision ultérieure, et d'appliquer la réforme projetée pour le régime des bourses dans les lycées de garçons.

Le plan d'études, arrêté par la Commission, sortit des délibérations de la Chambre avec des modifications peu importantes; il consista en une fusion des propositions Sée et Paul Bert. Quant à l'instruction religieuse, il fut décidé qu'elle serait donnée, dans l'intérieur des établissements, par les ministres des différents cultes, mais en dehors des heures de classe.

C'est dans ces conditions que le projet de la Chambre des députés fut présenté au Sénat. Celui-ci nomma une Commission dans le sein de laquelle travaillèrent, sous la présidence de Carnot, des hommes d'une haute valeur, tels que de Rozière, Jules Simon, Barthélemy Saint-Hilaire. M. Broca fut chargé de rédiger le rapport au nom de la Commission; sans esprit de parti pris, inspiré uniquement des grands principes législatifs, ce rapport examina de nouveau les motifs sur lesquels était basée la proposition de loi. En passant en revue les matières du programme, il recommande tout particulièrement au Sénat de ne pas manquer d'inscrire l'hygiène parmi les sujets d'enseignement; il montre, par la statistique de la mortalité des enfants, combien il est nécessaire d'introduire dans la vie de la famille les principes d'une hygiène rationnelle. Les lycées doivent contribuer à ce but. Quant au reste, la Commission du Sénat maintint la rédaction adoptée par la Chambre, sauf quelques légers changements que la Chambre adopta à son tour.

Au Sénat, l'opposition disposait d'un orateur bien plus habile et profond que l'opposition à la Chambre. M. Desbassayns de Richemont s'efforça de démontrer que la nouvelle loi était non seulement inutile, mais encore dangereuse. Quel est en France, dans les écoles privées, l'état actuel de l'enseignement secondaire des jeunes filles? Est-il réellement, comme on le prétend, mauvais, ou répond-il aux besoins que les auteurs du projet de loi prétendent satisfaire? La vérité est dans ce dernier cas. M. de Richemont s'est procuré les programmes d'un grand nombre d'établissements libres et il fait connaître au Sénat les matières qui y sont enseignées. Il n'est pas contestable que ces matières dépassent de beaucoup, en nombre et en étendue, celles qui figurent au programme des établissements à fonder par l'Etat. M. de Richemont fait également remarquer que ceux-là mêmes qui réclament pour les

sciences naturelles une grande place dans l'enseignement doivent être satisfaits des programmes des écoles libres : on doit reconnaître que les faits qu'il cite à l'appui de ses affirmations semblent justifier celles-ci (1). Toutefois, comme l'orateur a puisé seulement dans ces programmes ce qu'il sait des écoles libres, il ne faut pas trop se fier à ses conclusions : il y a toujours, et surtout pour les écoles dont il s'agit, une grande disproportion entre les programmes et leur exécution. M. de Richemont conteste également le besoin de ces établissements nationaux ; tout ce qu'ils peuvent et veulent donner existe déjà, sans compter que, dans les écoles libres, on donne l'enseignement dans un meilleur esprit.
« Cette éducation, je veux l'améliorer toujours, la transformer
« jamais ; car c'est elle qui conserve, au milieu de nous, ce type
« à la fois fort et doux de la femme chrétienne et française qui,
« épouse et mère, donne à la patrie les héros de Gravelotte et de
« Patay et qui, vierge, affrontant tous les champs de bataille de
« la charité, va faire honorer et bénir le nom de la France sur
« toutes les plages de l'univers. »

Mais la loi, dit M. de Richemont, présente un inconvénient bien autrement grave que celui d'être inutile, elle est extrêmement dangereuse ; elle est dangereuse au point de vue de la morale publique dans l'Etat et dans la famille. Dans les externats, on donnera exclusivement l'instruction, nullement l'éducation : on se met ainsi en opposition avec tout ce qu'exige un véritable enseignement, avec ce qu'exige le christianisme. Dans l'internat on tient, il est vrai, compte des droits de l'éducation ; mais cette éducation est faite par l'Université et par le personnel qui en dépend : le savoir et les aptitudes professionnelles des maîtresses (et même des professeurs) décident seuls de leur admission ; mais de la vocation et du dévouement nécessaires pour donner l'éducation, le ministre n'en prendra pas souci ; il les trouvera rarement chez son personnel : la véritable vocation, le véritable dévouement ne peuvent exister que dans les ordres religieux. La nouvelle loi présente d'ailleurs un autre danger : on créera un prolétariat de femmes instruites qui ne trouvera d'emploi ni au service de la société ni à celui de l'Etat, qui sera aigri par la non-réalisation des espérances que lui aura données l'enseignement ; la France sera

---

1. Cf. Camille Sée, op. c., p. 279 : Description du cabinet de physique de l'établissement congréganiste Notre-Dame, à Verdun ; programme de géologie des sœurs de Saint-Aignan, à Orléans.

ainsi menacée du nihilisme dont la cause, d'après M. de Richemont, doit être attribuée, en ce qui concerne la Russie, au trop grand nombre de femmes instruites. La loi Camille Sée nous place donc devant ce dilemme : christianisme ou nihilisme ! « Je tiens pour le christianisme et je demande au Sénat de repousser la loi. »

D'autres membres de l'opposition discutèrent à leur tour le projet de loi, en se plaçant à un point de vue analogue. Le baron de Ravignan prononça les paroles suivantes : « Cette loi est un « attentat contre la liberté, car l'Etat n'a le droit de s'immiscer « dans les questions d'enseignement que lorsqu'il s'agit de remplir une lacune évidente : cette lacune n'existe pas sur le point « qui nous occupe ; l'enseignement privé est parfaitement « suffisant(1). »

« Un attentat contre la religion, » tel fut le cri de guerre qui, plus que tous les autres, fut entendu sur toute la ligne. L'enseignement de la morale devint le point d'attaque général, puisque l'on ne pouvait plus rien contre l'internat facultatif. Il est évident que pour celui qui se place, non pas à un point de vue purement humain, mais au point de vue d'une religion particulière, l'enseignement de la morale en France dont les lois ne s'appuient pas sur les commandements de Dieu, mais sur la conscience et sur la nécessité de la stabilité de la société, doit paraître une erreur.

Celle-ci paraîtra d'autant plus grande que le critique s'appuiera sur des dogmes plus positifs. Introduire la morale dans l'enseignement, c'était pour les orthodoxes et les cléricaux du Sénat en chasser la religion ; ils avaient en quelque sorte raison sur ce point. L'idée qui sert de base à l'enseignement moral, tend à réagir contre l'instruction religieuse catholique. Nous autres protestants, nous ne pouvons que nous réjouir de ce fait, malgré les procédés parfois un peu trop vifs des libres-penseurs ; il suffit pour s'en convaincre de jeter un coup d'œil sur le catéchisme du clergé catholique (2).

La pensée que la nouvelle loi pourrait être un pas fait pour délivrer la France de l'esprit ultramontain est ce qui décida M. Henri Martin, homme très âgé, à jeter dans ce débat le poids de sa parole. Il prononça un discours d'un style imposant, où il mit tout son génie au service de la cause : « Quel est, dit-il en réponse

---

1. C. Sée, op. cit., page 301.
2. Cf. chap. IV, Points caractéristiques du catéchisme de la persévérance.

« au discours de M. de Richemont, l'esprit de cet enseignement
« dans les établissements libres, que vous déclarez, messieurs, si
« satisfaisant ; quels sentiments sont inspirés dans ces établisse-
« ments qui sont créés par de grandes associations que gouverne
« une direction unique? Je ne prétends pas que, dans ces établis-
« sements, on enseigne à haïr la France. Non, certainement. Seule-
« ment, on enseigne à aimer une certaine France, une France qui
« puise hors d'elle-même l'inspiration qui doit la guider, une
« France qui n'a point avant tout pour but le développement de
« son génie propre ; sans doute on y dit bien : « Sauvez la France ! »
« mais avant de sauver la France: « Sauvez Rome! » La France
« doit chercher en elle-même son idéal et sa direction, elle ne doit
« pas être l'instrument d'une idée qui n'est pas la sienne. Il est
« indispensable qu'elle atteigne ce but pour rétablir l'unité mo-
« rale au sein de la famille comme dans l'Etat. L'Etat a des droits
« et des devoirs qu'il ne doit jamais abandonner. Après les mal-
« heurs que nous avons subis il faut à tous les Français une direc-
« tion morale qui tende avant tout à la grandeur de la Patrie.
« Il nous faut une religion de la Patrie. Il ne s'agit point par là de
« substituer la Patrie à Dieu, comme d'autres y substituent l'Huma-
« nité . La Patrie est l'œuvre de Dieu. On accuse la loi actuelle
« d'être dirigée contre la religion et contre tout sentiment reli-
« gieux. Il faut pourtant se rendre compte de ce que doit être l'Etat
« moderne. Il n'y a plus de religion d'Etat ; l'Etat n'a ni à enseigner
« ni à combattre les religions positives (1). L'Etat pour nous est une
« personne morale comme les Eglises, quoique dans des conditions
« différentes. L'Etat doit, lui aussi, enseigner des devoirs, ceux qui
« se rapportent à l'ordre de ce monde, et quiconque enseigne a
« charge d'âmes. L'Etat a non seulement le droit, mais l'obligation
« d'enseigner au citoyen ses devoirs envers la Patrie, et comment
« pourrait-il se désintéresser de l'éducation de celles qui seront
« des mères de citoyens?
« Quant à la grande question de l'enseignement religieux, il ne
« s'agit pas de le supprimer ; il s'agit de savoir qui le donnera.
« Dans un externat tel que ceux que la loi actuelle entend fonder,
« il n'y a pas lieu d'introduire l'enseignement religieux dogmati-
« que. La famille a tout le temps, tout le loisir de le faire donner,
« comme il lui convient, en dehors d'un établissement dont les

---

1. A cet endroit les forces abandonnèrent l'orateur et la séance dut être reportée au 22 novembre 1880. C. Sée, p. 306.

« cours n'occupent les élèves que quelques heures de la journée.
« Si au contraire il se fonde, non seulement des externats, mais
« aussi des demi-pensionnats (1), nous acceptons parfaitement que
« l'enseignement religieux soit donné dans les établissements de
« l'Etat, non par les professeurs de l'Etat, qui n'ont pas compé-
« tence à cet égard, mais à des jours, à des heures convenus, par
« les ministres des cultes qui représentent les parents, et qui
« seront toujours accueillis avec la considération qui leur est due.
« Ce n'est pas sur ce point que je comprends vos préoccupations
« sincères et profondes, c'est plutôt sur cette délicate et grave
« question de l'enseignement de la morale. Quel en sera le carac-
« tère ? Vous avez le droit de le demander. Il n'y a qu'une seule
« morale à laquelle les ministres de tous les cultes prêtent l'ap-
« pui de leur autorité, mais qu'aucune religion ne peut, à l'exclu-
« sion des autres, considérer comme sienne. Voilà pour le principe.
« Maintenant quel est l'esprit de la morale qu'enseigne l'Etat ?
« L'Etat donne ce que j'appellerai l'*enseignement intégral*, depuis
« l'école primaire jusqu'à la classe de philosophie. Quel ensei-
« gnement donne-t-il en philosophie ? Vous savez ce que com-
« prend cet enseignement : la métaphysique, la psychologie, la
« théodicée ; et quels sont les auteurs qui doivent, avant tout, ser-
« vir de base à cet enseignement ? Prenez les premiers articles de
« ce programme : vous y trouvez Descartes, Leibnitz, qui, je l'es-
« père, ne vous sont pas suspects. — Mais, me direz-vous, c'est
« aujourd'hui l'esprit de l'enseignement de l'Etat, ce ne sera plus
« peut-être demain l'esprit de ce même enseignement. On peut
« supprimer ces programmes, les remplacer par des programmes
« contraires. Je ne le crois pas, messieurs ; je ne crois
« pas qu'un ministre puisse le faire. J'affirme qu'il n'y
« aurait pas un Conseil supérieur de l'instruction publi-
« que qui se prêterait à remplacer ce programme par un autre,
« celui de la négation ; et je vais plus loin, j'affirme qu'il n'est pas
« une grande Assemblée nationale qui substituerait la négation à
« l'affirmation. Un homme, un groupe d'hommes peuvent tout
« nier, jusqu'à la personnalité humaine, jusqu'au libre arbitre ;
« mais une société, une nation en corps, je n'en crois rien. Les
« grandes Assemblées, les masses affirment, et ne nient pas. »
« Sans poursuivre un débat théorique, j'en appelle à l'histoire.

---

1. Le demi-pensionnat est organisé de telle sorte que l'élève prend son repas de midi dans l'établissement et y reste jusqu'au soir.

« Nous, messieurs, nous vivons dans la tradition de la Révolution
« française ; que trouvons-nous dans cette tradition ? Vous
« n'avez pas oublié que les deux grandes Assemblées de la Révo-
« lution, la Constituante et la Convention, ont inscrit en tête
« de leurs constitutions le nom de celui qui est la loi des lois et
« l'éternelle raison ; nous ne l'avons pas oublié, nous non plus,
« et je m'honore d'être fidèle à la tradition de la Révolution fran-
« çaise, à sa grande tradition, qui est aussi la tradition du genre
« humain. — Je suis convaincu qu'on ne chassera pas plus Dieu
« de l'école qu'on ne le chassera de l'âme humaine. La lutte n'est
« pas, en réalité, entre la religion et la négation pure ; elle est
« tout simplement, il faut bien le dire, entre deux Etats : l'Etat
« ecclésiastique et l'Etat laïque. Vos orateurs accusent l'Etat
« d'iniquité non parce qu'il prétend — entendons-nous bien —
« enseigner seul et imposer son enseignement, mais parce qu'il
« prétend offrir l'enseignement aux familles pour leurs filles. Non,
« l'Etat n'a pas la prétention de fermer les établissements qui ne
« sont pas les siens ; seulement il a la prétention, ou plutôt le
« devoir, d'offrir un enseignement national. Ces collèges que nous
« voulons fonder ne seront pas obligatoires pour vous ; nous les
« préférons, nous avons le droit de les préférer, de les instituer ;
« vous aurez celui de ne pas y placer vos filles. L'Etat veut sa
« place au soleil, il en a le droit, et je suis convaincu que le Sénat
« ne la lui refusera pas.

« Je termine, Messieurs, en vous citant — non pas en détail,
« rassurez-vous — quelques faits relatifs à ce qui se passe dans
« le reste du monde.

« Partout (excepté en Angleterre, dont les mœurs sont si différentes
« des nôtres, surtout en ce qui regarde l'enseignement) tous les
« Etats ont un enseignement public pour les jeunes filles, chez
« les uns fondé par l'Etat, chez les autres par les communes.

« Les faits sont là ; je n'ai pas besoin de vous les détailler ;
« vous les trouverez exposés aussi complètement que possible dans
« le rapport de M. C. Sée.

« A l'heure qu'il est la Prusse — je ne parle pas de l'Allemagne
« entière, la plupart des Etats allemands ont un enseignement
« public secondaire de jeunes filles — la Prusse a 182 établis-
« sements de ce genre sans compter les très nombreuses écoles
« primaires supérieures.

« La Russie, qui fait de très grands efforts pour étendre et
« élever chez elle l'enseignement, a de très nombreux instituts,

« gymnases et progymnases. Il n'est pas jusqu'au Japon qui n'ait
« aujourd'hui des établissements publics d'enseignement des jeunes
« filles. Je ne crois pas que le Sénat consente à refuser à la France
« de suivre l'exemple de toutes ces nations auxquelles elle a
« si souvent donné l'exemple, et qu'elle redevienne au moins
« l'égale des peuples étrangers en ceci comme en toutes choses. »

Nous allons donner quelques-uns des passages les plus intéressants du discours de M. Chesnelong, qui répondit aux considérations développées par le grand historien. « M. H. Martin
« nous disait qu'il n'y a plus aujourd'hui de religion d'Etat, que
« nous vivons sous le régime de la liberté de conscience et de la
« liberté des cultes. Je le sais. J'en conclus que dans les lieux où
« il y a un nombre suffisant de familles appartenant à un autre
« culte que le culte catholique, on doit établir des écoles qui
« répondent aux croyances particulières de ces familles. J'en
« conclus encore que dans les écoles où, au milieu d'enfants
« catholiques, se trouvent quelques enfants qui ne le sont pas, des
« précautions doivent être prises pour sauvegarder pleinement la
« liberté de conscience de ces derniers. Mais je n'en conclus pas
« que l'enseignement religieux doit être supprimé; car lorsque
« deux droits contraires sont en présence la justice exige qu'on
« les concilie dans une liberté réciproque. Vous ne devez pas,
« Messieurs, je l'admets, imposer aux enfants non catholiques un
« enseignement dogmatique contraire à leurs croyances, mais
« vous ne devez pas davantage refuser aux enfants catholiques un
« enseignement conforme à leur foi. Des deux côtés, il y aurait
« oppression ; là, oppression de la minorité ; ici, oppression de
« la majorité. Entre les deux, il y a le droit de la majorité
« s'exerçant avec le respect du droit de la minorité. Eh bien,
« Messieurs, c'est tout ce que nous demandons, et j'ajoute que les
« membres des autres cultes ne demandent rien au delà. La
« question, en effet, ne se pose pas entre eux et nous. A ne considérer que les croyants des divers cultes, la paix religieuse existe
« dans notre pays et nous la considérons tous comme un grand
« bien. Nul, parmi nous, ne songe à la troubler, mais nul non
« plus ne veut d'une éducation sans religion, d'une morale indépendante de Dieu. La question a été mise en circulation dans l'opinion publique par ceux qui n'ont aucun culte. Mais, Messieurs,
« combien sont-ils? Si je consulte le dernier recensement, ils sont
« 82.000 sur 36.000 000 d'habitants. Quand cette infime minorité
« vient nous dire que si l'on enseigne la religion dans les

« écoles on en exclut leurs enfants, nous leur répondons que
« si l'on ne l'enseignait pas, on exclurait les nôtres. En cela,
« Messieurs, vous dépassez votre droit. La liberté de conscience
« ne doit pas être un vain mot, et j'ajoute qu'elle serait un vain
« mot si vous la faisiez aboutir à l'oppression des con-
« sciences chrétiennes sous une domination sectaire. Un
« gouvernement, quel que soit son nom et quelle que soit sa forme,
« n'a pas le droit, en abaissant à une œuvre de parti la majesté
« de la loi, de tourner contre la religion du pays un enseignement
« dont il assure la direction et dont il prend la responsabilité. Il
« n'a pas le droit, dans une nation chrétienne, et en se servant
« des ressources qui sont fournies par des contribuables chrétiens,
« de faire officiellement la guerre au christianisme dans un en-
« seignement qu'il donne au nom et aux frais du pays. Montesquieu,
« dans son *Esprit des lois*, distingue trois modes de gouverne-
« ment : le monarchique, le républicain et le despotique; au-dessus
« de ce dernier il en signale un quatrième qu'il considère comme une
« excroissance monstrueuse. Permettez-moi de le dire, un gou-
« vernement qui, directement ou indirectement, par la violence
« ou par la ruse, se poserait en destructeur de la religion d'un
« pays, se placerait de lui-même dans cette catégorie répudiée.

« Je ne dirai rien de plus de la question de droit public;
« j'ajoute maintenant que votre système est une très grande nou-
« veauté. M. Ferrouillat nous disait, dans son discours d'avant-
« hier, qu'il s'agit de l'enseignement secondaire et que vous vous
« bornerez après tout à procéder, pour les lycées de filles à élever,
« comme on procède pour les lycées de garçons déjà établis. Or,
« dans ces lycées, les aumôniers (1) donnent, sans doute, un ensei-
« gnement religieux en dehors des heures de classe, mais dans les
« classes les professeurs de l'Etat ne le donnent pas. Qu'il en soit
« ainsi, je ne le conteste point et je ne crois pas que vous ayez à
« vous en féliciter beaucoup. Savez-vous comment M. de Lamar-
« tine appréciait ce dualisme dans vos lycées ? L'enseignement du
« professeur, disait-il, ne concorde pas avec l'enseignement du
« sacerdoce. Il faudrait à l'enfant deux âmes et il n'en a qu'une.
« Les deux enseignements se la disputent. Le trouble et le désordre
« se mettent dans ses idées, il ne lui reste d'une pareille éduca-
« tion que juste assez des deux principes opposés pour que l'âme

---

1. Les *aumôniers* donnent, en France, dans les lycées et collèges l'enseignement religieux.

« du jeune homme soit une guerre intestine de pensées contraires
« et pour qu'il ne puisse pas vivre en paix avec lui-même dans
« une vie qui a commencé par l'inconséquence et qui finit par la
« contradiction. M. de Lamartine appréciait avec cette sévérité le
« dualisme de l'enseignement dans les lycées de garçons ; je me
« demande ce qu'il penserait de celui que vous voulez établir dans
« vos lycées de filles. — Toutefois je croirais être injuste envers
« le régime passé de l'Université si je l'assimilais à celui qu'on
« nous prépare. Dans l'Université, jusqu'ici, la religion n'avait
« pas sans doute toute la place qui lui appartient, mais elle n'en
« était pas exclue. Dans les basses classes, on mettait entre les
« mains de l'enfant le catéchisme, l'histoire sainte, le Nouveau
« Testament. Les maîtres les expliquaient avec respect. Dans les
« classes élevées, les sciences et les lettres, la philosophie et
« l'histoire, confinaient de toutes parts à la religion. On n'était
« pas tenu de l'éliminer. Parmi les maîtres, les uns en parlaient
« avec l'adhésion d'une foi convaincue, les autres avec cette
« impartialité que les grandes choses inspirent aux esprits sérieux.
« L'hostilité ne se traduisait que par le silence, et quand elle
« éclatait dans un enseignement antichrétien, une réprobation
« sévère rappelait le professeur à une réserve commandée par le
« devoir. Désormais il n'en sera plus ainsi. Vous excluez totale-
« ment la religion de l'enseignement scolaire ; cela veut dire que
« l'hostilité s'y montrera à découvert et que le respect ne s'y tra-
« duira que par le silence. On pourra y attaquer la religion et on
« l'y attaquera à loisir ; il ne sera plus permis de la défendre,
« encore moins de la louer. Ne faut-il pas respecter, en effet, les
« scrupules et les susceptibilités de l'incroyance ? »

Après avoir essayé de démontrer que, même dans les pays étrangers cités comme modèles dans la loi actuelle, l'enseignement de la religion n'était proscrit nulle part, l'orateur continue ainsi :
« Pouvez-vous au moins, Messieurs, vous autoriser de l'opinion
« d'hommes considérables qui aient préconisé l'émancipation
« laïque des écoles telle que vous la comprenez ? Êtes-vous des
« continuateurs, entrant dans une voie qui a été explorée par de
« grands initiateurs, ou bien êtes-vous des novateurs téméraires,
« vous mettant en contradiction avec le sentiment général
« de tous les hommes d'État de tous les temps, de tous
« les pays ? Ici encore votre hardiesse m'étonne ; car vous êtes
« seuls, absolument seuls ; seuls, il est vrai, avec votre majorité
« de la Chambre des députés ; mais cela ne suffit pas pour faire

« le contre-poids de cette série d'hommes illustres qui, depuis
« Platon jusqu'à Bossuet, depuis Charlemagne jusqu'à Napoléon,
« et, avec une autorité plus spéciale en matière d'éducation,
« depuis Quintilien jusqu'à Rollin, ont tous considéré que la
« religion est la base nécessaire de toute éducation. Vous me direz
« peut-être que ces hommes, si grands qu'ils soient, n'ont pas eu
« la prescience des temps nouveaux. Je pourrais vous répondre
« que, pour les choses qui touchent au fond de la nature humaine,
« la vérité n'a pas de date et est toujours actuelle. »

L'orateur cite trois témoignages au sujet de l'enseignement religieux, témoignages conformes à ce qu'il vient de dire et qui ont d'autant plus de poids qu'ils sortent de la bouche d'un protestant (Guizot) ou du moins d'hommes que l'on ne peut suspecter de cléricalisme (V. Cousin, V. Hugo); l'un de ces témoignages sur l'utilité de l'enseignement religieux émane même de M. Barthélemy Saint-Hilaire, qui s'est montré si enthousiaste de la loi Sée (1).
« La neutralité religieuse que vous proclamez n'est qu'une chi-
« mère et votre éducation sans Dieu deviendrait, par la force des
« choses, une éducation contre Dieu. Voilà pourquoi votre entre-
« prise serait profondément funeste. Quand vous pénétrez dans
« une école chrétienne, primaire ou secondaire, de garçons ou de
« filles, peu importe, vous savez d'avance l'enseignement qui y est
« donné. Le catéchisme, ce modeste petit livre, qui renferme des
« vérités ou des préceptes que les plus grands génies de l'antiquité
« avaient à peine entrevus, le catéchisme est le fond même de l'en-
« seignement doctrinal de nos écoles. On n'enseigne rien au delà des
« principes qu'il renferme. Vous voulez supprimer l'enseignement
« du catéchisme? par quoi le remplacerez-vous, ainsi que la
« morale qu'il renferme? » On serait dans l'erreur si l'on croyait que les principes de la morale, qui est commune à toutes les religions, peuvent s'enseigner en dehors de toute religion. « Prenez
« garde; vous verrez s'élever contre ce minimum de vérité reli-
« gieuse toutes les attaques qui sont dirigées contre les vérités
« chrétiennes, et les libres-penseurs, qui ne croient ni à Dieu, ni à
« l'âme, ni à la responsabilité d'outre-tombe, viendront vous som-
« mer, au nom de la liberté de leurs consciences, de chasser de vos
« écoles ces restes de mythologie dont ils ne veulent plus. »

L'orateur fait ensuite un tableau saisissant de l'enfant élevé par

---

1. M. Barthélemy Saint-Hilaire assistait à la séance du Sénat comme ministre des Affaires étrangères.

l'école et le prêtre d'après deux principes opposés, et qui finit par perdre tout ce dont il a besoin pour se soutenir dans le cours de la vie. Au milieu des approbations de la Droite, il appelle la colère divine sur les auteurs de ce mal ; tous ces dangers sont d'autant plus redoutables que c'est la femme qu'ils menacent. « Au milieu
« de toutes nos révolutions, la femme française et chrétienne est
« restée, Messieurs, ce qu'elle fut toujours, fidèle à son Dieu et à
« sa foi, commandant le respect par ses vertus, attirant les cœurs
« par sa bonté, soutenant les courages, adoucissant les colères et
« éveillant les générosités. Il faut des femmes chrétiennes à la
« France et, à ces femmes, il faut la religion ; non pas une
« morale vague, un sentiment vide, mais la religion vivante et la
« morale de l'Evangile. Le christianisme a fait assurément de
« grandes choses dans ce monde. Il a relevé la dignité humaine ;
« il a complété la justice par la charité ; il a établi le droit sur la
« base imprescriptible du devoir ; il a fondé des âmes libres, des
« foyers honorés, des sociétés puissantes et respectées ; j'ose dire
« qu'il n'a jamais rien fait de plus pur, de plus noble, de plus
« socialement bienfaisant que la femme chrétienne. Et c'est contre
« elle que vous dirigez vos premières attaques, c'est elle que vous
« dénoncez comme une sorte de péril social, et nous en sommes
« réduits à vous demander grâce pour la mémoire de nos mères
« et pour la foi de nos filles. »

Il faut avoir vécu dans la société française et connaitre la grande puissance qu'y possède le préjugé, pour s'expliquer, au point de vue psychologique, un discours tel que celui que nous venons d'analyser.

En réponse à M. Chesnelong, M. Jules Ferry exposa quelques considérations d'un autre genre. Il demanda tout d'abord si, puisqu'on parlait tant de la liberté de conscience pour l'élève, personne ne voulait la réserver pour le maître. Comment le ministre pourrait-il obliger un maître à enseigner telle ou telle religion qui serait absolument contraire à ses convictions intimes? Cette considération seule ne permet pas de comprendre l'enseignement religieux dans le programme régulier de l'école, et de le confier aux professeurs de l'Etat ; on ne peut demander à ceux-ci qu'une neutralité absolue ; c'est en se plaçant uniquement sur le terrain des matières purement scientifiques, qu'ils donneront les garanties les plus sûres de la liberté de conscience. « Permettez-
« moi de vous déclarer que tant que l'administration supérieure
« de l'enseignement sera dans mes mains, ou tant qu'elle sera

« dans les mains du conseil supérieur de l'Instruction publique,
« le respect des croyances établies sera rigoureusement main-
« tenu. » Mais en retour les membres de la Droite devraient, de
leur côté, renoncer à vouloir rendre à l'enseignement religieux
une prépondérance qui réaliserait l'idéal du moyen âge, à savoir
que la science ne doit être que la servante de la théologie.

Mais la morale également, déclara M. Batbie, n'est point indiscutable. Il y a une morale révélée, et une morale résultant des inductions philosophiques ; cette dernière ne peut nullement être *une*. Si l'on veut obliger le personnel enseignant de l'Etat à donner une instruction morale prescrite par l'Université, on commettra, selon les circonstances, contre la conviction individuelle, le même attentat que l'on prétend éviter en supprimant l'enseignement de la religion.

Dans sa réplique, M. Ferry affirma que la morale qui serait enseignée dans les écoles ne procéderait d'aucune religion particulière.

Au scrutin sur la première lecture, le très important amendement présenté par M. Chesnelong sur l'article 4 (paragraphe 1er) fut repoussé (par 142 voix contre 126) : cet amendement proposait de remplacer les mots *enseignement moral* par les mots *enseignement moral et religieux*. L'ensemble de la loi fut ensuite adopté avec quelques modifications de détail.

Le 9 décembre 1880 eut lieu, sous la présidence de M. Léon Say, la deuxième lecture au Sénat.

L'opposition tenta de nouveau, par voie d'amendement, d'atténuer les effets de la loi. M. Fresneau proposa d'insérer entre les articles 2 et 3 un article additionnel ainsi conçu : « Néanmoins,
« aucun internat de filles ne pourra être créé, aucune concession
« de bourse ni subvention quelconque ne pourra être accordée pour
« des externats de filles par les municipalités, sans une enquête
« préalable ouverte à la mairie pendant cinq jours, et dans
« laquelle tous les chefs de famille domiciliés dans la commune,
« appelés à donner leur avis au scrutin secret et par oui et par
« non, se seront prononcés à la majorité des voix en faveur des
« institutions ou allocations proposées. Les familles privées de
« leur chef par le décès, l'absence déclarée, l'interdiction ou
« l'incapacité du père, seront représentées par les tuteurs ou
« curateurs, ou par un délégué de la mère, si elle exerce la
« tutelle. » C'était là un amendement dangereux : car il faisait appel au suffrage universel, institution toujours vantée par la

majorité parlementaire comme étant l'expression suprême de l'idée républicaine. De plus M. Fresneau, en motivant sa proposition, s'appuya sur des passages empruntés aux orateurs de la Révolution, notamment à Robespierre, qui, le 13 juillet 1793, avait réclamé en faveur des pères de famille un droit tout à fait semblable (1). La prétention que pouvait avoir la famille de donner son avis, lorsqu'il s'agit de l'éducation des enfants, lui semblait toute naturelle.

Cependant cette motion fut repoussée à une majorité de 31 voix, bien que l'orateur eût obtenu de temps en temps l'approbation même des partisans de la loi. Son discours était une production oratoire tout à fait conforme au génie français, semée d'antithèses ingénieuses et de saillies spirituelles : l'orateur ne craignait même pas, en parlant de l'irréligiosité qui ressortait de la proposition de loi de M. Sée, de faire allusion à un esprit tout différent qui animait l'Allemagne, à « ce vieil empereur recon-
« naissant enfin de quoi étaient chargées les armes des Hœdel et
« des Nobiling, et qui se demandait à la face du monde s'il avait
« fait ce qu'exigeait le salut de son âme et si l'ensemble de l'édu-
« cation était suffisamment religieux. »

Lorsque l'on discuta les matières de l'enseignement, M. le duc de Broglie exposa, dans un discours remarquable, quelques vues nouvelles au sujet de l'enseignement moral. On a comparé, dit-il, l'enseignement moral destiné aux filles avec celui qui se donne dans les lycées de garçons, et l'on a ainsi cherché à le justifier. Mais c'est là commettre une erreur. Pour les garçons, la morale n'est qu'une partie de la philosophie, qui est expliquée dans la classe la plus élevée et dans son ensemble ; dans ces conditions, la morale, prise à part, n'est pas une matière indépendante, et l'intérêt qu'on y attache n'est, au fond, que scientifique. Mais dans l'instruction des filles elle a une place indépendante, elle a un but particulier qui est, dans un certain sens, de remplacer la religion. Cela ressort de ce que le rapport mentionnait, comme un point

---

1. « Les pères de famille ont tout à la fois et le droit et le devoir de couver continuellement des regards de la tendresse ces intéressants dépôts de leurs plus douces espérances. Je propose que, tous les ans, les pères de famille choisissent pour chaque maison d'éducation nationale qui sera établie, un conseil de cinquante-deux pères pris dans leur sein. Chacun des membres du conseil sera obligé de donner dans tout le cours de l'année sept jours de son temps et chacun fera sa semaine de résidence dans la maison d'institution pour suivre la conduite et des enfants et des maîtres. Une fois tous les mois, le conseil des cinquante-deux pères de famille s'assemblera, et chacun y rendra compte. »

du programme de l'enseignement de la morale, les devoirs de l'homme envers Dieu. Mais comment pourra-t-on parler des devoirs envers Dieu lorsque l'idée même de Dieu aura été écartée de l'enseignement ? Des explications à ce sujet sont nécessairement du domaine de la religion ; on se trouve donc là en présence d'une contradiction, relativement à ce que le ministre a dit à la Chambre des députés et au Sénat. On ne peut d'ailleurs se figurer une morale qui soit complètement neutre, et qui ne s'appuie ni sur une religion ni sur une conception philosophique déterminée. Mais cette certaine conception philosophique que l'on donnera comme base à l'enseignement projeté ce sera sans doute d'abord le spiritualisme, mis en harmonie avec le christianisme ; mais qui nous garantira que, demain peut-être, le courant positiviste, qui n'est nullement compatible avec le christianisme, ne l'emportera pas dans l'Université ? Pour éviter ce danger, pour rassurer les consciences, l'orateur proposa de supprimer la morale (1).

Comme dans le programme on promettait de parler de Dieu, on se mettait en contradiction flagrante avec le principe, posé tout d'abord, d'une complète neutralité ; M. Ferry chercha à dissimuler cette contradiction, mais ses arguments n'eurent guère de force. Aussi il ne tint qu'à un cheveu que l'enseignement de la morale ne fût supprimé ; le paragraphe en question passa cependant, mais à une très faible majorité.

Le reste de la loi fut, après un court débat, adopté tel qu'il était présenté par la Commission.

Le projet fut ensuite, conformément aux lois de la République, renvoyé à la Chambre des députés. Le 16 décembre 1880, M. C. Sée présenta son rapport sur les modifications faites par le Sénat. Ces modifications étant peu importantes et laissant intacte l'idée fondamentale de la loi, le rapport put être court, et la Chambre put voter sans grande discussion ; ce qui eut lieu en effet dans une seule séance.

---

1. Nous saisissons l'occasion de recommander à ceux de nos compatriotes convertis par nos journaux au dogme de l'abrutissement croissant du peuple français et de la dégradation de l'esprit français, la lecture des discours prononcés dans le Parlement de nos voisins, non seulement au sujet de la loi Camillo Sée, mais sur toutes les questions qui intéressent l'instruction publique. S'ils suivent notre conseil, ils ne tarderont pas à s'apercevoir qu'il y a encore de l'autre côté du Rhin un très grand nombre d'idées qui, au point de vue de la profondeur et du bon sens, peuvent soutenir la comparaison avec celles qui sont exprimées dans nos Parlements.

Le 21 décembre 1880, la loi fut promulguée par le Président de la République.

C'est ainsi que la France est parvenue à posséder, pour les jeunes filles, un enseignement secondaire organisé par l'Etat. C'est à ce point de vue que, pour une affaire d'une importance capitale, la France a dépassé l'Allemagne dont, pendant dix ans, elle avait observé et étudié les progrès scolaires en se bornant à les imiter. Tout en convenant que l'exécution de la loi, que les écoles elles-mêmes ne laissent pas d'avoir de nombreux défauts, nous sommes obligé de reconnaître que la possibilité d'une organisation uniforme, suivant les principes pédagogiques qui dominent aujourd'hui dans le Conseil supérieur de l'Instruction publique, est démontrée. Cette réglementation élèvera bientôt, en France, l'enseignement des jeunes filles à une hauteur à laquelle essayeront vainement d'atteindre les autres pays où l'Etat refusera de se substituer, avec son autorité et ses puissantes garanties pédagogiques, aux communes et à l'initiative privée (1).

1. Le Tableau suivant est pris dans le Mémoire cité ci-dessus de M. O. Gréard : *L'Enseignement secondaire des Filles* ; Paris, Delalain.

TABLEAU COMPARATIF DES PROJETS DE LOI RELATIFS A LA CRÉATION DE L'ENSEIGNEMENT SECONDAIRE DES JEUNES FILLES

PROJET DE LOI de M. Camille Sée	PROJET DE LOI de M. Paul Bert.	PROJET PROPOSÉ par la Commission de la Chambre des députés.	PROJET ADOPTÉ par la Chambre des députés.	PROJET adopté par le Sénat, et devenu, après nouvel examen de la Chambre des députés, le texte de la loi.
ARTICLE PREMIER. — Il sera fondé des établissements destinés exclusivement à l'enseignement secondaire des jeunes filles.	ARTICLE PREMIER. — Il sera établi, dans une ville au moins par département, des cours d'enseignement secondaire pour les filles. Pour Paris, le nombre minimum des établissements sera de quatre. Les professeurs seront nommés par le ministre de l'Instruction publique.	ARTICLE PREMIER. — Il sera fondé des établissements destinés à l'enseignement secondaire des jeunes filles.	ARTICLE PREMIER. — Il sera fondé par l'Etat, avec le concours des départements et des villes, des établissements destinés à l'enseignement secondaire des jeunes filles.	ARTICLE PREMIER. — Même texte, sauf la substitution *des communes* à *des villes*.
ART. 2. — Ces établissements seront fondés par l'Etat à Bordeaux, Dijon, Grenoble, Lille, Lyon, Marseille, Nancy, Paris, Nantes, Reims, Rouen.	ART. 2. — A ces cours pourront être annexés, avec le concours financier des villes, des internats dirigés par des femmes, dont le personnel administratif ressortira également au minis-	ART. 2. — Le ministre de l'Instruction publique, après entente avec les conseils généraux et les conseils municipaux, déterminera les départements et les villes où seront fondés les éta-	ART. 2. — Ces établissements seront des externats. Des internats pourront y être annexés sur la demande des conseils municipaux et après entente entre eux et l'Etat. Ils	ART. 2. — Même texte.

TABLEAU COMPARATIF DES PROJETS DE LOI RELATIFS A LA CRÉATION DE L'ENSEIGNEMENT SECONDAIRE DES JEUNES FILLES

PROJET DE LOI de M. Camille Sée.	PROJET DE LOI de M. Paul Bert.	PROJET PROPOSÉ par la Commission de la Chambre des députés.	PROJET ADOPTÉ par la Chambre des députés.	PROJET adopté par le Sénat, et devenu, après nouvel examen de la Chambre des députés, le texte de la loi.
Art. 3 — Des établissements de même nature pourront être ouverts par les départements, les communes, les particuliers.	tère de l'Instruction publique. L'Etat y entretiendra des élèves boursières. Art. 3. — L'enseignement secondaire durera cinq années; les matières en seront distribuées en deux cycles : le premier de trois ans, le deuxième de deux. Il comprendra : 1° l'instruction morale; 2° la langue française et au moins une langue vivante, avec des notions générales sur la grammaire comparée et les origines de la langue française; 3° la littérature française, les littératures classiques et les littératures étrangères; 4° l'histoire générale et particulièrement l'histoire de France jusqu'à nos jours; 5° la géographie physique, politique et commerciale; 6° les sciences naturelles, physiques et mathématiques, avec leurs principales applications; 7° des notions générales de droit usuel et d'économie domestique; 8° les arts plastiques; 9° divers travaux manuels. Les programmes, qui pourront varier suivant les diverses régions, et les règlements disciplinaires des internats seront établis par des arrêtés ministériels, le Conseil supérieur de l'Instruction publique entendu.	blissements, qui recevront des élèves internes et des élèves externes. Art. 3. — Le Ministre ouvrira, dans les autres départements, des établissements d'externes. Il pourra, après entente avec les conseils généraux et les conseils municipaux, y adjoindre des internats.	seront soumis au même régime que les collèges communaux. Art. 3. — Il sera fondé par l'Etat, les départements et les communes, au profit des internes et des demi-pensionnaires, tant élèves qu'élèves-maîtresses, des bourses dont le nombre sera déterminé dans le traité constitutif qui interviendra entre le ministre, le département et la commune où sera créé l'établissement.	Art. 3. — Même texte.

TABLEAU COMPARATIF DES PROJETS DE LOI RELATIFS A LA CRÉATION DE L'ENSEIGNEMENT SECONDAIRE DES JEUNES FILLES

PROJET DE LOI de M. Camille Sée.	PROJET DE LOI de M. Paul Bert.	PROJET PROPOSÉ par la Commission de la Chambre des députés.	PROJET ADOPTÉ par la Chambre des députés.	PROJET adopté par le Sénat, et devenu, après nouvel examen de la Chambre des députés, le texte de la loi.
	Les règlements des internats laisseront libre le temps nécessaire pour que les élèves internes puissent aller, sur la demande des parents, recevoir au dehors l'instruction religieuse et suivre les cérémonies des cultes.			
ART. 4. — Les établissements ouverts par l'Etat sont à sa charge. Il est néanmoins fait exception à cette règle pour les dépenses de construction, d'aménagement, d'entretien, qui seront faites, moitié par le département, moitié par la ville où sera créé l'établissement.	ART. 4. — Pour être admises à suivre les cours, les élèves devront être âgées de douze ans au moins, présenter le certificat d'études primaires ou être reçues à un examen d'entrée. Il y aura un examen de passage entre le premier et le second cycle. Les élèves qui auront suivi pendant les deux dernières années au moins les cours d'enseignement secondaire dans un des établissements institués par la présente loi, pourront concourir pour l'obtention d'un diplôme spécial, que délivreront des commissions instituées par arrêtés ministériels.	ART. 4. — Tous les établissements sont fondés et entretenus par l'Etat avec le concours des départements et des villes.	ART. 4. — L'enseignement comprend : 1° l'enseignement moral; 2° la langue française et au moins une langue vivante; 3° les littératures anciennes et modernes; 4° la géographie et la cosmographie; 5° l'histoire nationale et un aperçu de l'histoire générale; 6° les sciences mathématiques, physiques et naturelles; 7° l'hygiène; 8° l'économie domestique; 9° les travaux à l'aiguille; 10° des notions de droit usuel; 11° le dessin et le modelage; 12° la musique; 13° la gymnastique.	ART. 4. — Même texte, sauf les modifications suivantes : 2° *La langue française, la lecture à haute voix et au moins une langue vivante.* 6° *L'arithmétique, les éléments de la géométrie, de la physique, de la chimie et de l'histoire naturelle.* 11° *Le dessin.*
ART. 5. — Les établissements ouverts par les départements, les communes, les particuliers, seront à leur charge. L'Etat pourra néanmoins leur accorder des subventions en raison de l'utilité, de l'importance des établissements et des sacrifices consentis par les départements, les communes ou les particuliers.	ART. 5. — Les conditions exigées des professeurs, les catégories à établir entre ces fonctionnaires, qui pourront être de l'un ou de l'autre sexe, leur traitement, seront déterminés par décret.	ART. 5. — Il sera fondé par l'Etat, les départements et les villes, au profit des internes et des demi-pensionnaires, tant élèves qu'élèves-maîtresses, des bourses, dont le nombre sera déterminé dans le traité constitutif qui interviendra entre le ministre, le département et la ville où sera créé l'établissement. Les bour-	ART. 5. — L'enseignement religieux sera donné aux élèves internes, sur la demande des parents, par les ministres des différents cultes, dans l'intérieur des établissements, en dehors des heures de classes. Les ministres des différents cultes seront agréés par le Ministre de l'Instruction publique.	ART. 5. — Même texte, sauf la suppression de *aux élèves internes.*

PROJET DE LOI de M. Camille Sée.	PROJET DE LOI de M. Paul Bert.	PROJET PROPOSÉ par la Commission de la Chambre des Députés.	PROJET ADOPTÉ par la Chambre des députés.	PROJET adopté par le Sénat, et devenu, après nouvel examen de la Chambre des députés, le texte de la loi.
		ses seront données à la suite d'un examen par une commission nommée par le ministre. Ces bourses pourront, par une décision de la même commission, être retirées aux jeunes filles.	Ils ne résideront pas dans l'établissement.	
ART. 6. — Ces établissements sont destinés : à des élèves externes ; à des élèves internes.	ART. 6. — Chaque établissement sera institué par arrêté ministériel spécial, après négociation avec les villes pour leur part contributive dans l'installation matérielle et le traitement des professeurs.	ART. 6. — L'enseignement comprend : 1° l'enseignement moral ; 2° la langue française et au moins une langue vivante ; 3° les littératures anciennes et modernes ; 4° la géographie ; 5° l'histoire nationale et un aperçu de l'histoire générale ; 6° les sciences mathématiques, physiques et naturelles ; 7° l'hygiène ; 8° l'économie domestique et les travaux à l'aiguille ; 9° des notions de droit usuel ; 10° le dessin, le modelage ; 11° la musique ; 12° la gymnastique.	ART. 6. — Il pourra être annexé aux établissements d'enseignement secondaire un cours de pédagogie spécial pour les élèves-maîtresses.	ART. 6. — Même texte, sauf la suppression des mots *spécial et pour les élèves-maîtresses*.
ART. 7. — Les internats, dans établissements créés par [l'Ét]at, sont à sa charge. Il est [fait] exception à cette règle [pour] les dépenses de construction, d'aménagement, d'entre[tien], qui demeurent pour moi[tié] à la charge du département [et] pour moitié à la charge de [la] ville où sera créé l'établissement.		ART. 7. — L'enseignement religieux sera donné, au gré des parents, dans l'intérieur de l'établissement, aux élèves internes, par les ministres des différents cultes. Ils seront agréés par le ministre de l'Instruction publique ; ils ne résideront pas dans l'établissement.	ART. 7. — Aucune élève ne pourra être admise dans les établissements d'enseignement secondaire sans avoir subi un examen constatant qu'elle est en état d'en suivre les cours.	ART. 7. — Même texte.
ART. 8. — L'État fondera au [cré]dit des internes, tant élèves, [qu']élèves-maîtresses de ces établi[ss]ements, des bourses dont [le n]ombre ne pourra être infé[rieu]r au dixième du nombre [des] internes de l'établisse[ment]		ART. 8. — Il pourra être annexé aux établissements secondaires un cours spécial de pédagogie pour les élèves-maîtresses.	ART. 8. — Il sera, à la suite d'un examen, délivré un diplôme aux jeunes filles qui auront suivi les cours des établissements publics d'enseignement secondaire.	ART. 8. — Même texte.

TABLEAU COMPARATIF DES PROJETS DE LOI RELATIFS A LA CRÉATION DE L'ENSEIGNEMENT SECONDAIRE DES JEUNES FILLES

PROJET DE LOI de M. Camille Sée.	PROJET DE LOI de M. Paul Bert.	PROJET PROPOSÉ par la Commission de la Chambre des Députés.	PROJET ADOPTÉ par la Chambre des députés.	PROJET adopté par le Sénat, et devenu, après nouvel examen de la Chambre des députés, le texte de la loi.
...ment. Le département et la ville où sera ouvert l'établissement entretiendront chacun un nombre de bourses dont la somme ne pourra être inférieure au vingtième des élèves de l'établissement. Les particuliers pourront fonder des bourses ou fractions de bourse, sans néanmoins que le minimum puisse descendre au-dessous d'un quart de bourse. ART. 9. — L'Etat pourra fonder des bourses dans les établissements créés par les départements, les communes ou les particuliers.		ART. 9. — Il sera, à la suite d'un examen, délivré un diplôme aux jeunes filles qui auront suivi les cours des établissements publics d'enseignement secondaire.	ART. 9. — Chaque établissement est placé sous l'autorité d'une directrice. L'enseignement est donné par des professeurs hommes ou femmes, munis de diplômes réguliers. La classe, lorsque la leçon est faite par un professeur-homme, est placée sous la surveillance d'une maîtresse ou d'une sous-maîtresse d'étude.	ART. 9. — Même texte, sauf la suppression du dernier paragraphe.
ART. 10. — Les bourses fondées par l'Etat, le département, la commune, seront données au concours. Les bourses fondées par les particuliers seront données dans les conditions proposées par le donateur et agréées par le gouvernement. ART. 11. — L'enseignement secondaire est obligatoire ou facultatif. ART. 12. — L'enseignement		ART. 10. — Chaque établissement est placé sous l'autorité d'une directrice. L'enseignement est donné par des professeurs, hommes ou femmes, munis de diplômes réguliers. La classe, lorsque la leçon est faite par un professeur homme, est placée sous la surveillance d'une maîtresse ou d'une sous-maîtresse d'étude.		

TABLEAU COMPARATIF DES PROJETS DE LOI RELATIFS A LA CRÉATION DE L'ENSEIGNEMENT SECONDAIRE DES JEUNES FILLES

PROJET DE LOI de M. Camille Sée.	PROJET DE LOI de M. Paul Bert.	PROJET PROPOSÉ par la Commission de la Chambre des Députés.	PROJET ADOPTÉ par la Chambre des Députés.	PROJET adopté par le Sénat et devenu, après nouvel examen de la Chambre des Députés, le texte de la loi.
obligatoire comprend : 1° la langue française; 2° des notions d'histoire littéraire et de littérature française; 3° la philosophie; 4° l'histoire nationale et un aperçu de l'histoire générale; 5° la géographie; 6° l'arithmétique; 7° les éléments des sciences physiques et naturelles ; 8° l'hygiène et les soins à donner aux malades; 9° l'économie domestique; 10° l'allemand, l'anglais, l'italien ou l'espagnol ; l'étude de l'une de ces langues étant obligatoire et les autres facultatives; 11° des notions de droit usuel; 12° les ouvrages à l'aiguille. ART. 13. — L'enseignement facultatif est, pour chaque établissement, réglé par le ministre sur la proposition du directeur. ART. 14. — Il sera fait un cours spécial de pédagogie pour les élèves-maîtresses. ART. 15. — On pourra, sur la demande des conseils généraux ou des conseils municipaux, organiser des cours spéciaux pour l'enseignement technique. ART. 16. L'enseignement est donné par des professeurs, hommes ou femmes, munis de diplômes réguliers. Ces professeurs sont soumis aux mêmes obligations et jouissent des mêmes avantages que les autres professeurs de l'Université. Lorsque la leçon est donnée par un homme, la présence d'une maîtresse est obligatoire. ART. 17. — Tous les emplois de surveillance intérieure sont exercés par des femmes.				

CHAPITRE III

LES ÉTABLISSEMENTS PUBLICS D'ENSEIGNEMENT SECONDAIRE POUR LES JEUNES FILLES

(LYCÉES ET COLLÈGES DE JEUNES FILLES)

I

La loi du 21 décembre 1880 fut immédiatement suivie d'une délibération qui dut, conformément aux lois françaises, avoir lieu dans le sein du *Conseil supérieur de l'Instruction publique*. Une Commission prépara un règlement d'administration publique dont nous examinerons çà et là les 21 articles, dans le courant du présent chapitre. M. Marion, membre du Conseil supérieur, professeur au lycée Henri IV (1) et à l'Ecole normale supérieure d'institutrices de Fontenay-aux-Roses, rédigea le rapport. Il montra qu'on s'était principalement appliqué, conformément aux intentions du législateur, à donner aux lycées de filles une organisation semblable à celle des lycées de garçons; on avait dû cependant s'écarter souvent de cette dernière, non moins pour rester dans les termes de la loi que pour se conformer à la nature des nouveaux établissements. Ainsi, par exemple, le caractère fondamental des nouvelles écoles, l'externat, fut marqué tout particulièrement; tout ce qui avait rapport à l'internat fut laissé à la charge des villes, afin, disait le rapporteur, d'élever une digue « contre les tendances « et les habitudes fâcheuses qui nous portent de plus en plus vers « l'internat ».

La rédaction du programme fut une des tâches les plus importantes du Conseil supérieur. Les matières elles-mêmes de l'enseignement avaient bien été, il est vrai, fixées par la Chambre,

---

1. Lycée de garçons.

mais la loi était muette concernant l'étendue à donner à ces matières et les méthodes à employer. On vit à cette occasion que le législateur avait eu des intentions différentes de celles du Conseil supérieur. M. Sée avait, dans son exposé des motifs, demandé expressément, comme une partie intégrante de son œuvre, et cela aux applaudissements de la Gauche et du Centre, que l'enseignement, sinon dans son essence, au moins par sa durée, fût entièrement identique à celui des garçons. Dans les lycées de garçons, les cours ont une durée de 7 à 9 années. Dans les lycées de filles, la durée des cours fut fixée à 5 ans par le Conseil supérieur. De ces 5 années, la première période (1re, 2me, 3me années) ne dut comprendre que des matières obligatoires; dans la deuxième période (4me et 5me années) le nombre des matières obligatoires fut considérablement diminué au profit d'autant de matières facultatives. Nous donnons ici le tableau de la répartition de l'enseignement et le nombre des heures de leçons attribuées à chaque matière.

PREMIÈRE PÉRIODE

PREMIÈRE ANNÉE (12-13 ans, âge minimum).

Langue et littérature françaises.	5 heures
Langues vivantes (anglais et allemand).	3 »
Histoire générale et nationale. — Géographie.	4 »
Calcul et géométrie.	2 »
Histoire naturelle: zoologie et botanique.	1 »
Dessin et Ecriture	3 »
Musique vocale	2 »
Total :	20 heures

DEUXIÈME ANNÉE (13-14 ans).

Langue et littérature françaises.	5 heures
Langues vivantes.	3 »
Histoire générale et nationale. — Géographie.	4 »
Arithmétique.	2 »
Histoire naturelle: zoologie, botanique et géologie.	1 »
Dessin.	3 »
Musique vocale.	2 »
Total :	20 heures

TROISIÈME ANNÉE (14-15 ans).

Morale	1 heure
Langue et littérature françaises ; littératures anciennes	4 »
Langues vivantes.	3 »
Histoire générale et nationale. — Géographie . .	3 »
Géométrie	1 »
Physique et chimie	3 »
Physiologie, économie domestique et hygiène . .	1 »
Musique vocale	1 »
Dessin	3 »
Total :	20 heures

IIe PÉRIODE.

QUATRIÈME ANNÉE (15-16 ans).
(Cours obligatoires.)

Morale	1 heure	
Langue et littérature françaises ; littératures anciennes	4 »	
Langues vivantes ; littératures étrangères . .	3 »	
Histoire sommaire de la civilisation jusqu'à Charlemagne	2 »	13
Cosmographie	1 »	
Physiologie animale et végétale	1 »	
Physique	1 »	

(Cours facultatifs.)

Littératures anciennes	3 »	
Eléments de la langue latine	1 »	
Mathématiques	3 »	11
Musique vocale	1 »	
Dessin	3 »	
Total :		24

CINQUIÈME ANNÉE (16-17 ans.)
(Cours obligatoires.)

Eléments de psychologie appliquée à l'éducation	1 heure	1
A reporter :		1

Report :	1 heure.	
Langue et littérature françaises; littératures anciennes	3 »	
Langues vivantes; littératures étrangères . .	3 »	
Histoire de la civilisation de Charlemagne à nos jours	2 »	12
Notions de droit usuel. — Économie domestique	1 »	
Physique et chimie	2 »	

(*Cours facultatifs.*)

Littératures anciennes.	2 heures	
Eléments de la langue latine	1 »	
Géographie économique	1 »	
Mathématiques	2 »	12
Physiologie animale et végétale	2 »	
Musique vocale	1 »	
Dessin	3 »	
	Total : 24	

En refusant aux cours des lycées de jeunes filles une durée égale à celle des cours des lycées de garçons, le Conseil supérieur ne s'était pas conformé aux intentions du législateur; aussi dans la Revue qu'il dirige, M. Sée lui en fit-il de très vifs reproches en rappelant le proverbe : « Traduttore traditore. »

Nous allons passer maintenant à l'objet principal de ce chapitre : l'analyse et la critique des programmes.

Il va sans dire que la *langue* et la *littérature françaises* constituent le noyau de l'enseignement. A ne considérer que les chiffres, cet enseignement absorbe environ le quart du temps total. Abstraction faite de la lecture à haute voix, qui, à l'inverse de ce qui se passe chez nous, occupe généralement une grande place dans les écoles françaises, on se borne dans la première année aux éléments de la grammaire, en procédant par voie d'induction. On affectionne les exercices sur la formation des mots : substantifs dérivés de verbes et d'adjectifs et *vice versâ*, signification des préfixes, distinction entre les mots dérivés et les mots composés ; composition, par l'élève, de petites phrases en se servant, dans la forme convenable, des mots expliqués; classement des mots par familles. Les compositions se bornent d'abord à la reproduction d'un récit lu ou fait en classe par la maîtresse et que les élèves ont déjà répété verbalement pendant la leçon. J'ai fait, pour mon compte, une étude approfondie des compositions du lycée Fénelon (à Paris) ainsi que de celles d'autres écoles de filles, et je ne puis dissimuler mon impression que la jeunesse française possède, plus que la nôtre, la faculté de se servir de sa langue maternelle avec précision et bon goût, de grouper et d'exprimer ses pensées d'une manière convenable. Cette supériorité doit être certainement attribuée en partie à la langue elle-même, à sa précision, à sa clarté, mais aussi au discernement si développé chez les Français du choix des expressions, soit qu'ils parlent, soit qu'ils écrivent, et à une délicatesse innée de langage.

En 2me année, les mêmes études se continuent; aux exercices de formation des mots vient se joindre la syntaxe, principalement l'étude des propositions affirmatives, interrogatives et conditionnelles. Viennent ensuite les exercices sur les synonymes: la maîtresse, en procédant toujours par voie d'induction, amène les élèves à découvrir les nuances de signification des synonymes; puis les élèves construisent de petites phrases dans lesquelles ces synonymes sont employés de manière à en faire ressortir le sens exact. A ces exercices si propres à mettre de la logique dans les idées, à développer le génie de la langue, s'ajoutent des explications sur l'étymologie de certaines formes et de certains mots. L'élève apprend déjà à distinguer entre l'origine populaire ou savante d'un mot. Certaines choses qu'on apprenait autrefois machinalement, trouvent leur explication dans l'étymologie. La grande utilité des observations philologiques dans l'enseignement consiste en ceci: ce qui se présente à l'élève comme une œuvre de hasard, sans raison d'être, comme un fait dont la grammaire ne lui rend nullement compte, l'explication philologique le lui fait voir comme une chose indispensable dans l'organisme de la langue. Lorsque, par exemple, l'élève trouve comme marque générale du pluriel la lettre S, il peut bien se demander pourquoi au lieu de S, le A ou n'importe quelle autre lettre de l'alphabet ne serait pas la marque distinctive du pluriel; il accepte la lettre S, parce que la grammaire la prescrit. Mais si on lui explique que cette lettre S est un reste de la terminaison du pluriel en latin, on lui donne une explication que son esprit demandait et qui le satisfait. Cette explication étymologique le met inconsciemment en contact avec le génie de sa langue, elle lui fait entrevoir quelque chose de fondamental, quelque chose d'indépendant de l'arbitraire de l'homme, quelque chose de supérieur même à la grammaire. L'introduction de l'élément étymologique dans l'enseignement de la langue nationale est due, en France, aux écrits sagaces, aux exhortations pressantes du célèbre philologue Michel Bréal, du Collège de France (1). Ce faisant, on se garde avec soin de considérer le vieux français comme une langue particulière, et l'on évite ainsi la faute commise naguère encore chez nous qui traitions l'ancien allemand comme un idiome à part et en faisions l'objet de leçons spéciales; la langue dont se sont servis nos aïeux doit être employée seulement à faciliter l'intelligence de la langue dans son état actuel; la littérature française, écrite dans la langue ancienne, est comprise par un Français sans trop de peine et sans étude spéciale de grammaire, de même que le *Niebelungenlied* est compris par un Allemand instruit, sans effort considérable et sans le secours d'une grammaire de la langue allemande du moyen âge.

Dans la 2me période, qui commence avec la 4e année d'études, on réunit en un tout homogène les connaissances successivement acquises dans les années précédentes, au moyen d'un rapide coup d'œil sur la grammaire historique et les transformations de la langue. On passe ensuite à la lecture de fragments de la *Chanson de Roland*, des écrits de Villehardouin et de Joinville, — à un point de vue plutôt littéraire que grammatical, — lecture que l'on poursuit activement afin de mettre promptement les élèves en état de comprendre cette langue particulière. Ces fragments constituent principalement la base de l'enseignement de l'histoire de la littérature : le programme de la 4e année comprend en effet l'histoire de la littérature française depuis les origines jusqu'à Corneille (semestre d'hiver : des origines à la Renaissance ; — semestre d'été : de la Renaissance à Corneille) (2).

Dans la dernière année, on termine l'étude de l'histoire de la littérature et cette étude s'étend jusqu'à nos jours. Les compositions qui se font dans la 2e période portent sur des sujets plus difficiles : peinture de caractères d'après des ouvrages lus, con-

---

1. *Quelques mots sur notre instruction publique ;* 3e édition, Paris, 1882.
2. Le livre le plus généralement adopté pour l'étude de l'histoire de la littérature (livre destiné à la lecture particulière) a pour titre : *Leçons de littérature française*, rédigées d'après le programme, par Petit de Julleville, professeur à la Sorbonne ; ce professeur donne également au collège Sévigné des leçons de littérature très estimées (librairie Masson, Paris).

troverses; développement d'une pensée donnée, sujets de littérature, de morale, d'histoire (1).

Ces leçons de français servent, dans les trois années supérieures, d'introduction aux principales œuvres des poètes de l'antiquité classique, qui sont lues aux élèves dans de bonnes traductions françaises. Les leçons facultatives de la 2ᵉ période offrent également aux élèves l'occasion d'approfondir un peu les œuvres des poètes anciens. Je vois là une supériorité considérable du nouveau plan d'études, surtout en songeant à la grande ignorance que nous observons sur ce point chez les femmes allemandes. Nous autres Allemands, nous avons beaucoup d'excellentes traductions des auteurs classiques, et je pense que la lecture de quelques tragédies grecques, par exemple *Antigone*, *Œdipe roi*, même les *Perses*, serait bien plus utile pour l'éducation de nos femmes que la lecture d'Opitz, Gottsched et autres semblables, à la lecture desquels une femme ne peut s'intéresser longtemps.

La *lecture* mérite aussi quelques observations. Elle occupe dans l'enseignement français une place prépondérante. La lecture à haute voix passe pour un des points essentiels d'un bon enseignement : car si elle n'est pas indispensable, elle est cependant utile pour se préparer à la vie sociale. On a sans doute remarqué la grande importance que les Français attachent à la bonne élocution. La maladresse dans le choix des expressions est pour nous chose de peu d'importance; pour les Français elle est toujours désa-

---

1. J'aurais désiré pouvoir donner au lecteur quelques spécimens de compositions faites par des élèves françaises ; mais la directrice du lycée Fénelon, [à Paris, de qui j'ai sollicité la permission de copier quelques-uns de ces devoirs, n'a pas cru devoir accueillir ma demande ; j'ai dû me contenter de lire ces compositions, ce qui m'a d'ailleurs été accordé de très bonne grâce. Parmi les devoirs à la correction desquels j'ai assisté en classe, il en est deux qui m'ont paru tout particulièrement caractéristiques. Le premier avait pour titre : « La bonne compagne ; » la maîtresse partant de l'étymologie (*cùm* et *panis*) expliquait en quoi consistent les qualités d'une bonne compagne. Les élèves avaient ensuite à coordonner ces qualités, ce dont les jeunes filles s'acquittèrent, comme j'ai pu m'en assurer, avec un grand talent, et pour ainsi dire avec une habileté de journaliste. L'autre sujet était « la pluie » ; il fallait expliquer la nécessité et l'utilité de l'eau. Voici comment une élève a traité la question : Une enfant, que la pluie condamne à rester à la chambre, s'en plaint à sa mère, et exprime le désir qu'il ne pleuve jamais. La mère lui répond qu'elle reviendrait bientôt sur ce désir : car, s'il se réalisait, on n'aurait plus d'eau à boire. On pourrait alors, pense l'enfant, boire du vin ; mais la mère lui riposte que, sans pluie, on n'en récolterait plus. L'enfant a recours à d'autres arguments qui sont réfutés par la mère ; l'enfant est enfin obligée de reconnaître que, sans pluie, la vie ne serait pas possible sur la terre. Tout cela a été exposé avec une vivacité dont j'ai été vraiment étonné.

gréable, le plus souvent même ridicule. Sous ce rapport, on est encore plus exigeant pour la femme que pour l'homme ; la femme doit être la gardienne du bon et pur français, tant pour le choix des expressions que pour la prononciation. Chez nous une femme, pourvu qu'elle ait reçu une bonne éducation, parlât-elle avec l'accent saxon le plus prononcé, passera toujours, même en Hanovre, pour une femme éclairée ; on se moquera peut-être tout bas de sa prononciation, mais on ne l'en considérera pas moins pour le reste. Mais si, par exemple, un Méridional, vivant dans le Nord de la France, ne se défait pas de son accent, il ne s'exposera pas seulement à paraître ridicule, mais on jugera qu'il manque de savoir-vivre et on ne l'invitera que très difficilement. Son langage, pense-t-on, prouve qu'il est loin d'avoir ce qu'il faut pour être reçu dans la bonne société. Une nation qui est à ce point fière de sa langue, qui cultive avec une certaine tendresse et reconnaissance ce précieux instrument qui, à une certaine époque, a donné à l'esprit français la domination universelle, une telle nation attache naturellement une importance extrême à la lecture à haute voix, même dans l'instruction donnée à la première enfance. De là vient que le Conseil supérieur a fait de la lecture à haute voix un chapitre spécial du programme des lycées de jeunes filles. Je vais résumer ci-dessous les indications principales données au sujet de cet exercice ; j'espère faire connaître ainsi les idées des Français sur ce point, et mettre en même temps en relief la valeur d'une étude à laquelle on s'intéresse trop peu en Allemagne. Les excellentes indications qui vont suivre sont dues, probablement, à la plume de M. Legouvé, le célèbre auteur de l'ouvrage *l'Art de la lecture* : « L'étude de la lecture à haute « voix, dit-il, n'a toute son utilité que si elle se mêle à toutes les « autres études. »

Tout ce que dit, tout ce que lit, tout ce que récite, tout ce que raconte l'élève doit être prononcé conformément aux règles de l'art de la diction. L'étude de la lecture doit donc commencer dès la première année ; d'abord parce qu'on ne saurait s'y prendre trop tôt pour empêcher les enfants de contracter de mauvaises habitudes de diction ; en second lieu, parce que, plus les enfants sont jeunes, plus l'organe de la voix a de souplesse et par conséquent se plie de lui-même à toutes les délicatesses de l'intonation. La voix de l'enfant est l'instrument qui s'accorde et se désaccorde le plus facilement

L'étude de la lecture à haute voix doit avoir sa place dans les cinq années du cours ; elle s'élève en même temps que tous les autres objets d'enseignement et peut venir en aide au développement de toutes les facultés : la mémoire, l'intelligence et l'imagination.

Apprendre à bien lire, c'est apprendre à apprendre et à retenir.

Apprendre à bien lire, c'est, avant tout, apprendre à comprendre.

Le cours de 1re *année* devra être presque entièrement technique. L'explication et l'application des règles de la *prononciation*, de l'*articulation*, de la *respiration*, le rempliront utilement.

L'étude des règles pratiques donnera lieu à des exercices intéressants pour les enfants : exercices pour développer la voix ; exemples pour amener à distinguer les différences d'intensité, de hauteur, de timbre dont un son est susceptible ; différence d'accentuation, de mouvement d'un même ton, suivant le milieu où il se trouve et la pensée qu'il exprime, etc.

Les élèves devront être exercées à fournir elles-mêmes les exemples, à trouver, suivant les cas, l'intonation juste.

Dans cette même année se place naturellement la correction de tous les vices et de toutes les défectuosités de prononciation : *accent, bégayement, blaisement* (1), *grasseyement*, que l'enfant tient ou de son pays, ou de sa famille, ou de sa conformation.

Les premiers exercices de lecture portant naturellement sur des phrases ou sur des passages choisis, ces phrases ou passages devront être très simples, courts, et plutôt en prose qu'en vers.

Les professeurs de tous les cours devront exiger de leurs élèves l'observance des règles fondamentales de la diction ; l'étude de la lecture n'est bonne à rien, si elle ne fait pas partie de tout.

Dans la 2° et la 3° année, sans abandonner complètement le travail technique de la lecture, et en ayant soin de le rappeler sans cesse à l'élève, on abordera ce qu'on peut appeler l'art de la diction.

Le choix des morceaux est ici très important. Les qualités qu'on veut développer chez les élèves sont des qualités de justesse, de clarté, de vérité ; on doit avoir en vue de faire des *lecteurs* et des *diseurs*, non des *déclamateurs* et des *comédiens*. On devra prendre pour sujets d'exercice des passages écrits avec sim-

---

1. Le *blaisement* consiste à prononcer *ch* comme *z* ; par exemple *zeval* pour *cheval*.

plicité et naturel, des récits de faits réels, des fragments d'histoire ou d'histoire naturelle. Le ton de la narration est un ton particulier dans l'art de la lecture, et il n'en est pas qui soit une meilleure gymnastique pour l'enfant, parce que la réalité du fait amène forcément l'élève à la vérité du débit. La poésie ne sera pas exclue de cette 2ᵉ et de cette 3ᵉ année; elle aura sa place, mais au second rang. La lecture de la poésie est un art dans un art : il ne faut y arriver qu'en dernier lieu.

Bannissez absolument les gestes, tout l'attirail mimique.

Le lecteur ne doit se servir que d'un seul moyen d'expression : la voix.

Ne choisissez jamais de pièces de vers qui dépassent l'intelligence ou la mesure des sentiments de l'enfant. On ne lit bien, et on ne doit lire que ce qu'on sait, ce qu'on comprend, ou ce qu'on sent.

Avec la 4ᵉ et la 5ᵉ année, on entre en plein dans le domaine de l'art. L'étude du beau devient le principal objet. L'imagination réclame son droit de culture, comme l'intelligence.

Un bon cours de lecture doit être en raccourci un cours de littérature. Chaque grand écrivain, ayant un style propre, exige une diction particulière. Apprendre à le bien lire, ce sera pénétrer dans le secret de son talent ; et ainsi l'étude successive, réfléchie et comparée de tous nos grands écrivains, au point de vue de la lecture, deviendra l'étude du génie français.

Un bon maître de lecture doit être le collaborateur de tous les autres maîtres.

Ces principes étaient déjà et sont encore généralement suivis dans les écoles françaises ; on éprouve un sentiment particulier en assistant à la lecture dans les écoles primaires et dans les écoles secondaires, plus encore peut-être dans les premières que dans les dernières. Les élèves évitent toute exagération dans l'emploi de la lecture emphatique et des inflexions de la voix ; toutes ces fautes, dans lesquelles les jeunes filles tombent dans quelques autres pays sont rares chez les Françaises, qui ont le goût du simple et du naturel. La jeune fille française possède en effet un instinct de la mesure et du naturel qui lui fait éviter l'écueil du ridicule; même dans la bouche de l'enfant de l'ouvrier on admire la beauté et la noble simplicité du langage; dans une école primaire de Montmartre, dans la dernière classe, j'ai été témoin du rire que provoqua chez ses condisciples une petite fille qui avait dépassé l'intonation juste, et cela cependant si légèrement que moi, étranger, je m'en étais à peine aperçu.

Les soins qu'il prodigue à la langue parlée, le plaisir que lui procure l'harmonie dans un discours, ont une influence considérable sur la vie du Francais ; son amour de l'élégance dans la forme, élégance souvent obtenue au détriment du fond, son enthousiasme pour tout ce qui est « bien dit » alors même que cela n'exprime pas grand'chose, font peut-être un peu tache dans le tableau ; mais ils ennoblissent le goût, ils purifient les sentiments et les idées ; ils donnent du charme à la conversation. Aussi c'est avec intention que l'on a fait de la diction un chapitre spécial du programme des lycées de filles ; la langue se perfectionne dans la bouche de la femme.

Il ne nous reste plus qu'à parcourir rapidement la liste des ouvrages adoptés pour la lecture dans les lycées : en outre d'une chrestomathie composée principalement au point de vue de l'histoire de la littérature et dont on paraît généralement se servir peu, on tient avant tout à la lecture suivie d'ouvrages classiques ; voici les titres des ouvrages recommandés pour les diverses classes et cités dans les programmes :

*I*re *année*. — La Fontaine, *Fables*, les six premiers livres. — Fénelon, *Télémaque, Dialogues des morts*. — Buffon, *Morceaux choisis*. — Racine, *Esther*.

*II*e *année*. — La Fontaine, *Fables*, les six derniers livres. — Racine, *Iphigénie, les Plaideurs*. — Boileau, *le Lutrin, les Satires*. — Sévigné, *Lettres choisies*. — Bossuet, *Histoire universelle*, troisième partie.

*III*e *année*. — Fénelon, *Education des filles*. — Voltaire, *Siècle de Louis XIV*, spécialement chapitres 31-34. — Bossuet, *Oraisons funèbres d'Henriette de France et d'Henriette d'Angleterre*. — Boileau, *Art poétique*. — Corneille, *le Cid, Horace*. — Molière, *les Femmes savantes*.

*IV*e *année*. — Fragments de la *Chanson de Roland*. — Villehardouin, Joinville. — Fénelon, *Lettre à l'Académie*. — Bossuet, *Oraison funèbre du prince de Condé*. — La Bruyère, *les Caractères*. — Voltaire, *Charles XII*. — Corneille, *Cinna*.

*V*e *année*. — Pascal, *Provinciales, I, IV, XIII. Pensées choisies*. — Bourdaloue, Massillon, *Morceaux choisis*. — Bossuet, *Sermons choisis*. — Racine, *Athalie*. — Corneille, *Polyeucte*. — Molière, *le*

Misanthrope. — Buffon, *Discours sur le style*. — Voltaire, *Lettres choisies*. — Rousseau, *Morceaux choisis*.

Le programme de *morale* (1), qui avait fourni matière à tant de polémiques, était impatiemment attendu par le public et par la presse. Il répond généralement à ce que les orateurs en avaient annoncé dans le Parlement. C'est bien une morale qui, sans être, comme la morale religieuse, fondée sur l'idée de Dieu, n'est cependant pas d'une manière absolue contraire à toute religion. Celui qui connaît la situation des écoles en France, sait que le clergé catholique se sert de l'enseignement religieux pour répandre des préjugés; on ne peut donc en vouloir à l'Etat, lorsque celui-ci émet la prétention d'exercer une influence compensatrice sur les convictions morales de ceux qui sont appelés à former la société. Actuellement, il est impossible à l'Etat de se renfermer dans les limites d'une religion quelconque. L'enseignement de la morale, tel qu'il existe dans les programmes officiels, ne reconnaît pas de confession particulière; mais, quoi qu'on en dise, cette morale est la morale chrétienne; ses prescriptions, pour la vie civile comme pour la vie morale, sont, bien que déduites d'une manière différente, celles que Jésus-Christ a recommandé d'observer. Cet enseignement est animé d'un bon esprit, et s'il parvient à pénétrer dans la nation, il est certain que celle-ci ne pourra que s'en féliciter.

Le programme de morale, pour les lycées de filles, comprend trois parties, dont chacune est examinée dans une année scolaire. La première est précédée de quelques notions préliminaires : la responsabilité morale, le libre arbitre, le bien, le devoir, le droit, la vertu. Vient ensuite la morale pratique. Pour les jeunes filles, elle a son point de départ dans la maison et la famille ; les devoirs domestiques (rapports entre les parents et les enfants, entre frères et sœurs, entre époux, entre maître et domestiques) sont étudiés tout d'abord. On passe ensuite aux devoirs de la famille envers l'Etat. Cette partie est, pour les jeunes filles, ce que « l'instruction civique » est pour les garçons. Les subdivisions principales sont : la patrie, l'Etat, les citoyens, l'autorité publique, la Constitution et les lois. — Devoirs des citoyens: obéissance aux lois, service militaire, impôt, vote. — Devoirs des gouvernants. — Devoirs

---

1. Cf. à ce sujet les réflexions de M. Joly dans l' « Enseignement secondaire des jeunes filles », *Revue mensuelle*, etc., par C. Sée, t. III, p., 113 et suivantes. (Je désignerai dorénavant cette publication sous le simple titre de *Revue*.)

des nations entre elles ; notions sur le droit des gens. — Devoirs généraux de la vie civile : 1° *La justice*, respect de la personne dans sa vie, dans sa liberté, dans son honneur et sa réputation, dans ses croyances et ses opinions, dans ses biens, etc. Respect des contrats et des promesses. Justice rémunérative et pénale. Equité. — 2° *La charité*, bienveillance et bienfaisance. — Devoirs à l'égard des animaux. — Devoirs personnels : respect de soi-même, véracité, modestie, prévoyance, courage, empire sur soi-même. Développement de toutes nos facultés : le travail.— *Devoirs religieux et droits correspondants* : rôle du sentiment religieux en morale. Liberté des cultes. Rapports de la vertu et du bonheur. La vie future et Dieu.

IVe Année. — Le devoir et le plaisir : vrai rôle du plaisir et du sentiment en morale.

Le devoir et l'intérêt : rapports de l'intérêt privé et de l'intérêt public avec la morale.

Le devoir pur.

Etude critique des grands systèmes de morale. Examen de la morale d'Epicure, de la morale de la sympathie, de la morale utilitaire et de la morale de Kant.

Lecture et analyse de quelques ouvrages de morale.

V^e année. — *La psychologie*. — Son objet et sa méthode, son rôle dans l'art de l'éducation.

Les faits de conscience et les facultés. — Action réciproque des facultés les unes sur les autres ; instruction et éducation.

L'activité. — Activité instinctive et physique (jeux, exercices, promenades, gymnastique).

Activité volontaire : liberté et personnalité.

Le caractère : formation et développement du caractère ; empire sur soi-même.

La sensibilité. — Les inclinations naturelles : utiliser ces inclinations dans l'enfant ; instinct d'imitation, instinct de curiosité ; émulation. Culture du sens moral, du sens du vrai, du sens du beau.

Les émotions : plaisir et douleur ; leur rôle dans l'éducation ; deux excès : complaisance et dureté. — Le jeu dans ses rapports avec le travail.

L'intelligence. — La conscience : retour sur soi-même ; art de se connaître.

Les sens. Education des sens ; art de voir et art d'entendre ; le dessin et la musique.

Mémoire. Lois de la mémoire ; diverses espèces de mémoire.

Utilité et abus de la mnémotechnie. Loi d'association : association des idées entre elles, des idées et des sentiments, des sentiments et des mouvements. Rapports de l'association et de l habitude. Conséquences pratiques et pédagogiques.

L'imagination. Son utilité et ses dangers ; moyens de la développer et de la contenir.

Attention et réflexion. Importance de ces facultés dans la conduite de la vie : la prévoyance, la persévérance, la suite dans les idées.

La comparaison. Etendre les idées de l'enfant, leçons de choses, voyages, lectures, conversations.

Facultés intellectuelles proprement dites. — Raison, abstraction et généralisation ; jugement et raisonnement ; induction et déduction

L'expression. — Signes, langage, parole, écriture.

L'erreur. — Causes et variétés de l'erreur ; fausses associations. préjugés, influence des passions ; esprit de contradiction ; abus de langage, etc. Moyens correctifs,

Conclusion. — Différence entre l'homme et l'animal.

Matérialisme et spiritualisme, le problème de la destinée humaine ; importance de ces questions pour la dignité et l'élévation de l'âme.

L'enseignement pratique de la morale offre de grandes difficultés : délicate par suite de ses rapports avec les questions religieuses, la morale est d'une certaine sécheresse pour le professeur qui l'aborde. Le programme recommande comme moyen d'enseignement principalement « de nombreux exemples et récits ». Pour être utilement fait, l'enseignement de la morale doit être donné par des esprits préparés par quelque peu de philosophie ; il suppose de la pénétration, une certaine expérience de la vie humaine et une connaissance parfaite du cœur et du monde. C'est pourquoi, jusqu'à présent du moins, cet enseignement est confié de préférence à des hommes. M. Marion, professeur au lycée Henri IV et philosophe remarquable, qui a rédigé le rapport au Conseil supérieur, a entrepris d'enseigner les principes de la morale en tenant compte de leur enchaînement : il a publié les cours qu'il a professés d'abord à l'école normale d'institutrices de Fontenay-aux-Roses (1). Son livre a servi de modèle à la plupart des nombreux « caté-

---

1. *Leçons de psychologie*, 1881. *Leçon de morale*, 1882. Cf. Edm. Dreyfus-Brisac : *L'éducation nouvelle*, études de pédagogie comparée ; Paris, Masson, 1882, p. 177 et suiv.

chismes de morale »; souvent même il a été la mine où l'on puisait. M. Marion s'est tenu également éloigné du matérialisme et du positivisme, et le point de vue moral purement idéaliste, auquel il s'est placé, a été pleinement approuvé par le Conseil supérieur de l'Instruction publique : tant que cette direction sera suivie, le théisme sera sauvé en France, malgré la déclaration de M. Ferry en faveur du positivisme, déclaration rappelée plus haut (1). En général on se fait une idée fausse de la tendance de cet enseignement ; il est bien moins dirigé contre la religion en général que contre le catholicisme. Il ne faut non plus croire que les catéchismes comme celui de Paul Bert soient les seuls en usage ; ce petit livre radical se trouve au contraire rarement dans les écoles, tandis que par exemple les traités de M. Liard, de M. Compayré sont beaucoup plus répandus, ainsi que celui de Mme Henry Gréville, si connue par ses romans. Les livres comme celui de M. Monteil (2) ne s'achètent que par curiosité, et il serait tout à fait injuste de juger l'esprit de l'enseignement d'après ces productions dont personne ne veut, en dépit de la réclame la plus effrontée.

Le programme d'*histoire* est beaucoup plus considérable. Comme cette partie de l'enseignement traite particulièrement du passé de la France, on peut dire que la langue et la littérature françaises d'une part, l'histoire nationale de l'autre, absorbent à peu près la moitié du nombre total des heures de classe. L'enseignement de l'histoire a pour but de montrer aux jeunes filles les développements successifs de la nation et d'augmenter leur patriotisme. L'histoire de France est l'objet principal de l'enseignement dans la première période, il n'est question de celle des autres pays que pour ce qui intéresse la France. Dans la deuxième période on s'occupe davantage des peuples étrangers. On a fait une grande part à l'histoire de la civilisation, et nous voyons là une preuve de l'influence exercée par M. Legouvé et M. Royé (3) sur la composition du programme. Nous en citerons ce qui suit :

---

1. M. Jules Ferry a déclaré au Sénat que l'enseignement donné dans les lycées de jeunes filles serait spiritualiste : séance du 22 novembre 1880 (*note du Traducteur*).

2. Edg. Monteil, *Manuel d'instruction laïque* ; Paris, Marpon et Flammarion. — Les gravures répandues dans le livre indiquent clairement l'intention de railler le christianisme. On a donné aux apôtres (p. 10) des figures patibulaires et des attitudes indignes ; Jésus-Christ lui-même est représenté comme un imposteur extravagant.

3. C'est M. Royé qui a composé l'excellent manuel : *Programme d'un cours d'histoire de France et d'histoire générale.*

HISTOIRE

PREMIÈRE PÉRIODE

Ire année. — Les anciens Gaulois, leurs établissements au dehors.

Conquête de la Gaule par les Romains.

La Gaule romaine. Grandes villes, monuments, écoles.

Le christianisme en Gaule.

Les Barbares. Mœurs. Géographie de l'empire romain et du monde barbare.

Les invasions. Principaux Etats fondés par les Barbares. Chute de l'empire romain d'Occident.

Les Francs en Gaule. Clovis. La Neustrie et l'Austrasie. Dagobert.

L'empire d'Orient sous Justinien.

Les Arabes. Mahomet. Les Arabes en Espagne.

Les maires du palais. La famille d'Héristal. Les moines en Germanie.

Charlemagne et son temps.

Démembrement de l'empire de Charlemagne. Traité de Verdun. Invasions des Normands.

Avènement de la famille capétienne. Hugues Capet et ses premiers successeurs. Puissance et activité des grands vassaux.

Le régime féodal ; l'Eglise.

La papauté et l'empire. Grégoire VII.

La civilisation orientale. Eclat de l'islamisme. — Sciences, arts. Les grands monuments de l'Espagne.

La civilisation occidentale. Trouvères et troubadours ; la langue française. L'art roman.

Conquête de l'Angleterre par les Normands.

Première croisade. Le royaume de Jérusalem.

Premiers progrès de la royauté. Louis VI, Louis VII et Suger.

Les populations des villes et des campagnes. Les communes.

L'Allemagne et l'Italie. Frédéric Barberousse.

Les Plantagenets en Angleterre. — Philippe-Auguste, Richard Cœur de lion et Jean sans Terre. La grande charte.

Innocent III. Quatrième croisade. L'empire latin de Constantinople. Guerre des Albigeois.

Saint Louis et son temps. Les dernières croisades. Résultats généraux des croisades.

Grandeur du XIIIe siècle. Mœurs. — L'Université de Paris. L'art gothique. Le commerce et l'industrie.

Lutte de la papauté contre Frédéric II. Conquête du royaume de Naples par Charles d'Anjou.

Philippe le Bel. Les légistes, les premiers Etats généraux. Boniface VIII. Les Templiers.

Avènement des Valois. Première partie de la guerre de Cent ans.

Les récits de Froissart. Les Etats généraux et Etienne Marcel.

Charles V et Duguesclin. Paris au xiv° siècle.

Etat de l'Europe à la fin du xiv° siècle. Le grand schisme d'Occident. Wiclef et Jean Huss.

Commencement de la Renaissance en Italie. Activité des villes de la Péninsule. — Dante; Giotto; Pétrarque.

La poudre à canon, la boussole, le papier, l'imprimerie.

Charles VI. Reprise de la guerre de Cent ans. La maison de Bourgogne.

Charles VII et Jeanne d'Arc. Jaques Cœur. Institutions de Charles VII. Reconstitution de l'unité territoriale de la France.

Les Turcs à Constantinople.

Résumé rapide des principales phases de notre histoire depuis les origines jusqu'au milieu du xv° siècle.

II° année. — L'enseignement comprend la période qui s'étend du milieu du xv° siècle jusqu'à la mort de Louis XIV. Le programme est rédigé d'une manière analogue à celle que nous venons de voir pour la première année. Bien que généralement l'ordre chronologique et synchronique ait été observé, on a cependant constitué quelques groupes de faits tels que la Renaissance en France et en Italie, la Réforme en Allemagne et en Suisse. Une place considérable est naturellement faite au siècle de Louis XIV.

III° année. — La Révolution française occupe le premier rang; on en étudie les causes, les diverses phases. Partant de là, on poursuit le développement de l'idée de la liberté nationale, de l'idée du gouvernement constitutionnel (Révolutions de Juillet et de Février). L'histoire de la fondation de la République et des notions sur la Constitution de 1875 donnent à l'enseignement des ressemblances nombreuses avec l'instruction civique donnée aux garçons; cette instruction civique est d'ailleurs, dans les lycées de jeunes filles, répartie entre la morale, l'histoire et le droit usuel. — Les événements principaux ne sont pas négligés et là encore on remarque la préférence donnée à l'importance plutôt qu'à l'ordre chronologique des faits, par exemple dans l'exposé de la question Orient.

II² PÉRIODE.

IV⁰ année. — Histoire sommaire de la civilisation jusqu'à Charlemagne.

Le choix de cette matière est extrêmement curieux. On se trouve amené en pleine histoire de la civilisation. Même en ce qui concerne l'antiquité, dont on ne s'est cependant pas occupé les années précédentes, la politique s'efface complètement. L'Egypte ancienne, les Assyriens, les Babyloniens, les Arias, les Perses, les Phéniciens et les Hébreux sont passés rapidement en revue ; on ne s'arrête qu'aux faits qui intéressent l'histoire générale de la civilisation, par exemple, pour les Phéniciens, on ne parlera que de leur commerce, de leurs colonies et de leur invention de l'alphabet, etc. L'histoire grecque se réduit aux points suivants :

Ioniens et Doriens. Athènes et Sparte.

La religion ; mythologie. Les oracles, les amphictyonies et les jeux solennels.

Opposition du monde oriental et du monde grec. Guerres médiques. Lutte des Grecs entre eux.

Le siècle de Périclès. Les arts à Athènes. Principaux monuments. Les lettres, le théâtre, les orateurs.

Alexandre. Conquête de l'Asie. Diffusion de l'esprit grec en Orient. Alexandrie et Pergame.

Conquête de la Grèce par les Romains. Diffusion de l'esprit grec en Occident.

Quant à l'histoire romaine, le programme passe sous silence même de grands événements, tels que les guerres puniques ; les principaux sujets traités sont les suivants :

Anciennes populations de l'Italie. Les Etrusques.

Rome. La religion. La famille. La cité. Période républicaine. Patriciens et plébéiens. Les comices, le Sénat, les magistratures.

Organisation militaire. Colonies.

Conquêtes des Romains. Caractère et conséquences des conquêtes. Le domaine public. Lois agraires. Les esclaves.

Transformation des mœurs à Rome sous l'influence de la Grèce et de l'Orient.

Causes de la décadence de la République.

Période impériale. Epoque d'Auguste et des Antonins. Etendue de l'empire au II⁰ siècle de l'ère chrétienne. Institutions impériales.

La littérature et l'art. La ville de Rome.

Le christianisme. Les catacombes.

Transformation du gouvernement sous Dioclétien et Constantin. Constantinople.

Etat du monde barbare au IV° siècle. Causes diverses qui ont facilité les invasions. La Gaule ; la vie municipale.

La 4° année ne s'occupe du moyen âge que jusqu'à Charlemagne.

L'empire romain d'Orient; Justinien ; la législation; l'art byzantin ; le schisme grec.

Mahomet et le Coran ; l'islamisme.

Action du christianisme et de la civilisation romaine sur les Germains.

Charlemagne, empereur d'Occident.

Dans la 5° année, on achève d'abord rapidement l'histoire du moyen âge. L'histoire des temps modernes est traitée d'une manière qui fait voir l'enchaînement du progrès dans les principales institutions et dans les principales idées. Composition de la société française sous l'ancien régime et changements apportés par la Révolution, progrès des idées démocratiques. Développement des idées constitutionnelles. Développement du commerce, de l'agriculture, des arts et des sciences en France et au dehors. Principaux voyages d'exploration.

Ce plan pour l'enseignement de l'histoire, tel qu'il est sorti du sein du Conseil supérieur, a soulevé également de vives discussions dans la presse pédagogique. On reconnaissait bien qu'en faisant à l'histoire de la civilisation une large place, on répondait à l'attente générale ; mais, disait-on, l'administration a trop servilement copié les programmes des lycées de garçons. L'occasion s'est présentée là de tenir mieux compte des besoins des jeunes filles et de supprimer, dans l'enseignement qu'elles reçoivent, beaucoup de choses mauvaises de l'enseignement donné aux garçons, choses que la routine empêche cependant de réformer tout d'un coup. M. E. Legouvé, de l'Académie française, a publié dans la *Revue* de M. Sée (1), un très intéressant article dans lequel, à propos de l'enseignement de l'histoire, il discute un point capital : il dit que ce n'est pas l'affaire des lycées de filles d'imiter les lycées de garçons, bien au contraire. L'enseignement des lycées de garçons a, quelque bien organisé qu'il soit, un défaut d'une importance extrême : le baccalauréat (2). Cet examen est une épée

---

1. *Revue*, etc., mars 1884.
2. Le baccalauréat est l'examen subi par les élèves à la fin de leurs études ; bien qu'il soit depuis longtemps en France l'objet de la désapprobation générale, on ne

de Damoclès suspendue au-dessus de toutes les études; elle leur imprime une fausse direction; cet examen pose comme but de l'instruction l'observation du principe « *un peu de tout, plus ou* « *moins mal* », au lieu du principe fécond « *peu de choses très bien* ». Quelque chose de l'esprit du baccalauréat s'est glissé dans le règlement d'administration publique pour l'exécution de la loi C. Sée. Au lieu de traiter les deux périodes sur le même pied, il eût été préférable d'abréger l'une au profit de l'autre, afin de donner, dans la dernière plus de profondeur à l'enseignement. Ce danger inhérent à la nature de la chose, et qu'on a su habilement écarter des autres parties du programme, était très difficile à éviter en ce qui concerne l'histoire; il est vrai qu'on observe un progrès considérable dans la rédaction du programme, comparativement à celui des lycées de garçons; les défauts du plan d'études pour les jeunes filles disparaîtront avec le temps, au fur et à mesure que le personnel enseignant se recrutera parmi les élèves de l'Ecole normale de Sèvres. L'organisation tout entière de cette excellente école profite autant à la quantité qu'à la qualité du savoir, et quoique, ainsi que nous le verrons plus tard, l'examen de l'agrégation, pour les maîtresses, comprenne une partie historique très importante, j'ai appris, de la bouche même d'un homme des plus compétents, que le Conseil supérieur se proposait déjà de modifier le programme sur ce point, l'histoire formant, chose complètement inconnue chez nous, le point central autour duquel pivote, en France, tout l'enseignement dans les lycées des filles; ces questions ont un intérêt plus immédiat que nous ne pouvons le croire.

Un autre reproche que M. Legouvé adresse également au programme d'histoire, c'est d'avoir fait une part relativement minime à l'exposé des progrès accomplis pour le sexe féminin ; M. Legouvé voudrait que, dans l'enseignement des filles, on accordât une place particulière aux portraits des femmes célèbres d'autrefois; il a créé le mot *féminiser* l'instruction.

L'enseignement de l'histoire est généralement confié aux meilleures maîtresses qui, la plupart du temps, sont chargées en même temps du cours de langue et de littérature françaises. Quelques

---

peut se décider à le réformer; le principal reproche qu'on lui fait, c'est de n'être pas en rapport avec l'enseignement donné au lycée. Il en résulte des conséquences dont on pourra se rendre compte en lisant le livre de K. Hillebrand : *La France et les Français pendant la seconde moitié du* XIXe *siècle ;* Paris, Dreyfous, 1880, p. 84 et suiv.

connaissances positives de plus ou de moins importent peu ; ce qu'il faut, c'est que la maîtresse à qui est confié le cours d'histoire soit par sa manière d'être, par son débit, capable d'échauffer les élèves; qu'elle ait assez de sens philosophique pour tirer de l'événement une leçon, assez de tact pédagogique pour faire ressortir le côté moral et les conséquences des faits. Le cours d'histoire ne se fait pas plus que les autres au moyen d'un manuel. La maîtresse doit composer un résumé, ainsi qu'elle a appris à le faire dans ses exercices à Sèvres, puis faire sa leçon d'après ce résumé ; l'élève prend des notes qui, une fois qu'elle sera en étude, c'est-à-dire sortie de la classe, lui permettront de rédiger un devoir. En assistant à des cours de cette nature, j'ai remarqué l'habileté avec laquelle les maîtresses savent les mettre à la portée de l'esprit des élèves et les rendre attrayants aussi bien pour la forme que pour le fond; c'est encore là une preuve des avantages que les Français retirent de leur goût naturel pour la disposition habile du récit et pour la bonne diction. Les maîtresses formées à l'école de Sèvres sont généralement supérieures aux autres maîtresses; les qualités d'élocution et de disposition qu'elles ont apprises à cette école portent leurs fruits dans les lycées. On attache peu d'importance aux nombres et aux dates, sans que j'aie pu cependant observer des fautes grossières, comme des confusions de siècles. Tout l'enseignement historique tend à exciter et à entretenir le patriotisme ; mais le patriotisme que l'on cultive aujourd'hui dans les écoles françaises n'est plus, comme autrefois, le vain culte de soi-même ; tous les efforts tendent à découvrir les anciennes faiblesses et les fautes commises sans chercher à les excuser, à mettre impitoyablement à nu toutes les plaies du passé, tous les vices du caractère national ; on voit que la nation française, dans l'éducation qu'elle donne à la jeunesse, se soumet à un jugement sévère; et si, dans bien des écoles, si dans bien des livres classiques les Allemands sont parfois peu flattés, il faut reconnaître cependant que ce n'est pas un parti pris: j'ai vu beaucoup de livres d'école dans lesquels les Allemands sont expressément cités comme des modèles pour l'amour du travail et l'esprit d'union. Notre persévérance dans la poursuite de l'idée à réaliser, notre clairvoyance sont vantées plus peut-être que de raison ; ces qualités ont fait notre grandeur, elles rendront aussi, dit-on, sa grandeur à la France déchue. Je suis fermement convaincu que lorsque la jeunesse qui occupe actuellement les bancs des écoles publiques sera arrivée à maturité, un tout autre esprit animera la nation ; les grands succès de politique extérieure, une supériorité manifeste dans bien des branches de la science et de la puissance humaine, ont autrefois ébloui les Français et les ont gonflés d'une vanité qui ne porte que trop à voir dans le passé une garantie pour l'avenir. Depuis une dizaine d'années, tout cela a fait place à une juste appréciation des fautes commises, et si les gens âgés éprouvent quelque peine à se défaire des anciens préjugés, ceux qui ont en main la direction des affaires publiques prennent soin d'en préserver la jeunesse.

L'enseignement de la *géographie* est étroitement lié à celui de l'histoire ; il n'occupe point une place indépendante. L'ancienne indifférence à l'égard de la géographie, un des principaux défauts de l'enseignement des lycées de garçons, et dont le programme des études primaires a su se défaire, n'a pas, dans les lycées de filles, complètement disparu. La première période ne s'occupe que de géographie élémentaire, la seconde que de géographie commerciale et économique et de cosmographie ; la cosmographie a été d'ailleurs entièrement séparée de l'histoire et rattachée aux mathématiques. Le programme de géographie est singulièrement rédigé : il a été à peine discuté, et même la *Revue* de M. Camille Sée, où toutes les matières du programme ont été examinées par des plumes autorisées, l'a presque passé sous silence. Toutefois, les examens des aspirantes au professorat montrent, ainsi que nous le verrons plus loin, que l'administration est disposée à donner plus d'importance à l'enseignement de la géographie, convaincue qu'elle est de son utilité. La preuve en est dans l'abondance du matériel géographique distribué aussi bien aux écoles primaires que secondaires de jeunes filles.

Voici les principaux articles du programme de géographie.

PREMIÈRE PÉRIODE

Ire *année : Notions élémentaires de géographie générale.*

Globes et planisphère. Cartes de géographie. L'atmosphère. Vents alizés et vents variables, moussons, cyclones. — Climats.

La mer, marées, courants. Le fond des mers. Régions polaires. Les continents.

Comparaison des principaux traits de la géographie physique dans les cinq parties du monde. Montagnes, plateaux et plaines ; fleuves, lacs.

Les races humaines.

Les cinq parties du monde. Configuration et limites. Mers. Golfes. Détroits. Caps. Iles. Presqu'îles.

Relief du sol. Grandes chaînes de montagnes. Fleuves et lacs. Animaux et plantes remarquables.

Principaux États. Capitales et villes principales. Grands ports de commerce. Colonies européennes. Les grandes lignes de navigation.

Histoire sommaire des découvertes géographiques.

II° année : Géographie de l'Europe.

1° *Géographie générale de l'Europe.* — Configuration. Limites. Dimensions.

Les mers. Description des côtes.

Relief du sol. Variétés des formes. Système orographique. Des principales chaînes. Plateaux et plaines.

Fleuves et rivières. Lacs.

Climats maritimes et continentaux.

2° *Description particulière des États de l'Europe.* — Géographie physique et politique, agriculture, mines, industries, voies de communication, commerce.

Races, langues, religions, forces militaires.

III° année : Géographie de la France.

Configuration, dimensions, superficie de la France.

Mers qui la baignent. Description des côtes.

Ports de commerce et ports militaires.

Les frontières de la France. Défenses naturelles et places fortes.

Relief du sol. Chaînes de montagnes.

Plateaux et plaines. Régime des eaux. Climat. Température. Vents dominants.

Formation territoriale de la France. Anciennes provinces. Organisation actuelle : communes, cantons, arrondissements, départements.

Pouvoirs publics. Administration centrale; les ministères.

Routes. Chemins de fer. Canaux.

Algérie et possessions coloniales de la France.

II° PÉRIODE.

V° année : *Géographie économique des cinq parties du monde.*

1° *Afrique, Asie, Océanie et Amérique.* — Populations, émigrations.

Colonies européennes.

Productions les plus importantes de l'agriculture, des mines, de l'industrie. Voies de communication. Commerce.

2° *Europe.* — Agriculture. Mines. Industrie. Commerce. Voies de communication fluviales, continentales et maritimes.

Superficie comparée des Etats. Leurs principales productions. Densité des populations.

3° *France.* — Agriculture : zones, régions agricoles, rapports de l'agriculture avec la géologie et le climat. Productions.

Industries. Mines. Carrières. Les grandes industries françaises. Voies de communication : canaux, routes, chemins de fer. Postes et télégraphes. Population : densité, mouvement. Influence de l'état physique ou économique des régions sur le groupement de la population. Description économique de l'Algérie et des colonies françaises. Relations avec la métropole.

Je donne ici le programme de cosmographie, en le séparant de celui des mathématiques.

IV° année.

La terre. — Forme et dimensions. — Rotation, pôles ; équateur ; méridiens ; parallèles. — Longitude et latitude.

Aplatissement.

Du soleil. — Ses dimensions, sa distance à la terre. — Constitution physique, rotation, taches. — Lumière zodiacale.

Planètes. — Loi de l'attraction universelle. — Mouvement de translation de la terre.

Notions sur les planètes. — Mercure, Vénus, Mars, Jupiter, Saturne, Uranus, Neptune.

Des satellites. — Lois de leur mouvement.

De la lune. — Son mouvement autour de la terre. — Phases. — Constitution physique.

Des comètes. — Détails sur les plus importantes.

Étoiles filantes ; bolides.

Des étoiles. — Principales constellations.

Nébuleuses. — Voie lactée.

Étoiles doubles, étoiles variables ou temporaires.

V⁰ année.

Sphère céleste. — Mouvement diurne. — Détermination de la longitude et de la latitude d'un lieu. — Mesure du temps. — Jour sidéral.

Déplacement du soleil sur la sphère céleste. — Ecliptique. — Zodiaque. — Equinoxes. — Solstices.

Temps solaire vrai et moyen.

Inégalité des jours et des nuits. — Saisons. — Climats. — Zones.

Année tropique. — Année civile. — Calendrier. — Corrections julienne et grégorienne.

De la lune.

Phases. — Lumière cendrée.

Notions sur les éclipses. — Marées.

Planètes. — Lois de Képler. — Gravitation universelle. — Etoiles doubles.

En examinant ce programme au point de vue de la valeur de sa méthode, il ne faut pas oublier que l'on suppose acquises les connaissances que l'on doit se procurer dans les écoles élémentaires, soit qu'il s'agisse de l'école primaire proprement dite, soit qu'il s'agisse des classes préparatoires annexées à la plupart des lycées. De là vient que nous remarquons l'absence dans ce programme du principe que nous formulons par « vom Näheren zum Ferneren » (du proche à l'éloigné), principe qui est cependant fidèlement suivi dans tout ce qui est du domaine de l'enseignement primaire. La méthode, autant que j'ai pu m'en assurer par moi-même, est identique à la nôtre : le livre, c'est la carte. De plus, il y a dans chaque classe un tableau noir sur lequel les limites des départements français sont indiquées par un trait indélébile ; c'est sur ce tableau que la maîtresse dessine la leçon : les rivières, les villes, les montagnes. Ce dessin est effacé après la leçon, et les élèves doivent le reproduire dans la leçon suivante. En outre, le tracé des cartes à main levée est recommandé tout particulièrement aux élèves ; les cartes imprimées qui, chez nous, sont généralement employées, sont au contraire peu utilisées en France. J'ai été, à l'occasion de visites dans des écoles primaires de Paris, surpris de l'habileté avec laquelle les jeunes filles françaises réussissent dans ce genre de dessin, comme dans tous les autres. Dans presque toutes les compositions que j'ai vues, j'ai remarqué une grande justesse de coup d'œil, une précision parfaite des contours et une remarquable netteté d'exécution. Je ne crois pas cependant que l'utilité de ces cartes soit en rapport avec le temps qu'elles exigent.

Ajoutons maintenant quelques observations sur l'enseignement des *mathématiques*, qui, nous l'avouons, sont étroitement liées au programme de géographie. L'enseignement des mathématiques dans les lycées comprend : l'arithmétique, l'algèbre, la géométrie plane et la géométrie dans l'espace. Ces matières ne sont obligatoires que dans la première période ; elles sont renfermées dans d'étroites limites ; on ne leur consacre qu'un petit nombre de leçons. On commence par récapituler ce que les élèves ont appris dans les écoles préparatoires qui suivent des programmes divers. En arithmétique on commence par les quatre règles et on va jusqu'à la racine carrée des nombres entiers, et aux règles d'intérêt simple. La géométrie plane se termine par le théorème de Pythagore et les propositions relatives aux moyennes proportionnelles. Dans la deuxième période, l'enseignement des mathématiques est entièrement facultatif. L'arithmétique est poussée jusqu'aux progressions arithmétiques et géométriques : en même temps les jeunes filles étudient l'algèbre jusqu'aux équations du second degré. La géométrie s'augmente des théorèmes relatifs à la circonférence et au calcul des polygones réguliers. Dans la cinquième année, on étudie la géométrie dans l'espace, mais seulement dans le but de donner aux jeunes filles les notions les plus générales sur les proportions des corps, au sujet desquels on leur donne également quelques notions sur la symétrie et la similitude (1).

On ne peut pas dire qu'un tel programme surmène l'esprit des jeunes filles. Dans les cours obligatoires, l'arithmétique est poussée bien moins loin que chez nous et surtout les élèves ont beaucoup moins l'occasion de faire des exercices pratiques. L'algèbre, au contraire, est une matière dont l'introduction dans l'enseignement des jeunes filles nous inspire une certaine crainte ; cependant, il n'est pas douteux que la pratique des équations constituerait pour l'esprit des jeunes filles une gymnastique à la fois agréable et utile.

A propos des programmes des *sciences naturelles* nous ne nous occuperons pas seulement de la botanique, de la zoologie et de la physiologie, que les programmes français désignent le plus souvent sous le titre général de *sciences naturelles* ; mais aussi de la

---

1. M. Rebière a fait une étude sur ce programme dans la *Revue*, etc., I, p. 310 et suiv.

physique et de la chimie, bien que ces dernières soient l'objet d'études distinctes.

L'étude des *sciences naturelles* commence, en 1re année, par des notions élémentaires sur les animaux et les plantes. Ces notions seront données à l'aide d'objets mis entre les mains des élèves, et avec des dessins exécutés sous leurs yeux. Elles seront très utilement accompagnées d'excursions. Le 1er semestre (hiver) est consacré à l'étude de la zoologie, le 2e semestre (été) à l'étude de la botanique.

Ire année. — I. Zoologie : Différences des êtres vivants et des corps inanimés. — Les animaux et les végétaux.

Animaux. — Animaux ayant des os. — Animaux dépourvus d'os. — Animaux à coquille. — Animaux ayant l'apparence de plantes.

Les grandes divisions du règne animal.

Vertébrés. — Mammifères, oiseaux, reptiles, batraciens, poissons. — Conformation générale du corps adaptée au mode d'existence.

Invertébrés. — Mollusques, rayonnés, etc.

Insister plus particulièrement sur les insectes vulgaires. Leurs métamorphoses. — Histoire des abeilles, des fourmis, du ver à soie et des papillons.

II. Botanique : *Les parties essentielles de la plante.* — Examen d'une plante fleurissant au printemps (telle que la Giroflée). — Ses principaux organes : racines, tige, feuilles, fleurs.

Germination d'une graine. — Premier développement des organes de la plante, feuilles nourricières (cotylédons), etc.

Comparer entre elles quelques plantes prises pour exemples (telles que : Giroflée, Haricot, Jacinthe) et y faire reconnaître les organes analogues.

Fleur. — Calice, corolle, étamines, etc.

Nutrition des plantes. — Familles de plantes; applications des plantes dans la vie journalière. (Le programme indique l'ordre dans lequel doivent être étudiées les diverses plantes).

Dans la *IIe année*, on ajoute à ces études des notions élémentaires de Géologie. On montre aux élèves les principales sortes de pierres; on insiste particulièrement sur l'importance de la terre végétale. La formation de la surface terrestre, sur laquelle la géographie a déjà donné quelques notions, trouve ici son explication historique. Action destructive de l'eau; formation des vallées et des côtes. Infiltration : Sources, puits, puits artésiens, pluie, torrents, rivières, fleuves, lacs, mers. Terrains d'alluvion, formation des deltas ; glaciers, pétrification, formation de la houille et de la tourbe, volcans et éruptions, sources thermales, tremblements de terre. Tels sont les principaux points sur lesquels porte l'enseignement de la géologie, enseignement qui vient compléter heureusement celui de la géographie. — Dans la même année, on continue l'étude de la botanique et de la zoologie, mais d'après une division que nous hésiterions à admettre dans le programme d'une école visant à une instruction générale. Les animaux et les plantes sont répartis en deux catégories : ceux qui sont utiles à l'homme, ceux qui sont nuisibles. On donne un aperçu de l'emploi des matières organiques dans l'industrie et le commerce. Le tout est terminé par un rapide énoncé de la distribution géographique de la faune et de la flore.

En *IIIe année*, on aborde l'étude de la PHYSIOLOGIE. On commence par donner des notions élémentaires qui seront utilisées dans le cours d'hygiène, dont nous parlerons plus loin. On insiste particulièrement sur les points suivants : Nutrition, absorption, digestion, respiration, système nerveux (périphérique et central), transmission des impressions sensitives de la périphérie au centre et inversement, le mouvement, les os et les muscles, les organes des sens, la voix.

Ces idées générales sont, en *IVe année*, rendues plus précises par l'étude du corps humain et de ses fonctions. La digestion : bouche, dents, suc gastrique, etc.; les sens digestifs et leur action sur la graisse, le sucre, etc.; la circulation, le cœur, les artères, les veines, etc.; la respiration, les poumons, la poitrine, l'inspiration, l'expiration. Le mouvement : le squelette, les muscles. Relations des muscles avec le système nerveux. La voix : l'instrument de la voix, le chant, la parole. — Les organes des sens : importance et fonction du système nerveux dans la sensation. Le toucher, la peau, l'odorat, le goût, l'ouïe. La vue : composition de l'œil, myopie, presbytie. — *Physiologie végétale :* Sève ; nourriture et respiration des plantes. Formation des matériaux de la plante à l'aide des matières inorganiques. Mode d'accroissement des tiges et des racines. Germination (air, eau, chaleur, etc.).

En *V^e année*, les leçons de physiologie deviennent facultatives. On revoit, en les développant, les matières de l'année précédente ; au moyen d'une étude systématique et comparative, on obtient une base méthodique, selon les principes généraux des classifications en histoire naturelle.

On voit, par cette terminaison du programme des sciences naturelles, que le Conseil supérieur de l'Instruction publique n'a pas voulu seulement, en donnant une place si importante à ces matières, permettre aux élèves d'acquérir des connaissances positives. M. Paul Bert lui-même était trop philosophe pour cela. Peu de naturalistes modernes ont montré avec autant d'éloquence et d'éclat la grande valeur, au point de vue de l'éducation, de l'histoire naturelle, les avantages qu'offrent surtout la zoologie et la botanique pour améliorer l'esprit de comparaison et de classification, c'est-à-dire pour donner de la logique au raisonnement. Ce qui caractérise bien l'intention du Conseil supérieur, c'est la recommandation qu'il a faite, pour les bibliothèques des lycées, de l'excellente étude de Huxley sur l'Ecrevisse.

Voici à peu près en quoi consiste le programme de physique.

III° année. — Propriétés générales des corps. Pesanteur. Poids des corps. Balances. Poids spécifiques. Equilibre des liquides. Presse hydraulique. Principe d'Archimède. Aréomètre de Nicholson. Propriétés générales des gaz. Pression atmosphérique. Baromètre. Loi de Mariotte. Machine pneumatique. Pompes. Siphon. Aérostats. Notions très élémentaires de mécanique. Machines simples.

IV° année. — *Chaleur.* — Dilatation des corps par la chaleur. Thermomètre. Température. Changement d'état des corps. Fusion. Solidification. Vaporisation. Tension de la vapeur. Production de la glace. Etat hygrométrique de l'air. Brouillards. Pluie. Neige. Rosée. Propagation de la chaleur par rayonnement et conductibilité. Chauffage des appartements.

Acoustique. — Production des sons. Vitesse du son dans l'air, dans les solides et dans les liquides. Réflexion du son. Echo. Qualités du son. Mesure de la hauteur d'un son. Intervalles musicaux. Gamme. Propriétés des cordes vibrantes.

V° année. — *Magnétisme.* — Aimants naturels et artificiels. Pôles. Attractions et répulsions. Action directrice de la terre sur les aimants. Méridien magnétique. Déclinaison. Inclinaison. Boussole de déclinaison.

Electricité. — Production de l'électricité par le frottement. Corps conducteurs, corps isolants. Electroscopes. Bouteille de Leyde. Electricité atmosphérique. Eclairs, tonnerre, paratonnerre. Galvanoplastie. Eclairage électrique. Galvanomètre. Télégraphe électrique. Téléphone.

Optique. — Propagation de la lumière. Ombre. Pénombre. Réfraction de la lumière. Miroirs plans et courbes. Prisme

Arc-en-ciel. Chambre noire. Œil. Loupe. Microscope. Télescope.

À cette étude vient se joindre, en 3º et en 5º année, celle de la chimie, à raison d'une heure par semaine; l'enseignement est restreint à des notions élémentaires, par exemple sur les sels, les métaux, les alcools, en raison de leur utilité et de leur emploi dans la vie journalière et même en cuisine.

On attache, dans les nouveaux établissements, une grande importance à l'étude des *langues vivantes*; par là on entend l'allemand et l'anglais. Une seule de ces langues est obligatoire bien qu'il ne soit pas interdit à une élève de les apprendre simultanément. L'étude des langues étrangères est, on le sait, introduite depuis peu dans les programmes français. La grandeur politique et littéraire des siècles précédents dispensait les Français de la peine d'étudier un autre idiome que le leur; d'ailleurs, tous les étrangers instruits savent, de nos jours, le français Jamais, si ce n'est depuis quelques années, on n'a considéré, en France, l'étude des langues modernes comme un élément d'instruction : le grec, et principalement le latin, jouissaient, à cet égard, d'une préférence exclusive. Dans les lycées, les professeurs d'anglais et d'allemand étaient le plus souvent les souffre-douleur de l'établissement; et aujourd'hui si on demandait à un Français, d'un âge mûr, s'il s'est occupé de langues vivantes au collège, il trouverait la question étonnante et pourrait bien se contenter de répondre par un sourire. Les jeunes Français se livraient, et se livrent souvent encore, pendant les leçons, à des amusements du genre de ceux dont le souvenir nous égaye quand nous pensons aux leçons de chant qu'on nous donnait au lycée. Dans les établissements où les élèves se préparaient à des carrières exigeant moins de sciences, dans les *Ecoles centrales* par exemple, on eut plus vite recours, pour les langues vivantes, à des professeurs capables. Mais, là encore, on ne se rendait qu'imparfaitement compte de leur utilité(1). Depuis quelques années, les idées sur ce point ont éprouvé un grand changement ; ce sont surtout les malheurs de la guerre qui ont inspiré à des hommes préoccupés du bien général la conviction qu'il était désirable de faire une large place à l'enseignement

---

1. C'est ainsi que lorsque le Directoire proposa, en messidor an II, au Conseil des Cinq-Cents, la création de postes de cette nature pour les Ecoles centrales, Mercier s'écria : « On demande maintenant des professeurs de langues vivantes : je croyais qu'il n'y avait plus qu'une langue en Europe, celle des républicains français. Qu'avons-nous besoin de la langue efféminée de l'Italie, de la langue des esclaves de l'Allemagne? » Cf. Hippeau (*Revue*, etc., III, 55).

des langues vivantes, et principalement à celles que nous avons nommées plus haut. M. Michel Bréal a, dans son livre, que nous avons cité ci-dessus, fait de cette question une étude approfondie qui a eu une influence considérable sur la réforme de l'enseignement secondaire.

Dans le programme des lycées de jeunes filles, les langues vivantes sont placées immédiatement à la suite de la langue, de la littérature et de l'histoire nationales. Les motifs sur lesquels le Conseil supérieur de l'Instruction publique s'est basé, pour la rédaction du programme, peuvent être résumés à peu près comme il suit : Toute langue étudiée et enseignée dans les écoles a sa valeur propre comme élément d'instruction. Sous ce rapport, aucune langue moderne n'est comparable aux langues anciennes. Cependant l'étude de ces dernières s'interdit d'elle-même dans les écoles de jeunes filles (1). C'est pourquoi il faut les remplacer par les idiomes modernes, parmi lesquels il convient de prendre les langues germaniques de préférence aux langues latines : les langues germaniques s'écartent en effet davantage de la langue française et présentent par suite un génie propre. L'étude des langues germaniques aura d'abord une grande utilité matérielle ; indépendamment, en effet, des avantages éminemment pratiques qui peuvent résulter pour la jeune fille de la connaissance d'une langue étrangère, l'accès des littératures étrangères est d'un prix inestimable pour la femme. Les littératures anglaise et allemande sont préférables aux littératures latines, parce que, d'une part, elles conviennent mieux à l'esprit de la femme, et que d'autre part, la vie nationale et littéraire de la France tend de plus en plus à se conformer au génie des deux pays germaniques. — C'est pourquoi la durée des cours de langues vivantes, dans l'ensemble des cinq années, a été fixée à quinze heures par semaine.

La méthode suivie dans l'enseignement des langues diffère beaucoup de celle qui est généralement en usage chez nous. L'Administration tient essentiellement à ce que la maîtresse puisse parler couramment la langue qu'elle est chargée d'enseigner ; car on a adopté, en principe, la « méthode maternelle ». Il ne faut pas que l'enfant apprenne seulement par des exercices oraux la prononciation et l'accent tonique, il faut encore lui communiquer l'intelligence de la langue. Tout d'abord, on commence par des conver-

---

1. Le latin ne figure au plan d'études que pour 1 heure par semaine (facultative) en 4ᵉ et en 5ᵉ année.

sations très faciles au moyen d'objets servant aux leçons de choses ; la maîtresse doit éviter, autant que possible, de se servir de mots français : elle doit y suppléer par des gestes ou des images. En même temps commence la lecture à haute voix, pour laquelle on ne se préoccupe pas tout d'abord de corriger toutes les fautes. Naturellement, on ne peut se passer de la grammaire : les conjugaisons et les déclinaisons doivent être étudiées, dès la première année, avec les premiers paradigmes.

Des traductions sont faites en grand nombre, soit de vive voix, soit par écrit. A partir de la troisième année, l'enseignement tout entier est donné dans la langue étrangère étudiée. On fait les plus grands efforts pour donner aux élèves un vocabulaire aussi riche que possible : dans ce but, on procède par induction, en groupant les mots selon les idées qu'ils représentent. En quatrième année, les élèves commencent à composer de petits devoirs et des lettres Le vocabulaire s'enrichit par des lectures soit courantes, soit mêlées d'explications ; on s'arrête également à la dérivation et à la composition des mots. Les éléments de la prosodie terminent cette quatrième année. Dans la dernière année enfin ont lieu les véritables exercices de conversation dans lesquels la maîtresse s'entretient avec les jeunes filles sur un grand nombre de questions touchant la vie ordinaire ou la vie de l'école. On joint à cela une esquisse rapide des principaux faits relatifs à l'histoire de la littérature et de la langue.

La lecture n'a pas de bornes rigoureusement déterminées par le programme ; chaque maîtresse reste libre de choisir les livres qui lui conviennent le mieux. D'ailleurs, une liste a été dressée par le Conseil supérieur, avec beaucoup de discernement. Voici les titres de quelques-uns des ouvrages :

Ire année. — Miss Yonge, *La Colombe dans le nid de l'Aigle*. — Miss Edgeworth, *Contes choisis*. — Aikin et Barbauld, *Soirées à la maison*. — Dickens, *Petite Histoire d'Angleterre* (les premiers chapitres). — Schmid, *Contes*. — Krummacher, *Paraboles*. — Niebuhr, *Temps héroïques de la Grèce*.

IIe année. — Choix de fables de Gay, Pope, Couper. — Miss Planché, *Histoire d'un rayon de soleil*. — W. Scott, *Récits d'un grand-père*. — De Foë, *Robinson*. — Kingsley, *Héros grecs*. — Herder et Liebeskind, *Feuilles de palmier*. — Lessing, *Fables*. — Benedix, *Comédies choisies* dans le *Théâtre de famille*.

IIIe année. — Wash. Irving, *Voyages de Christophe Colomb*. — Dickens, *Contes de Noël, la petite Dorrit*. — Miss Mulock, *John

Halifax. — Tennyson, *La grand'mère*. — Grimm, *Contes*. — Chamisso, *Pierre Schlemihl*. — Schiller, *Oncle et Neveu*. — Wildermuth, *Romans choisis*. — Musæus, *Contes*.

IVe année. — Macaulay, *Histoire d'Angleterre* (tome Ier). — Dickens, *David Copperfield*. — Scott, *Romans choisis*. — Tyndall, *L'eau et ses formes*. — Longfellow, *Evangeline*. — Schiller, *La Révolte des Pays-Bas, Guillaume Tell*. — Gœthe, *Iphigénie*. — Poésies choisies de Schiller et de Gœthe. — Lectures historiques et géographiques.

V^e année. — Macaulay, *Essais biographiques*. — Shakespeare (Edition de famille). — Milton (Edition de famille). — Byron (Extraits). — Tennyson (Extraits). — Longfellow, *Poèmes*. — Schiller, *Guerre de Trente ans, la Mort de Wallenstein*. — Gœthe, *Hermann et Dorothée*. — Poésies lyriques du XVIIIe et du XIXe siècle.

Il n'est guère possible de juger les résultats de cette méthode particulière des langues vivantes, résultats qui sont encore imparfaitement connus. Les élèves sont préparées à cette étude de diverses manières; beaucoup ont, à la maison, des bonnes anglaises ou allemandes; d'autres reçoivent, avant leur entrée au lycée, des leçons particulières. Cependant, d'après ce que j'ai vu, il est permis de se louer du résultat. J'ai entendu des élèves de 4e année s'exprimer assez facilement en allemand, langue qu'elles avaient apprise par les seules leçons du lycée; ce qui m'a frappé, c'est une certaine disproportion entre la rapidité d'élocution et la correction, ce qui provient, sans doute, de la complication de notre syntaxe. En ce qui concerne l'anglais, la prononciation surtout laissait à désirer.

Je crois qu'il est inexact de dire que les Français sont moins aptes à apprendre les langues étrangères que les autres peuples. Le dédain absolu dont les langues étrangères ont été l'objet dans l'organisation des écoles a causé dans la nation une certaine indifférence à l'égard de ces langues; l'absence de toute notion préliminaire faisait que le Français semblait presque incapable d'apprendre une langue étrangère; par hasard, il en abordait l'étude. Ce que l'on vante chez les Russes comme une aptitude remarquable pour les langues n'est guère autre chose que le résultat de l'habitude qu'ils ont de se familiariser de bonne heure avec les idiomes étrangers. Si ce n'étaient les bonnes tirées de l'Allemagne ou de la Suisse et généralement introduites dans les grandes familles, ce prétendu talent des Russes pour le maniement des langues étrangères serait bien moins remarqué; c'est du moins la conviction que m'ont laissée les conversations que j'ai eues à ce sujet avec des Russes très instruits et parfaitement capables de juger de la question. Quant aux Français, non seulement j'en ai vu instruire, mais j'en ai instruit moi-même, et je suis convaincu qu'ils ne le cèdent pas en moyenne aux Allemands pour l'aptitude naturelle pour les langues étrangères. On rencontre déjà dans toutes les professions un grand nombre de jeunes gens parlant assez bien l'allemand et l'anglais ; c'est principalement dans les rangs de l'armée que l'allemand est le plus répandu : on voit que les Français renoncent à leurs anciens préjugés.

Les matières dont nous venons de parler constituent la partie la plus importante du programme des lycées de jeunes filles. Voyons maintenant les matières secondaires.

Droit usuel (1/2 heure par semaine, 5º année). — Dans ces leçons, on donne aux jeunes filles un aperçu très sommaire des questions les plus importantes du droit civil, principalement en ce qui concerne la femme. L'utilité d'un tel enseignement ne peut laisser de doute à personne : Fénelon l'a déjà constaté. En faisant remarquer aux jeunes filles l'importance de certains contrats, en leur en montrant les conséquences, on leur fait comprendre des choses dont l'ignorance pourrait plus tard leur être funeste. L'enseignement embrasse les points suivants :

V° année. — I. Le pouvoir législatif. Confection et publication des lois.

II. Notions de droit civil : 1° *La famille et l'état des personnes*. L'état civil et les actes de l'état civil. *Le mariage. Conventions matrimoniales* : exposé des divers régimes matrimoniaux. *La puissance paternelle*, la minorité, *la tutelle* et l'émancipation. — 2° *Le régime des biens*. La propriété. Les modes de transfert de la propriété. Les servitudes, *l'usufruit* — 3° *Les successions, les donations et les testaments*. Successions *ab intestat*. Testaments. Donations entre-vifs, donations entre époux, partages d'ascendants. Limites apportées à la liberté de tester ou de donner. — 4° *Des obligations*. Les contrats. Responsabilité à raison d'actes ou de négligences volontaires et dommageables à autrui. Les sûretés réelles et le régime hypothécaire : *l'hypothèque légale des femmes mariées*.

III. *Notions d'organisation judiciaire*. — Juridictions civiles et répressives. Juridictions commerciales. Tribunaux administratifs. Composition, fonctionnement et compétence des diverses juridictions.

IV. *Notions de droit commercial*. — Les commerçants. Les sociétés de commerce. La lettre de change. Le chèque.

V. *Notions générales sur l'administration.* — Les grands services de l'Etat : impôts et finances, armée, instruction publique. Tableau d'ensemble de l'administration départementale et communale.

Cette instruction, on le voit, présente beaucoup d'analogie avec certaines parties de l'enseignement de la morale et correspond à l'enseignement civique des garçons.

Une matière enseignée dans un but purement pratique, et qui figure au programme en raison de la destination immédiate de la femme, c'est l'*économie domestique*. Mme Henry Gréville, célèbre par les romans qu'elle a composés et par son manuel d'instruction morale et civique pour les jeunes filles, a consacré à cette question un essai très intéressant (1). Elle cherche à démontrer que cet enseignement est une partie indispensable du programme. Mes lectrices (si j'en trouve) verront, par le résumé qui suit, ce que doivent, en France, enseigner aux jeunes filles les maîtresses, pour la plupart demoiselles et qui n'ont jamais tenu un ménage.

IIIe année. — Emploi du temps, soins du ménage. Entretien du mobilier, des étoffes et du linge. Lessive et repassage. Notions élémentaires de cuisine. Comptabilité du ménage.

Ve année. — Du rôle de la femme dans la famille, sa part dans l'administration de la maison. Nécessité de l'ordre, de la prévoyance et de l'économie. *De l'habitation* : Choix, disposition de l'habitation. *De l'ameublement et des vêtements* : Entretien. Raccommodage. Emploi des machines à coudre. Lessive et repassage. *Des achats en général* : Provenance des principaux objets de consommation usuelle ; époques auxquelles il convient de faire les achats. *De l'alimentation* : Ordre et composition des repas. *Gouvernement de la maison* : Choix et surveillance des serviteurs. Choix et direction du personnel dans les maisons nombreuses, les exploitations agricoles ou industrielles. Les maisons de campagne. *Comptabilité du ménage* : Budget des recettes et des dépenses. Dépenses nécessaires. Dépenses inutiles. Livres à tenir. Epargne ; assurance sur la vie. *Du luxe* : Ses dangers. Du goût dans la tenue de la maison. Dignité du foyer domestique.

On ne saurait louer ni blâmer un tel enseignement. Mme Campan, ainsi que nous l'avons vu un peu plus haut, a tout d'abord compris cet enseignement dans son programme : elle l'en a fait ensuite disparaître, ne l'ayant pas trouvé suffisamment utile. La

---

1. *Revue,* etc., I, 40.

valeur de cet enseignement dépendra toujours de la capacité de la personne chargée de le donner.

On hésitera moins à se familiariser avec l'enseignement de *l'hygiène*. Le programme laisse de côté ce qu'on appelle l'hygiène publique pour ne s'occuper que de ce qui concerne la maison et l'individu. Déjà en 1872 on a introduit, dans les lycées de garçons, des cours élémentaires d'hygiène « Ces cours, a dit le rapporteur de la Commission du Sénat, sont bien plus nécessaires encore dans les écoles secondaires de filles. » Cette idée a été très vivement soutenue par le D' Proust, membre distingué de la Faculté de médecine de Paris (le même qui a tant fait parler de lui à l'occasion de la récente apparition du choléra à Paris). Il vante l'enseignement de l'hygiène comme un progrès pour le bien de la société humaine. L'enseignement comprend beaucoup de choses avec lesquelles les élèves se sont déjà familiarisées par l'étude des sciences naturelles, mais qui leur sont présentées à un autre point de vue. Le programme est le suivant:

III° année. — De l'hygiène : son but, son utilité. Hygiène de la première enfance. Hygiène scolaire. Influence des attitudes sur les déformations du corps. Action de l'éclairage sur la vue. Hygiène de la voix. La parole, la lecture, le chant. Hygiène de la vie sédentaire. Hygiène des professions manuelles. Travail des enfants dans les manufactures. De l'air. Impuretés de l'air : poussières, substances gazeuses, miasmes. Des climats. Des divers éléments qui entrent dans la constitution des climats. Température. Courants atmosphériques et maritimes. Influence de l'altitude. Variations annuelles de la température. Variations diverses. Influence de l'humidité, des pluies. Des eaux potables. Moyens pratiques de conserver et de purifier les eaux. Des eaux impures et malsaines. Des aliments et de l'alimentation. Aliments d'origine minérale, végétale et animale. Aliments usuels : farine, pain, viande, œufs, lait, beurre, graisses, huiles, légumes, fruits, alcool, vins, bière, cidre, thé, café, chocolat. Leurs qualités nutritives. Préparation et conservation des aliments. Leurs altérations. Poisons métalliques dans les conserves. Des vêtements. Adaptation. Le vêtement véhicule des germes morbides. Des cosmétiques. Leurs dangers. Des bains. De la propreté corporelle. Des exercices corporels (marche, course, équitation, etc.). Des habitations. Exposition. Cube d'air. Ventilation. Chauffage. Gaz. Éclairage électrique. Action sur l'œil des rayons diversement colorés. Des modes de transmission de quelques maladies contagieuses. Précautions à prendre pour les prévenir. Isolement et désinfection.

La *gymnastique* fait suite à l'hygiène. Deux classes se réunissent pour recevoir en commun l'enseignement de la gymnatisque ; chaque semaine il y a deux leçons (en dehors des heures régulières de classe).

Jusqu'à l'entrée de M. Paul Bert au ministère, il existait une Commission centrale de gymnastique et d'exercices militaires, qui datait du temps de M. Duruy. Cette Commission a rédigé trois petits manuels d'après lesquels l'enseignement de la gymnastique est encore donné aujourd'hui, en tant qu'il existe encore, car bien des changements ont été opérés dans les écoles de garçons. M. Paul Bert a supprimé la Commission créée par M. Duruy et l'a remplacée par deux autres composées chacune de quarante membres : « Commission d'éducation militaire et gymnastique ; — Commission de l'hygiène des écoles. » Ces Commissions sont peu favorablement disposées pour l'enseignement de la gymnastique, qu'elles ont remplacée par le puéril amusement des bataillons scolaires. Mais les jeunes filles font toujours de la gymnastique selon la méthode de M. Duruy. J'ai eu le plaisir d'assister à une leçon de gymnastique donnée par M. Laisné, le principal promoteur et le juge le plus compétent de l'enseignement de la gymnastique donné aux jeunes filles en France, et qui, malgré ses quatre-vingt-trois ans, est encore plein de vigueur. Il y a tout lieu de croire que M. Laisné a été consulté pour la rédaction du programme. Le mérite principal de la gymnastique est, pour M. Laisné, l'utilité sanitaire réunie à l'assouplissement du corps et à son développement plastique, ce qui est plus important encore pour les filles que pour les garçons. Les exercices de marche rythmée sont les plus nombreux. D'ailleurs, les mouvements des jambes sont toujours accompagnés de mouvements des bras. Dans ce but, M. Laisné a fait l'ingénieuse invention du xylofer. Cet appareil consiste en un bâton d'environ 0^m,80 de long divisé par une bague en deux parties inégales ; on saisit le xylofer par la partie la plus petite, et une boule mobile, faite d'un bois assez léger, glisse au bout opposé selon la direction imprimée au bras ; le continuel déplacement du centre de gravité fait faire au corps de l'élève les mouvements les plus gracieux. Les bras étant ainsi presque toujours levés, la poitrine est dégagée et les poumons respirent à leur aise. Tous les mouvements sont d'ailleurs dirigés en vue de ralentir la respiration et de lui donner de la profondeur.

Le manuel publié par le ministère nous permet de juger, dans leur ensemble, les principes d'après lesquels la gymnastique est enseignée en France ; ces principes sont les mêmes pour les écoles de filles de toutes les catégories.

Le manuel est divisé en deux parties : 1° gymnastique sans appareils; 2° gymnastique avec appareils. Cette dernière partie est destinée seulement aux Écoles normales primaires. Dans la première partie, il faut remarquer tout particulièrement des observations générales sur la meilleure manière de respirer. Un des résultats les plus importants que l'on se propose d'obtenir dans l'enseignement de la gymnastique, c'est de fortifier les organes de la respiration ; la force de ces organes est la condition essentielle d'une bonne exécution des mouvements. L'inspiration doit toujours se faire par le nez et l'expiration par la bouche. Dans les mouvements à cadence lente on recommandera d'aspirer fortement, au moment où les bras sont levés au-dessus de la tête. Pour les mouvements à cadence rapide, on recommandera d'aspirer profondément, parce qu'alors les poumons présentent toute leur surface à l'air. Avant de passer aux exercices proprement dits, il faut examiner avec soin le maintien de chaque élève. Il importe de remarquer deux fausses positions qui peuvent avoir de fâcheuses conséquences, principalement pour les femmes : d'abord, les jeunes filles aiment à renverser la tête, ce qui relève le menton ; elles croient ainsi se tenir bien droites ; il faut au contraire que le menton se porte vers la gorge. En second lieu, et toujours dans l'intention de se tenir droites, les femmes avancent le ventre, ce qui creuse les reins. Cette position doit être interdite ; les épaules seules doivent être rejetées en arrière, le reste du corps conservant sa position naturelle. Ce qui est plus difficile à éviter, ce sont les déformations qui peuvent résulter pour les jeunes filles de leur position en classe ; à cet égard, on tiendra rigoureusement la main; 1° à ce que les reins ne soient pas rentrés, mais légèrement tournés en dehors ; 2° à ce qu'en écrivant le poids du corps ne porte pas tout entier sur le bras gauche, ce qui leur fait avoir une épaule plus haute que l'autre (1). La première partie du *Manuel* s'occupe également des divers exercices de marche et de mouvements qui, à peu de différence près, correspondent à ceux

---

1. Le Dr Dally, qui a fait une étude sur la gymnastique dans la *Revue* (IV, p. 264) affirme que 80 % au moins des jeunes filles de douze à dix-huit ans, par suite de leur position en écrivant, ont l'épaule gauche plus haute que la droite.

qui sont en usage chez nous. La deuxième partie est moins intéressante pour nous ; elle traite des barres parallèles, des cannes, des échelles de corde et de bois (verticales et inclinées), ainsi que des autres appareils dont le nombre est peu considérable (1).

Il nous reste encore à jeter un coup d'œil rapide sur l'enseignement du *dessin* dans les lycées de filles. Dans les trois premières années, il figure parmi les matières obligatoires (3 h. par semaine) ; il devient facultatif dans les deux dernières années où le même nombre d'heures hebdomadaires lui est consacré. Le but de l'enseignement est que toute jeune fille qui aura fait ses études au lycée, soit capable de reproduire rapidement et sûrement la forme des objets qui lui tombent sous les yeux, c'est-à-dire qu'elle sache manier le crayon comme la plume.

La 1re *année* est consacrée entièrement au dessin linéaire, sans le secours ni de la règle ni d'aucun autre instrument. Des explications remplissent à peu près exclusivement les premières leçons. Le maître est au tableau et les élèves à leurs places. Les jeunes filles reproduisent le dessin tracé par le maître, qui explique brièvement, mais très nettement, les caractères principaux de son dessin. Après avoir examiné et corrigé le dessin reproduit par les enfants, le professeur efface au tableau et le fait reproduire par une élève. Cette reproduction, corrigée par une autre élève, est effacée à son tour et les élèves doivent reproduire ensuite le dessin sur leur cahier. Les notions élémentaires de dessin consistent en ce qui suit : 1° explication du dessin fait par le maître ; 2° reproduction de ce dessin sur le cahier ; 3° nouvelle reproduction par les élèves, d'abord au tableau, puis, de mémoire, sur le cahier. — Lorsque ces exercices ont donné quelque sûreté aux élèves, le maître commence, en dessinant, à montrer en même temps le modèle et à faire remarquer aux élèves les points les plus importants de l'art du dessin (ligne d'horizon, point de vue, etc.). On procède de même pour les ornements simples et pour les feuillages naturels dont on expose avec soin quoique sommairement l'anatomie.

En 2e *année* on commence le dessin d'après la bosse (ornements grecs et romains les plus simples. Etude de la plante sur des

---

1. *Manuel de gymnastique* à l'usage des écoles primaires et secondaires de filles et des Écoles normales primaires d'institutrices. Imprimerie nationale, 1884, chez Hachette, Berger-Levrault et Cie, 60 centimes.

feuillages naturels). On copie de bonnes estampes pour commencer l'étude de la tête. Exercices de perspective.

En 3e *année*, on aborde l'étude de la tête d'après la bosse. Chaque fois que l'on change de modèle, la maîtresse donne des explications et le dessin n'est commencé que lorsqu'on s'est assuré que les élèves ont vu juste. Dessin de fleurs d'après nature.

4e *année*. Notions d'architecture. Perspective et ombres. Leçons orales sur l'anatomie, les proportions du corps humain, les caractères de la beauté. Copie de fleurs et feuillages combinés. Principaux styles d'architecture.

5e *année*. Continuation des exercices de l'année précédente. Dessin d'après le plâtre. Compositions personnelles d'ornements sur porcelaines, éventails, étoffes, broderies, meubles.

A l'enseignement du dessin est joint celui de l'*histoire de l'art*, auquel on consacre, chaque semaine, en 3e année, l'une des trois heures de dessin. Le programme en est trop vaste pour pouvoir être détaillé ici. Le choix et l'ordre des matières sont d'ailleurs assez difficiles à justifier. Le cours débute par un aperçu général sur l'histoire de l'art français depuis le xiiie siècle, par une définition générale de ce qu'on appelle une œuvre d'art et par les grandes divisions de l'histoire de l'art ; puis tout d'un coup on passe à l'art égyptien et assyrien ; viennent ensuite l'art grec, l'art dans le monde hellénique, l'art étrusque, l'art romain. L'art des premiers temps du christianisme, l'art byzantin et l'art arabe servent de transition pour l'étude du style gothique en France, en Allemagne, en Italie. On fait connaître les plus grands peintres et sculpteurs des trois derniers siècles ainsi que leurs écoles. On ne comprend pas que ce programme, déjà trop chargé, ait encore paru insuffisant à un juge aussi compétent que M. Louis Enault (1), et qu'il ait voulu l'augmenter encore de l'étude de l'art mexicain, japonais et chinois. L'enseignement de l'histoire de l'art sera naturellement accompagné de visites aux musées. Mais comment fera-t-on dans les petites villes de province ?

Ce plan d'études, considéré dans son ensemble, est certainement propre, s'il est convenablement suivi, à donner à la jeunesse féminine une instruction solide et, dans un certain sens, complète. Les trois matières principales : langue, littérature et histoire nationales, langues étrangères, sciences naturelles, occupent une place proportionnée à leur importance : que la plus grande place

---

1. *Revue*, III, p. 45 et suivantes.

ait été donnée à la première de ces trois matières, nous ne pouvons, nous Allemands, que le trouver naturel ; dans nos écoles secondaires de filles, en effet, nous cherchons également à développer avant tout le sentiment patriotique des élèves, résultat qui ne peut être obtenu par un meilleur moyen que l'étude de la littérature et de l'histoire nationales. Les langues vivantes constituent en France une partie importante, il est vrai, du programme ; mais non pas, comme chez nous, une partie intégrante. En ne rendant obligatoire que l'étude d'une seule langue vivante, on a pu se contenter d'un petit nombre d'heures par semaine, ce qui enlève, même aux critiques les plus sévères, tout prétexte de condamner le programme pour raison de surmenage. Les sciences naturelles jouissent, dans les lycées français, d'une plus grande faveur que dans nos écoles de filles ; cette faveur est due, moins à la conviction du Conseil supérieur de l'Instruction publique, qu'à l'influence fortuite de certains hommes qui voient dans l'étude de ces sciences la destination exclusive de l'homme. Mais dans mon séjour en France j'ai pu me convaincre que, lors de la revision des programmes, la part faite aux sciences naturelles pourra subir une notable réduction qui, dans tous les cas, est à souhaiter. Personne en effet, dans quelque pays que ce soit, ne soutiendra que la destination de la femme oblige celle-ci à une connaissance de toutes les parties des sciences naturelles aussi approfondie qu'elle résulte du programme détaillé ci-dessus. En Allemagne, nous donnons également aux jeunes filles l'occasion d'examiner les principaux phénomènes et aspects de la vie animale et végétale, de la physique et de la chimie, mais seulement dans la mesure du strict nécessaire et en vue d'une instruction générale. La femme ne nous paraît guère appelée à connaître que le côté esthétique et même utilitaire des choses ; nous réservons aux hommes l'étude scientifique de la nature. Même au point de vue de l'instruction en général, il me semble douteux que les sciences naturelles puissent rendre les mêmes services que par exemple les langues et l'histoire ; sans doute elles fortifient et développent les facultés intuitives ; les comparaisons, les classifications que nécessite l'étude de l'histoire naturelle donnent de la rigueur au raisonnement ; toutefois les grands avantages que présentent les études d'histoire, de langues et de géographie au point de vue de l'instruction ne sauraient être égalés par ceux que l'on retire de l'étude des sciences naturelles. Pour la vie intime de la femme la possession d'une instruction littéraire, au sens large du mot, a inflniment plus de prix que des connaissances dans les sciences naturelles.

Il ne faut pas oublier, en jugeant les programmes français, que beaucoup de ces matières ont été rendues facultatives par le Conseil supérieur de l'Instruction publique ; par conséquent il dépend des parents que leurs enfants apprennent plus ou moins de sciences naturelles ; c'est sans doute cette considération qui a fait adopter par la Commission l'ensemble du programme tel qu'il a été rédigé.

Dans cette division de l'enseignement en matières obligatoires et facultatives, j'ai plus d'une raison de voir un avantage important des lycées français sur nos écoles secondaires de filles. Cette division n'existe pas pour les trois premières années où l'instruction est uniforme pour toutes les élèves ; mais dans les deux classes supérieures le nombre des matières obligatoires est sensiblement diminué, et la jeune fille ou ses parents peuvent choisir les matières qu'ils jugent le plus convenables pour ses goûts et ses aptitudes. De cette façon l'enseignement est approprié à chaque individu. De plus, on empêche ainsi le surmenage, ce qui est éminemment utile à cet âge (15 et 16 ans). Dans nos écoles, toutes les élèves sont astreintes à un même nombre d'heures (de 30 à 32) ; on n'accorde de dispense dans la plupart des écoles que sur la production d'un certificat de médecin. Comme on use fréquemment de ces dispenses, il en résulte un certain trouble dans la marche des études ; mais c'est là le moindre des inconvénients. La nature de la femme exige beaucoup plus de ménagements que celle de l'homme : on nous permettra d'accorder à cette maxime, basée sur l'opinion de pédagogues expérimentés, une importance plus grande qu'à un jugement isolé. Le principe de l'égalité dans l'école ne convient guère aux jeunes filles ; comme on ne peut se passer d'écoles, il faut bien tenir compte des dispositions personnelles et ménager les goûts individuels. Le surmenage, que des revues pédagogiques et des journaux politiques reprochent à nos écoles secondaires de filles, ne tient pas à une trop grande exigence des programmes de telle ou telle matière, mais bien plutôt, à ce qu'il me semble, à une variété de matières trop considérable pour que chaque élève puisse être astreinte à s'intéresser à toutes, si tant est qu'on puisse imposer l'intérêt. C'est en toute connaissance de cause que nous exigeons des garçons un certain abandon de leurs goûts personnels et que nous leur imposons l'étude de matières très différentes, afin de les rendre capables d'exercer les fonctions qui les attendent. Mais ce qui, chez les garçons, est *discipline*, risque de constituer pour les jeunes filles un *dressage*. En France où l'on a toujours, plus que chez nous, approfondi le caractère de la femme, on s'est rendu à cette vérité ; chez nous, au contraire, les écoles de filles ressemblent trop, sous ce rapport, aux écoles de garçons tout en ne suivant pas le même programme. C'est là un mal qui ne disparaîtra de notre enseignement que lorsque l'Etat aura, comme en France, pris en main l'enseignement des filles, lorsque nous aurons au Ministère des hommes spécialement chargés de diriger cette partie importante de l'instruction publique, après en avoir fait l'objet d'une étude approfondie. Mais, je n'ai pas pour objet dans ce livre de parler de l'enseignement public des jeunes filles en Allemagne ; j'espère y consacrer ultérieurement un ouvrage.

II

Il me reste maintenant à consacrer quelques paragraphes à l'organisation extérieure des nouveaux lycées.

Nous avons déjà vu que le règlement d'administration publique préparé par le Ministère ne répondait pas entièrement aux intentions du législateur ; en ce qui concerne notamment le nombre des années d'études, qu'on avait voulu rendre égal à celui des lycées de garçons, la différence est très sensible; cette différence l'est encore plus pour ce qui regarde les conditions à remplir pour l'admission dans les classes secondaires et l'organisation des classes primaires. Ces dernières, dont la loi a laissé la création facultative, ont été considérées par les hommes les plus compétents, par

M. Gréard lui-même (1), comme indispensables pour l'obtention de bons résultats dans les nouvelles écoles. « La nécessité des classes « élémentaires, dit M. Gréard, n'a pas besoin d'être démontrée..... « Un établissement d'enseignement secondaire sans classes « élémentaires qui lui soient propres, est un édifice sans fonda- « tion. Ce qui était prévu comme une tolérance ne peut manquer « de devenir la règle. » Or, s'il n'était pas au pouvoir du Conseil supérieur de transformer en obligation le caractère facultatif de ces classes primaires, cette assemblée aurait pu, au moins, assurer au lycée un recrutement d'élèves convenablement préparées en mettant l'examen d'admission en harmonie avec le programme de la première année. Il n'en a été rien fait. Une partie des membres du Conseil n'était pas sans inquiétude sur l'avenir des nouveaux établissements; c'est ce qui a fait que, en vue d'assurer une population scolaire suffisante, les exigences des examens d'admission dans les écoles secondaires se réduisent à fort peu de chose. Un arrêté du 28 juillet 1882 (2) a décidé que cet examen porterait seulement sur les matières du cours moyen de l'enseignement primaire obligatoire, c'est-à-dire que l'on demanderait un peu d'orthographe et de grammaire, ainsi que des notions très générales sur l'histoire et la géographie de la France. M. Camille Sée aurait voulu surtout que cet examen comportât également quelque connaissance des langues étrangères; il voit dans ces dernières une des différences fondamentales entre l'enseignement primaire et l'enseignement secondaire; c'est pourquoi il désire voir commencer l'enseignement secondaire avec la 8e année comme pour les garçons (3). C'est ce qui explique enfin l'intention de l'auteur de la loi d'organiser les classes primaires de telle façon que leur programme tout entier correspondît au plan d'études des classes secondaires. Il est indiscutable que les examens d'admission ont peuplé la classe inférieure des lycées d'élèves très inégalement préparées: ce qui prouve que les élèves, pour avoir satisfait à l'examen, ne sont pas instruites au même degré. Sans doute, le nombre des élèves admises est très considérable, mais leur qualité est très variable; il faut reconnaître qu'il y a sur ce point une lacune à combler dans l'organisation. Toutefois il est permis de croire que

---

1. Cf. *Revue*, etc., I, 481-483.
2. Cf. C. Sée, *Lycées et collèges de jeunes filles*, p. 480.
3. Cf. à ce sujet le plan d'études des lycées français : *Plans d'études pour l'enseignement secondaire classique*, etc. Paris, Delalain, 1880, p. 1.

cette lacune se fera moins sentir avec le temps, les lycées tendant de plus en plus à s'annexer des classes primaires. Conformément à l'arrêté rappelé ci-dessus, le programme de ces classes est fixé par la directrice et les maîtresses de chaque établissement, sous réserve de l'approbation du recteur.

Comme nous l'avons vu, les classes secondaires sont divisées en deux périodes : la 1re comprend les 1re, 2me et 3me années; la 2me, les 4me et 5me années. A la fin de la 1re période, on subit une épreuve plus importante qu'un simple examen de passage ; le succès de cette épreuve est constaté par la délivrance du certificat d'études secondaires de 3me année. Ce diplôme, qui donne aux études l'apparence d'un tout complet, ne nous paraît pas être une institution heureuse : l'obtention de ce diplôme détermine, en effet, beaucoup d'élèves à déserter le lycée après la 3e année, ce qui enlève aux établissements leur caractère d'unité.

A la fin de la 5me année est placé l'examen de sortie ; subie avec succès, cette épreuve donne droit au diplôme de fin d'études secondaires. On se demande quel peut être le but d'un examen particulier aux établissements d'instruction pour les jeunes filles, établissements créés en vue d'une instruction générale et non de la préparation à une carrière déterminée. Ce diplôme ne donne à celles qui en sont pourvues aucun droit, si ce n'est celui de se présenter au concours d'admission à l'École normale nationale de Sèvres ; mais ce droit s'obtient également par d'autres examens qui peuvent être subis dans les mairies. Cependant les jeunes filles, aussi bien que les parents, ont un intérêt indéniable, quoique purement platonique, à posséder un titre qui constate qu'elles ont suivi avec succès les cours du lycée. Un arrêté ministériel du 28 juillet 1882 a fixé les conditions de cet examen. On s'est vivement défendu de l'intention de vouloir imiter l'examen du baccalauréat des lycées de garçons, examen si vivement blâmé depuis quarante ans, mais qui n'en est pas moins scrupuleusement conservé. Le principal inconvénient du baccalauréat a été d'ailleurs heureusement évité : la Commission d'examen se compose de la directrice et de trois maîtresses du lycée auquel s'adjoint un délégué de l'autorité académique. L'aspirante, étant personnellement connue de ses examinateurs, trouve dans ce fait la meilleure garantie contre l'incroyable dureté du baccalauréat où l'élève est inconnu à ses juges. Les prescriptions concernant la manière de subir l'examen sont pour nous choses secondaires et de peu d'intérêt. L'examen se compose d'une partie écrite et d'une partie orale. La première comprend trois devoirs (composition française sur un sujet de l'histoire et de la littérature ; — composition sur un sujet scientifique ; — version de langues vivantes). Pour donner une idée exacte de cette épreuve, je vais citer les sujets proposés, à la fin de l'année scolaire 1883-84, au lycée de Lyon, l'un des mieux dirigés (1) :

1) Développer et justifier par des exemples pris dans les principales tragédies de Corneille et de Racine ce jugement de La Bruyère : « Corneille est plus moral, Racine plus naturel. »

2) 1° : Effets chimiques dans les piles et dans un courant extérieur ; — 2° Principaux phénomènes de réfraction de la lumière.

3) Langues vivantes : 1° Thème anglais (Lettre de Rousseau à M. de Lastic, 20 décembre 1754) ; 2° version anglaise (un morceau relativement difficile d'environ 20 lignes d'impression).

Je citerai encore un sujet de composition française donné au lycée de Montpellier : « Discuter et apprécier cette maxime de La « Rochefoucauld : La vertu n'irait pas si loin, si la vanité ne lui « tenait souvent compagnie. »

Le personnel administratif et enseignant des lycées se compose et fonctionne de la manière suivante.

La Directrice. — Pour être nommée Directrice, il faut, outre des qualités personnelles, la possession de l'un des titres ci-après : agrégation pour l'enseignement secondaire des jeunes filles, certificat d'aptitude pour le même enseignement, licence ès lettres ou ès sciences, certificat d'aptitude à la direction des Écoles normales, diplôme de fin d'études secondaires des jeunes filles, brevet primaire supérieur.

Les personnes pourvues seulement du diplôme de fin d'études ou du brevet primaire supérieur ne peuvent être nommées que si elles comptent au moins dix ans de services dans l'enseignement.

La Directrice est chargée de l'administration générale du lycée ; elle prend part à l'enseignement ; tout le personnel lui est subordonné. Elle doit surveiller, par un contrôle régulier et personnel, l'exécution des règlements et la marche de l'enseignement. Elle visite les salles de classe et d'étude, elle examine chaque jour le journal de classe et, une fois par semaine, les cahiers de texte des élèves. Elle préside les réunions mensuelles des professeurs ; on ne peut traiter dans ces réunions que de questions relatives à la

---

1. Directrice : Mme Desparmet-Ruello, femme très instruite, notamment en ce qui concerne les sciences naturelles. Cf. sur le lycée de Lyon : *Revue*, V, 83.

discipline et à l'enseignement. La Directrice dresse, de concert avec l'assemblée des professeurs, les tableaux d'honneur mensuels et annuels ainsi que la liste des ouvrages à distribuer en prix. Elle est seule chargée de la correspondance administrative. (Elle correspond avec le Recteur par l'intermédiaire de l'inspecteur d'académie.) La Directrice envoie deux fois par mois au Recteur un rapport sur la population du lycée et sur la situation générale de l'établissement. Tous les trois mois, elle fait un rapport particulier sur la conduite et le travail des élèves boursières. La Directrice est chargée de la conservation des archives. Elle tient: un registre d'entrée et de sortie des élèves; — un livre d'inscription des élèves par catégorie. Elle doit veiller, de concert avec l'Econome, au payement régulier de la rétribution scolaire. De même que les Proviseurs, elle a la surveillance générale des recettes et des dépenses. A la fin de chaque mois, elle vérifie la caisse et tous les trimestres l'inventaire.

L'Econome est responsable de tout ce qui concerne les finances et le mobilier; toutefois le matériel scientifique est plus particulièrement confié aux soins de la maîtresse qui en fait usage. Les comptes de gestion de l'Econome sont jugés par la Cour des comptes. L'Econome choisit, après entente avec la Directrice, tout le personnel des agents inférieurs de l'établissement, à l'exception du concierge qui est nommé par le Recteur.

Les professeurs (les maîtresses). — Les *dames professeurs titulaires* des lycées sont choisies parmi les agrégées. Des professeurs hommes de l'enseignement supérieur et de l'enseignement secondaire peuvent être délégués dans un cours. Les *maîtresses chargées de cours* doivent être pourvues soit du certificat d'aptitude à l'enseignement secondaire des jeunes filles, soit de l'une des licences ès lettres ou ès sciences, soit du certificat d'aptitude à l'enseignement des langues vivantes. Les *institutrices primaires*, si elles sont pourvues d'un brevet, sont nommées sur la proposition de la Directrice et du Recteur. Les professeurs titulaires et les maîtresses chargées de cours assistent régulièrement aux réunions mensuelles. Toutes les fois que le professeur impose une punition qui doit avoir lieu hors de sa présence, il en prévient la Directrice. Il remet tous les huit jours à la Directrice des notes sur la conduite, le travail et le progrès des élèves. — Les répétitions particulières doivent être autorisées par la Directrice.

Les maîtresses répétitrices. — Ces équivalents féminins des célèbres « pions » des lycées sont placés, toutefois, dans une situation un peu meilleure. Les maîtresses répétitrices doivent être pourvues du diplôme de fin d'études secondaires ou du brevet supérieur de l'enseignement primaire. Elles veillent à la discipline et sont nécessairement chargées d'un enseignement. Elles peuvent aussi remplacer temporairement les professeurs malades ou empêchés. Elles surveillent les élèves pendant les récréations et dans les salles d'étude où elles contrôlent leur travail. Elles consignent leurs observations sur un cahier qui est remis au professeur au commencement de chaque classe.

Il y a dans chaque lycée une maîtresse répétitrice par groupe de 30 élèves. Lorsque le nombre des élèves dépasse 100, l'une des maîtresses répétitrices peut être déléguée dans les fonctions de surveillante générale. En cas de faute grave, les maîtresses répétitrices peuvent être suspendues par le Recteur pendant un mois. Pendant cet intervalle, la maîtresse répétitrice peut se pourvoir auprès du Ministre.

Pour être admise dans un lycée de jeunes filles l'élève doit être âgée de six ans au moins, et avoir subi avec succès l'examen d'admission dont il a été question ci-dessus; les demandes d'inscription sont adressées à la Directrice et accompagnées:

1° De l'acte de naissance de l'élève;

2° De son certificat de vaccine;

3° Des certificats délivrés par les directrices des établissements où elle a commencé ses études. Lorsque le bon ordre et la discipline l'exigent, la Directrice peut, de sa propre autorité, refuser l'admission d'une élève; elle rend compte au Recteur des motifs de son refus.

Les punitions qui peuvent être infligées aux élèves sont:

1° L'inscription au livre de classe;

2° La tâche extraordinaire, qui ne peut consister que dans la rédaction d'un devoir ou la récitation d'une leçon;

3° L'exclusion momentanée de la classe;

4° La réprimande par la Directrice;

5° L'exclusion temporaire du lycée, la durée de l'exclusion ne devant pas excéder 8 jours;

6° L'exclusion définitive.

Cette dernière punition ne peut être prononcée que par le Recteur (quand l'élève est titulaire d'une bourse nationale, l'exclusion ne peut être prononcée que par le Ministre).

A ces punitions correspondent de nombreuses récompenses, qui montrent l'importance attachée par l'administration de l'Instruction publique en France à l'émulation dans les lycées. Ces récompenses sont :

1° La bonne note ;
2° L'inscription des devoirs au cahier d'honneur de la classe;
3° L'inscription au tableau d'honneur mensuel ;
4° Le *satisfecit* délivré au nom de la Directrice.

Les bonnes notes sont lues à la fin de chaque semaine, en classe, par la Directrice. En outre de ces récompenses, qui sont décernées, soit dans la classe même, soit devant toutes les élèves, l'État donne lui-même un grand nombre de prix, dont la distribution se fait solennellement en présence du Recteur et à la suite d'un concours annuel; les résultats de ce concours sont déterminés par un calcul de « points » compliqué.

L'emploi du temps dans les lycées de jeunes filles est réglé ainsi qu'il suit :

De 8 h. à 9 h. — Classe ;
De 9 h. à 9 h. 15. — Récréation ;
De 9 h. 15 à 10 h. 15. — Classe ;
De 10 h. 15 à 10 h. 30 — Récréation ;
De 10 h. 30 à midi. — Étude, exercices gymnastiques, travaux à l'aiguille ;
De midi à 1 h. 30. — Dîner, récréation ;
De 1 h. 30 à 2 h. — Étude ;
De 2 h. à 3 h. — Classe ;
De 3 h. à 3 h. 15. — Récréation ;
De 3 h. 15 à 4 h. 15. — Classe ;
De 4 h. 15 à 5 h. — Récréation et goûter ;
De 5 h. à 6 h. — Étude.

Tout changement apporté, par suite de convenances locales, à cet emploi du temps doit être approuvé par le Recteur.

Les classes vaquent les jeudis, les dimanches et les jours de fêtes réservées. De même que dans les établissements secondaires de garçons, des congés sont donnés à l'occasion de Pâques et de Noël. Ces vacances profitent également à tout le personnel, avec cette réserve, toutefois, que la Directrice et l'Économe ne peuvent jamais s'absenter en même temps.

On ne passe d'une classe dans la classe supérieure qu'à la suite d'un examen subi devant les maîtresses de la classe que l'on vient de quitter, examen présidé par la Directrice. Cette épreuve est simplement orale ; toutefois, il est tenu compte des compositions faites pendant l'année.

En ce qui concerne la situation pécuniaire, les maîtresses des lycées de jeunes filles reçoivent un traitement à peu près égal à celui des professeurs des lycées de garçons ; naturellement, elles sont non seulement mieux rétribuées que les maîtresses allemandes, mais encore elles sont, en moyenne, mieux payées que les professeurs allemands des écoles secondaires de jeunes filles. Les directrices, comme les maîtresses, sont divisées en quatre classes, d'après l'ancienneté ; pour être promues à une classe supérieure il leur faut cinq ans d'exercice dans la classe inférieure ; mais ce n'est pas seulement le temps qui décide de ces promotions : on tient avant tout compte des aptitudes pédagogiques et professionnelles. Les traitements des directrices varient, selon les grades qu'elles possèdent ; en général les directrices (à l'exception de celles qui ne possèdent que des grades primaires) reçoivent un traitement qui varie de 4.500 fr. à 6.500 fr. (à Paris de 5.000 fr. à 7.000 fr.). Les professeurs titulaires pourvues de l'agrégation (ce qui correspond à notre examen *pro facultate docendi*) ont de 3.000 fr. (Paris 3.500 fr.) à 4.200 fr. (Paris 4.700 fr.); celles qui ne possèdent que le certificat d'aptitude, etc., reçoivent de 2.500 fr. à 3.400 fr. (à Paris de 3.000 fr. à 3.900 fr.); les institutrices primaires de 1.800 fr. (2.300 fr.) à 2.700 fr. (3.200 fr.). Les maîtresses répétitrices touchent seulement de 1.500 fr. à 2.400 fr. (de 2.000 fr. à 2.800 fr.), ce qui ne les empêche cependant pas d'être encore mieux traitées que la plupart des institutrices allemandes. — Dans les collèges de jeunes filles, établissements qui sont presque entièrement à la charge des communes, les traitements attachés aux diverses fonctions sont moins élevés, mais la différence est loin d'être aussi sensible qu'entre les traitements des professeurs des lycées et des collèges de garçons.

Nous voyons par ce qui précède que l'Etat espère confier peu à peu à des femmes tout l'enseignement dans les nouveaux établissements et se passer, autant que possible, du concours des professeurs hommes, concours cependant prévu par la loi. On se passera autant que possible des hommes ; mais je ne crois pas qu'on puisse jamais, dans n'importe quel pays, exclure complètement les hommes de l'enseignement sans en amoindrir les résultats. Je pense que, dans un avenir plus ou moins éloigné, il faudra, même en France, renoncer à ce système, bien que les femmes de ce pays aient plus d'initiative que celles des pays étrangers. Mais réservons cette question pour le chapitre suivant.

La question de l'internat qui, nous l'avons vu dans le chapitre II, a si fort ému le Parlement, n'a pas soulevé, dans la pratique, de grandes difficultés. Un grand nombre de villes ont, peu de temps après la fondation des lycées, souvent même avant, sollicité et obtenu du ministre l'autorisation d'annexer un internat. Le préjugé dont nous avons parlé plus haut, la coutume elle-même, sont trop puissants pour que la municipalité, même la plus radicale, puisse refuser cette concession, à moins de renoncer au lycée. Dans beaucoup d'autres villes, on a établi ce qu'on appelle le *demi-pensionnat* (1), sorte d'intermédiaire entre l'externat et l'internat. L'externat pur et simple existe dans un petit nombre de villes seulement, et, détail caractéristique, principalement dans le Nord, par exemple à Lille, Armentières, Cambrai, Abbeville, La Fère, Vitry-le-François, Charleville (2) ; l'externat existe cependant aussi dans quelques villes très républicaines du Midi ; celles-ci, toutefois, ont demandé l'autorisation d'y annexer éventuellement un internat. Actuellement, le nombre des lycées et collèges de jeunes filles créés ou en voie de création s'élève à 90 environ, et l'administration reçoit tous les jours de nouvelles demandes. Le prix de revient de ces établissements est parfois très élevé et l'on voit cependant que le gouvernement et celles des communes qui approuvent le principe de la loi C. Sée prennent la chose très à cœur. Le lycée de Paris (lycée Fénelon) revient, y compris l'achat du terrain, à environ 2 millions et demi de francs ; celui de Montpellier a coûté 656.567 fr. 02 ; le collège de Saumur a coûté 416.500 fr. Le crédit total, demandé et obtenu par le gouvernement, pour sa part contributive dans les dépenses, s'élève à 11.666.666 fr. et ce crédit était, au commencement de l'année 1884, engagé jusqu'à concurrence de 11.180.276 fr. Si l'on ajoute la somme de 9.000.000 de fr., y compris la valeur des terrains, que les villes et les départements ont fournie, on trouve que, dans les quatre premières années qui ont suivi la promulgation de la loi, il a été dépensé en France plus de 20.000.000 fr. pour l'amélioration de l'enseignement des jeunes filles. On a voulu donner aussi un témoignage extérieur de l'importance extrême attachée, dans l'intérêt général, à cette partie de l'instruction publique : pour cela on a construit, dans bien des villes, des édifices d'une grande beauté architecturale (Le Havre, Montpellier). A Paris, il n'existe, pour le moment, qu'une seule école secondaire

---

1. Ou externat surveillé, dans lequel les élèves demeurent l'après-midi et font leurs devoirs.
2. Dans toutes ces villes, les municipalités ont usé de la faculté d'annexer un internat à leur lycée ou collège de jeunes filles (*note du Traducteur*).

de jeunes filles fondée et entretenue par l'État ; on lui a donné le nom de lycée Fénelon, et en même temps, par le choix du personnel enseignant, etc., on lui a donné le caractère d'un établissement modèle. J'ajouterai toutefois que l'emplacement me paraît peu convenablement choisi ; il a été fondé rue Saint-André des Arts, rue vieille, malsaine, étroite et tortueuse, qui mène du côté droit de la place Saint-André des Arts à la rue Bonaparte et qui, par conséquent, se trouve dans un quartier dont la population ne semble guère destinée à fournir une clientèle à l'établissement. On a récemment projeté d'élever un lycée à Passy : c'est là un quartier où les familles riches et appartenant à la bonne société du parti républicain ne manqueront pas d'envoyer leurs filles suivre les cours du nouvel établissement. C'est d'ailleurs sur ces familles seules que les lycées doivent compter : le gouvernement et ses partisans ne se sont pas fait l'illusion de croire que jamais les royalistes et les cléricaux favoriseraient les lycées nationaux de filles ou, comme ils disent par dérision, les « gyné Sées ». Les couvents et les écoles privées congréganistes continueront à être chargés de donner l'enseignement secondaire aux jeunes filles appartenant à ces classes ; mais alors même que les écoles de l'État n'auraient d'autre résultat que d'obliger, par la concurrence qu'elles leur font, les écoles privées à se transformer, on ne pourrait encore que se féliciter du résultat. Dans tous les cas, ces institutions fondées par la troisième République méritent au plus haut point notre approbation ; il est de notre devoir de les recommander à l'attention de ceux qui nous gouvernent, et cela d'autant plus énergiquement que l'on n'a que trop souvent chez nous fait preuve d'indifférence à l'égard de cette question. Les plaintes formulées contre les défauts de l'organisation de nos écoles secondaires de filles ne cesseront, je ne puis que le répéter, que lorsque l'État lui-même aura fondé un certain nombre d'établissements types et fait contribuer au bien de l'enseignement des femmes son autorité et sa clairvoyance pédagogique.

LE COLLÈGE SÉVIGNÉ, A PARIS

Il nous paraît à propos de parler ici d'une école libre pour les jeunes filles dont l'organisation mériterait d'être examinée dans tous ses détails. Au moment de la préparation de la loi sur les lycées nationaux de filles, il s'était formé une Société dont le but était de créer, au moins à Paris, des écoles secondaires de jeunes filles. Des hommes très distingués, principalement des savants, ont mis au service de cette tentative non seulement leur nom, mais aussi leur talent. La fondation du collège Sévigné, rue de Condé, n° 10, fut le premier résultat des efforts de cette Société. M. Frédéric Passy et M. Michel Bréal, tous deux membres de l'Institut, et le dernier professeur au Collège de France, en sont encore aujourd'hui les soutiens : le collège Sévigné a servi, dans les parties essentielles, de modèle aux lycées nationaux ; le plan d'études, la répartition des matières entre chaque année et chaque classe, ont été, dans leur ensemble, empruntés au collège Sévigné. Nous trouvons cependant dans l'organisation de ce dernier bien des points qui s'écartent des intentions de M. C. Sée, et dont nous avons parlé plus haut. L'enseignement est confié presque entièrement à des hommes ; une partie seulement de l'enseignement des langues vivantes est donnée par des maîtresses. Les cours sont faits par des professeurs éminents, appartenant à d'autres écoles de Paris : M. Petit de Julleville, maître de conférences à l'École normale supérieure (littérature française) ; M. Dietz, de l'École alsacienne fondée également par une Société privée (langue et grammaire françaises) ; M. Roy, professeur à l'École des chartes et à l'École des hautes études (histoire) ; M. Heyberger, professeur au Conservatoire (chant), etc... A la tête de l'établissement est placée Mme Mathilde Salomon, femme qui réunit à un grand talent d'administration une grande valeur littéraire (voir ses écrits sur la Béatrice de Dante, etc.).

Les élèves sont réparties en 10 classes qui, dans les cours préparatoire et élémentaire, ne durent pas toutes une année, si bien que les jeunes filles de 6 à 18 ans peuvent fréquenter l'établissement. Les classes supérieures du cours élémentaire et les classes inférieures du cours supérieur correspondent, comme âge des élèves et comme programme, aux classes analogues des lycées nationaux. Voici, en résumé, le programme de l'établissement :

1. *Cours préparatoire* (6-8 ans) : Des leçons familières de morale, la lecture, l'écriture, le calcul, la grammaire française, les éléments de géographie générale, l'histoire sainte, les leçons de choses, l'allemand, le solfège, les travaux à l'aiguille.

2. *Cours élémentaire* (8-13 ans) : En outre des matières du cours précédent : l'arithmétique, les éléments de l'histoire de France,

l'histoire sommaire de l'Orient et de la Grèce, la géographie de la France et des éléments de géographie générale, des notions d'histoire naturelle, le dessin.

3. *Cours moyen* (13-16 ans) : En outre des matières traitées dans les années précédentes : la langue et la littérature françaises, l'anglais, l'histoire de France, la comptabilité et les éléments de la géométrie, la physique, la chimie, les sciences naturelles, le chant. Le latin (facultatif).

4. *Cours supérieur* (16-18 ans) : On ajoute dans ce cours aux matières précédentes : l'histoire générale, la géographie générale, la géométrie, l'algèbre, l'économie domestique.

Bien que l'établissement n'ait en but que l'instruction générale et qu'il soit, dans toute son organisation, principalement destiné aux enfants des classes élevées et riches, on ne dédaigne cependant pas de préparer aux examens de l'Hôtel de Ville (brevet simple et brevet supérieur) ; cela tient en grande partie à ce que, à Paris comme à Berlin, le bon ton commence à exiger qu'une jeune fille du monde ait subi ses examens d'institutrice. Jusqu'à présent, l'État a refusé aux jeunes filles pourvues du certificat d'études secondaires délivré par le collège Sévigné le droit de se faire inscrire aux examens d'admission à l'Ecole de Sèvres. Cependant, il est permis de croire que ce droit, en faveur duquel des hommes comme M. Michel Bréal plaident dans les journaux les plus importants (voir le *Temps* du 24 septembre 1884), ne tardera pas à être accordé au collège Sévigné.

Je tiens les résultats obtenus par ce collège pour meilleurs et plus importants que les résultats obtenus par les lycées de l'Etat ; non pas à cause, mais en dépit même de sa qualité d'établissement libre. Je base mon opinion sur ce seul fait que l'enseignement y est donné par des professeurs d'une capacité indiscutable et que ces professeurs sont des hommes. L'attention soutenue avec laquelle les élèves de toutes les classes suivent la parole du maître, l'ardeur qu'elles déploient pour le travail, ne se rencontrent pas au même degré dans les écoles de l'Etat. J'ai eu l'occasion de constater plus d'une fois ce fait lorsque, surtout du lycée Fénelon, j'allais visiter le collège Sévigné, qui en est peu éloigné ; j'ai pu me convaincre ainsi que, dans ce genre d'établissements, l'enseignement donné par un homme est beaucoup plus efficace (1) que celui donné même par la meilleure maîtresse.

---

1. Lorsque M. Wychgram a visité Paris, le lycée Fénelon venait de s'ouvrir

Le programme détaillé contenu dans le prospectus de l'école est, dans ses parties essentielles et jusqu'à la première année du cours supérieur, analogue à celui des établissements de l'Etat. Mais dans les deux dernières années il en diffère beaucoup. Un cours de grammaire historique, la lecture du *Discours sur la méthode* de Descartes, du *Criton* et du *Phédon* de Platon (en traduction) sont choses que l'on n'attend guère dans une école secondaire de filles. Cependant j'ai vu des jeunes filles de dix-huit ans suivre quelques-unes de ces matières avec un intérêt qui prouvait qu'elles les comprenaient, résultat dû uniquement au talent du professeur.

Comme champ d'expériences, et M. Michel Bréal lui-même n'est pas éloigné de considérer le collège Sévigné à ce point de vue, cet établissement semble devoir exercer une influence très considérable sur le développement des lycées de l'Etat qui pourront, comme cela a déjà été fait, profiter des résultats obtenus par le collège Sévigné ; peut-être les fondateurs de ce collège provoqueront-ils un jour un mouvement décisif contre l'emploi exclusif des femmes professeurs dans cet enseignement.

tandis que l'Ecole Sévigné existait depuis plusieurs années : dans ces conditions, il était difficile d'établir une comparaison probante entre les résultats obtenus dans les deux établissements (*note du Traducteur*).

CHAPITRE IV

LES ÉTUDES PRÉPARATOIRES DU PERSONNEL ENSEIGNANT
DES LYCÉES ET COLLÈGES

Bien que la loi du 21 décembre 1880 ait admis indifféremment des hommes et des femmes aux fonctions de professeur dans les nouveaux établissements, le Gouvernement n'en a pas moins l'intention de former peu à peu un personnel exclusivement féminin. Déjà la direction de tous les lycées et collèges actuellement existants est confiée à des femmes. Le Conseil supérieur de l'Instruction publique, autant que je puis le voir, n'a pas encore trouvé l'occasion de se prononcer sur la question, doublement importante en France, de savoir s'il est bon de n'employer que des femmes à la direction et à l'enseignement dans les établissements d'instruction pour les jeunes filles. Si la création d'internats eût été rendue obligatoire dans les lycées, il va de soi, étant données les idées qui règnent en France, que la direction n'aurait pu en être confiée qu'à des femmes. Mais l'externat est le caractère fondamental de ces établissements et l'internat n'est qu'un accident. La question change donc de face. Un externat est tout d'abord un établissement d'instruction; l'éducation n'y vient qu'en seconde ligne. Or, nous ne pensons pas que les qualités de la femme, même de la femme française, suffisent à la direction d'un tel établissement. La lettre de la loi admet les hommes au professorat des lycées de jeunes filles et cette admission sera effective, au moins pendant les dix premières années; c'est là une circonstance qui fait que la direction confiée à une femme ne me semble pas dans la nature des choses. On trouvera en effet difficilement un homme possédant un savoir de quelque valeur pour accepter, en matière d'enseignement, le jugement d'une femme. Il est cependant naturel et conforme à l'esprit des règlements relatifs aux devoirs des directrices que celles-ci impriment au fonctionnement du personnel une marche uniforme. En outre il me semble qu'il existe, dans la nature de la femme, des côtés incompatibles avec la direction d'un lycée. La nature de la femme est trop faite de sentiment, d'antipathie, d'inclination ; trop souvent la femme se décide plutôt d'après son instinct que d'après une froide appréciation. Ces conditions ne pourraient manquer d'exercer une influence sur les nombreuses questions de personnes que doit résoudre le chef d'un établissement d'enseignement. La stricte justice répugne au caractère féminin ; cette répugnance même constitue peut-être, au point de vue purement humain, un des plus grands charmes de la femme, mais est certainement un obstacle à l'accomplissement de ses devoirs administratifs. Je crois aussi qu'il est difficile de trouver une femme qui puisse diriger, avec un esprit philosophique suffisant, toutes les branches de l'enseignement. On peut exiger d'un chef d'établissement que, sans avoir des connaissances particulières sur chacun des points enseignés dans la maison qu'il dirige, il en sache cependant assez pour pouvoir juger des rapports et des points de contact des diverses parties du domaine scientifique. Il est rare de rencontrer une femme dont l'esprit se dégage suffisamment du détail pour embrasser l'ensemble. Bien qu'il existe, en France comme en Allemagne, plus d'une femme qui ait su s'assimiler un grand nombre de connaissances positives, je ne puis, d'après mes observations personnelles, dire que la force du discernement nécessaire pour distinguer entre l'essentiel et l'accessoire réponde à la valeur des connaissances. La constitution intellectuelle de la femme fait que celle-ci s'attache à une chose particulière, au-dessus de laquelle elle ne s'élève que très rarement : de là vient que les conditions indispensables lui font défaut pour l'enseignement secondaire. L'attribut caractéristique de l'esprit de l'homme est la faculté de poursuivre logiquement le développement d'une idée et par là de façonner et de fortifier la pensée de l'élève. C'est pourquoi je crois qu'en attribuant exclusivement aux femmes l'enseignement et la direction des lycées, on risque en France d'enlever sa première condition de succès à une œuvre fondée au prix de tant de sacrifices et sur laquelle on basait tant d'espérances. Heureusement, les mesures du Conseil supérieur ont trouvé bien des opposants parmi les hommes les plus compétents (1). Peut-être bien aussi que le temps et l'expérience feront

---

1. Cf. par exemple le livre déjà cité par nous de M. Dreyfus-Brisac : *L'éducation nouvelle, études de pédagogie comparée*. Paris, Masson, 1882.

revenir le Conseil supérieur sur sa décision. J'ai pu, je le répète, remarquer bien souvent que l'attention des élèves était bien plus soutenue, leur application au travail bien plus grande lorsque l'enseignement était donné par un homme que lorsqu'il était donné par une femme. Ce qui m'a surtout édifié à ce point de vue, ce sont mes visites au collège Sévigné, établissement fondé par la Société pour l'enseignement secondaire. L'enseignement y est donné par des hommes et les fonctions de la directrice (Mme Salomon) sont bien plus limitées que celles de Mlle Provost au lycée Fénelon, de Mme de Friedberg à Fontenay-aux-Roses.

Pour se conformer au vœu de la loi et rendre possible l'instruction des maîtresses destinées à enseigner dans les lycées, M. Camille Sée déposa, le 3 mars 1881, un projet de loi pour l'établissement d'une Ecole normale d'enseignement secondaire pour les jeunes filles. La proposition de M. Sée est conçue en ces termes :

ARTICLE PREMIER. — Il sera fondé par l'Etat une Ecole normale d'internes destinée à recruter des professseurs femmes pour les écoles secondaires de jeunes filles. Les jeunes filles seront admises par voie de concours et entretenues gratuitement à l'Ecole.

ART. 2. — Tout ce qui concerne le programme, la durée des études, le personnel, les conditions d'admission, les examens de sortie, sera déterminé par un règlement délibéré en Conseil supérieur de l'Instruction publique.

Cette proposition, qui a obtenu le bénéfice de l'urgence, a été approuvée sans modification par les deux Chambres, malgré les attaques dirigées contre l'internat, attaques particulièrement vives à la Chambre des députés, mais évidemment déplacées, eu égard à la nature de l'école en question.

L'auteur du projet de loi, en développant sa proposition à la Chambre des députés, concluait à ce que l'école fût établie, non à Paris, mais aux environs, dans un des anciens châteaux royaux A Paris, disait M. Sée, l'emplacement coûterait trop cher ; loin de Paris, on ne trouverait pas de professeurs convenables. Le 14 octobre parut l'arrêté ministériel fixant le programme de l'examen d'admission et décidant que la nouvelle école serait installée dans les bâtiments de l'ancienne manufacture de porcelaines de Sèvres. Ces bâtiments, élevés sous Louis XV, avaient été abandonnés pendant le second Empire, sous prétexte de délabrement. Cependant, les architectes, chargés par M. Ferry d'examiner l'état des bâtiments, en ont constaté la parfaite solidité. Lorsque, venant de Paris, on entre à Sèvres en passant le célèbre pont sur la

Seine et qu'on suit, pendant 500 mètres environ, la grande route de Versailles, on aperçoit, à gauche, l'école, située sur le versant des collines ; les bâtiments ne sont pas beaux, mais cependant ils imposent par leurs énormes dimensions. L'aménagement a coûté des sommes considérables, mais il répond aux exigences les plus minutieuses. Les salles de classes sont hautes et spacieuses ; l'air et la lumière y pénètrent facilement. Chaque élève (on a prévu un chiffre de 100 élèves) a une petite chambre particulière avec un lit et le mobilier nécessaire ; le travail, en dehors des heures de classe, se fait en commun dans les salles d'étude, où chaque jeune fille a sa place particulière ainsi qu'un placard fermant à clef. Les repas sont pris en commun dans un vaste réfectoire. En outre, des salons très joliment meublés et un piano sont à la disposition des élèves. La vie journalière n'est pas aussi minutieusement réglée que dans les autres internats. Les élèves, qui pour la plupart ont plus de vingt ans, jouissent d'une liberté relativement grande ; chacune peut travailler à son heure. Seules, les heures de cours et de repas sont fixées. Le gaz est éteint à une heure déterminée (11 heures du soir) et les veillées dans les chambres sont formellement interdites. La directrice, Mme Vve Jules Favre, cherche à donner au séjour dans l'établissement le caractère de la vie intime de la famille ; elle se conforme ainsi au vœu du ministère et de M. Legouvé, membre de l'Académie française, nommé inspecteur de l'école par le ministre. Le soir, elle réunit, dans son magnifique appartement (1), les jeunes filles qui peuvent alors converser sans contrainte. L'esprit qui préside au fonctionnement de l'école est dû au talent de la directrice ; je dois dire, non seulement d'après ce que j'ai vu, mais d'après même les témoignages recueillis de la bouche des élèves, qu'en choisissant cette dame on a fait plus qu'acquitter une dette patriotique : on a, on ne peut mieux, servi les intérêts de la nouvelle institution. Mme Jules Favre n'a qu'une faible action sur la marche de l'enseignement, qui est remis aux mains d'hommes éminents, professeurs à la Sorbonne, à l'école des Beaux-Arts, à l'École normale supérieure de la rue d'Ulm ou des lycées ; un petit nombre seulement de leçons est donné par des dames.

L'enseignement n'est pas, à proprement parler, un enseignement

---

1. C'est le même appartement qui était autrefois réservé à la famille royale lorsqu'elle venait visiter la manufacture.

scolaire : la leçon consiste plutôt en une conférence dont l'élève s'efforce de s'approprier la substance soit par des notes, soit par la lecture d'ouvrages convenablement choisis. Toutes les matières sont également l'objet d'exercices pratiques d'enseignement. L'élève a connaissance, quelque temps à l'avance, du sujet qu'elle doit traiter et il faut que, dans la préparation de sa leçon, elle lui donne la forme qu'elle devrait avoir si elle était destinée à être faite dans un lycée véritable. Elle fait ensuite son cours, que le professeur corrige au moyen d'observations qui, par le développement qu'il leur donne, constituent des indications générales sur la manière de traiter le sujet en question. Quelque utiles que puissent être ces exercices, au point de vue des discussions théoriques sur des questions didactiques, il leur manque cependant un élément indispensable ; ce qui leur manque, c'est une école pratique d'enseignement, analogue à celle que l'on rencontre dans les écoles normales primaires. Lorsque des élèves font une leçon devant des camarades du même âge qu'elles, devant des professeurs qui n'ont que très rarement donné l'enseignement à des jeunes filles moins âgées, il manque une chose à laquelle ne sauraient suppléer ni la bonne volonté ni le talent pédagogique : une classe composée de jeunes enfants. Puisse l'autorité compétente en France, si les lignes qu'on vient de lire lui tombent sous les yeux, ne pas dédaigner cette critique, la plus grave que l'on puisse adresser à l'Ecole de Sèvres, établissement si remarquable sous tous les autres rapports. Cette lacune ne serait d'ailleurs peut-être pas difficile à combler ; puisque la loi du 21 décembre 1880 ne proscrit pas formellement l'internat, pourquoi l'Etat ne créerait-il pas et n'entretiendrait-il pas à Sèvres, commune incapable de le faire par ses seules ressources, un lycée de jeunes filles ? Alors même que ce lycée ne devrait être peuplé que de boursières, on pourrait l'utiliser sans hésitation comme école pratique d'enseignement pour les élèves de Sèvres. L'Ecole normale de Sèvres, dans son état actuel, est un établissement d'instruction purement théorique ; le côté pratique et pédagogique de l'enseignement est évidemment un peu négligé. Si l'on considère en outre que la méthode suivie dans l'enseignement est d'une importance plus considérable encore dans les écoles de filles que dans les établissements de garçons, que d'autre part la femme est moins douée d'initiative et que, par suite, la maîtresse est moins apte à se faire elle-même une *méthode*, ce qui est possible à l'homme grâce à la logique de son raisonnement, si l'on considère toutes ces choses on ne pourra douter que l'absence d'une école pratique d'enseignement ne constitue une lacune qu'il importe de combler. Dans presque toutes les écoles normales primaires en France on s'est conformé à ce principe fécond de l'enseignement pratique ; si on l'a négligé à Sèvres, c'est peut-être parce qu'on n'a pu s'empêcher de faire quelque chose d'analogue à la célèbre Ecole normale (de la rue d'Ulm), de même que dans les lycées de jeunes filles on s'était rapproché des lycées de garçons.

De programme d'enseignement à l'École de Sèvres il n'y en a point encore, bien que la loi ait chargé le Conseil supérieur d'en préparer un, et il ne semble pas que l'on soit près d'en rédiger un. Malgré le soin jaloux qu'elle a de désigner les matières de l'enseignement dans toutes les écoles et d'en fixer les limites par des réglementations qui nous sembleraient enlever quelque peu aux professeurs l'indépendance, en même temps que l'amour professionnel, l'administration française n'a pas, jusqu'ici, jugé nécessaire d'agir de même envers les écoles supérieures. Ni l'Ecole normale de la rue d'Ulm (pour les professeurs de lycées de garçons), ni les Ecoles normales de Saint-Cloud et de Fontenay-aux-Roses (pour les futurs professeurs, directeurs et directrices d'écoles normales primaires), n'ont de programmes détaillés. Il n'existe que deux moyens de se rendre compte de l'étendue de l'enseignement donné dans ces écoles, moyens absolument personnels : visites fréquentes de ces établissements et comparaison entre les examens d'admission et les examens de sortie. Ces derniers devront toujours servir d'éléments d'appréciation pour les aptitudes au professorat, sans quoi l'école n'atteindrait pas son but. En ce qui concerne l'enseignement donné à l'École de Sèvres, mes visites, les renseignements que j'ai recueillis et les comparaisons que j'ai faites, me permettent de dire ce qui suit : Les élèves, selon que leur goût les a portées vers les matières littéraires et historiques ou scientifiques sont réparties entre deux sections distinctes : celle des *lettres* et celle des *sciences* ; l'examen d'admission est lui-même divisé en deux parties correspondant à ces sections. Chaque division comprend trois années d'études, qui n'ont pas été toutes établies dès l'origine de l'école, mais au fur et à mesure des besoins. Peuvent seules se présenter à l'examen d'admission les jeunes filles de dix-huit à vingt-quatre ans. Pour se présenter l'aspirante doit posséder : 1° soit le certificat de fin d'études secondaires ; 2° soit le baccalauréat ; 3° soit enfin le brevet supérieur de l'enseignement primaire. Cependant, ainsi que nous allons le voir, l'examen exige un degré de culture intellectuelle bien supérieur à celui que suppose la possession de ces diplômes ; pour la section des lettres, les épreuves écrites comportent : 1° une composition de langue et de littérature françaises (durée quatre heures) ; 2° une composition d'histoire et de géographie (quatre heures) ; 3° une composition de morale (trois heures) ; 4° une version ou un thème de langues vivantes (quatre heures). — Pour la section des sciences les épreuves comportent : 1° une composition en arithmétique ou en géométrie (durée quatre heures) ; 2° une composition de physique et chimie (quatre heures) ; 3° une composition d'histoire naturelle (trois heures) ; 4° une composition de morale (trois heures) ; 5° enfin, comme pour l'autre section, une version ou un thème de langues vivantes. On voit, d'après ces indications, la distribution générale de l'enseignement dans les deux sections. Voici quelle est, à peu près, la répartition des heures de leçons :

		1re Année	2e Année	3e Année
SECTION DES LETTRES	Grammaire	2 h.	1 h.	1 h.
	Littérature française du moyen âge	1 h.	»	»
	Littérature moderne	2 h.	2 h.	1 h.
	Histoire	2 h.	2 h.	1 h.
	Géographie	1 h.	1 h.	1 h.
	Morale	1 h. (psychologie)	1 h.	1 h.
	Langues vivantes	2 h.	2 h.	2 h.
	Dessin (facultatif)	2 h.	2 h.	2 h.
SECTION DES SCIENCES	Mathématiques	2 h.	2 h.	
	Physique	1 h.	1 h.	
	Chimie	1 h.	1 h.	
	Histoire naturelle (physiologie, zoologie)	1 h.	1 h.	
	Morale	1 h.	1 h.	
	Langues vivantes	2 h.	2 h.	
	Dessin (obligatoire)	2 h.	2 h.	

Le programme n'est pas encore définitivement fixé.

On voit par là que le nombre des heures de classes hebdomadaires, pour les matières obligatoires, est au plus de dix, sauf en ce qui concerne la 1re année littéraire, où il y a une heure de plus pour la littérature française du moyen âge. Le nombre est même réduit à 7 dans la 3me année littéraire. Il en résulte une grande marge laissée au travail individuel des élèves. Mais il faut remarquer que les leçons, principalement en 3me année, se succédant rarement sans intervalle, se prolongent bien ordinairement au delà d'une heure ; dans la section des sciences, particulièrement, cette prolongation est rendue nécessaire par les expériences.

Dans l'enseignement lui-même on fait, autant que possible, intervenir l'action personnelle des élèves. Pour chaque leçon de littérature ou d'histoire, une des jeunes filles est chargée de faire un exposé du sujet de la leçon ; une autre y joint ses observations, et le professeur reprend le sujet dans un exposé personnel, corrigeant ainsi la forme de celui de l'élève. J'ai vu donner à Sèvres d'excellentes leçons d'après ce principe, principalement par M. le professeur Lemonnier (de l'École des beaux-arts) dont le nom, étroitement lié à l'organisation de l'École, ne saurait être oublié ici. L'enseignement historique de ce professeur est le meilleur qu'il m'ait été donné d'entendre dans les écoles françaises, et je ne puis trop louer l'attention, l'intérêt, l'enthousiasme qu'apportaient à leur travail le professeur et les élèves. La méthode dont nous venons de parler, et dont le principal but est d'habituer les élèves à penser par elles-mêmes, est, autant que les matières le permettent, suivie à Sèvres ; il va de soi qu'elle ne saurait s'appliquer à toutes les branches du domaine de la science ; on fait au contraire ressortir certaines parties pour les étudier d'une manière plus approfondie, mais sans pour cela détruire l'enchaînement général de l'enseignement ; il est indiscutable qu'en procédant de la sorte on fortifie beaucoup plus le jugement des élèves que si l'on consacrait à chaque matière une égale partie d'un travail qui serait alors forcément superficiel. Il faut ajouter, toutefois, que cette tendance imprimée par le Conseil supérieur à tout l'enseignement rencontre encore actuellement un grave obstacle dans l'organisation des examens d'agrégation. Tandis que chez nous, dans les examens des candidats de l'enseignement supérieur, on a pour règle (règle qui devrait être sans exceptions) de prendre en sérieuse considération les études particulières des aspirants, et de tenir moins à la quantité qu'à la qualité du savoir, on agit en France d'après un principe opposé. On veut que le candidat soit également préparé sur toutes les parties de l'examen, ce qui donne non seulement à l'examen le caractère d'une loterie, mais exerce en outre une influence fâcheuse sur la marche des études. Cette influence se fait également sentir à Sèvres, bien que dans une mesure restreinte, grâce à l'habileté des professeurs et aussi à celle de l'inspecteur (M. Legouvé). Il est permis d'espérer que les règles suivies chez nous (principalement en Prusse et en Saxe) s'introduiront peu à peu en France. Quoi qu'il en soit, et tout en se conformant dans l'intérêt même des élèves aux exigences de l'examen, l'école fait son possible pour écarter toute influence regrettable.

Dans l'enseignement des mathématiques et des sciences naturelles (section des sciences) l'exposé fait par l'élève, et dont nous avons parlé plus haut, est remplacé par des expériences et des croquis. Au rez-de-chaussée du bâtiment, se trouvent de vastes salles pourvues de tous les appareils nécessaires aux expériences, tels que fourneaux à gaz, conduites d'eau, récipients, etc.; les expériences qui occasionnent de mauvaises odeurs se font en plein air, sous des hangars agencés à cet effet.

On aura une idée du but que se propose l'Ecole normale supérieure d'enseignement secondaire de jeunes filles en lisant ce qui va être rapporté ci-après des examens d'admission et d'agrégation, ainsi que des examens du certificat d'études pour l'enseignement secondaire des jeunes filles.

CONCOURS D'ADMISSION A L'ÉCOLE NORMALE DE SÈVRES

(JUILLET 1883)

SECTION DES LETTRES

I. ÉPREUVES ÉCRITES

a) *Langue française.* — Syntaxe de l'adjectif possessif. — Donner la liste méthodique des principaux mots dérivés et composés qui sont tirés de *table*, en expliquant la signification de chacun de ces mots par la signification nouvelle qu'ajoutent au radical les préfixes et les suffixes.

b) *Littérature française.* — Notre xvii° siècle a réuni bien des conditions favorables au développement d'une grande et riche littérature. — Langue préparée à point pour la vie sociale et par une culture littéraire déjà longue ; société polie qui aimait les plaisirs de l'esprit ; chez les auteurs, étude des grands modèles et véritable originalité ; équilibre heureux de la raison, du sentiment et de l'imagination. Si d'autres conditions firent défaut, la France d'alors parut à peine s'en apercevoir.

c) *Histoire*. — La conquête de la frontière de l'Est et du Nord-Est aux XVI°, XVII° et XVIII° siècles (jusqu'en 1785).

d) *Géographie*. — Décrire le bassin du Rhône. — Ceinture, cours du Rhône, affluents. Indiquer les principales villes situées sur les cours d'eau.

e) *Morale (épreuve comme aux deux sections)*. — L'État et les devoirs du citoyen envers l'État.

II. ÉPREUVES ORALES.

Je vais maintenant donner quelques détails sur la suite des épreuves orales.

1° *Langue française*. — Lecture de la fable de la Fontaine : *La mort et le mourant*. Explication grammaticale des premiers vers : que signifie ce vers : *Et puisqu'il faut que je le die ?* — Qu'est-ce qu'un *archaïsme* ? Sens du mot *domaine*, sa racine. — Qu'entendez-vous par *alléguez* ? — *Que je die* : pourquoi a-t-on changé *die* ? expliquez la formation actuelle du subjonctif. — Que représente ce mode ? — Qu'entendez-vous par : *ce temps embrasse tous les temps* ? — Etymologie de *embrasser* ? — Forme féminine du mot *bras* ? — Qu'est-ce qu'une *brasse* ? — Dans le quatrième vers, quel est le sens du verbe *résoudre* ? — Différence entre une personne *résolue* et une personne *indécise*. — Comment *résoudre* peut-il signifier *délier* ? — *disséminer* ? — Différents sens de *résolution*. —

(En 1883, dix autres fables environ de La Fontaine furent expliquées de la même manière).

2° *Littérature française.* — A quel genre appartient l'*oraison funèbre* ? Combien y a-t-il de genres d'éloquence ? — L'éloquence politique existe-t-elle au XVII° siècle ? — Pourquoi l'oraison funèbre n'a-t-elle pas été cultivée au XVIII° siècle ?

Lecture dans l'*Éducation des filles*, de Fénelon, du chapitre II : *Inconvénient des éducations ordinaires*.

Quels sont les défauts que Fénelon signale dans l'éducation des femmes de son temps ? En quoi diffèrent, sur cette matière, les idées de Fénelon de celles de Mme de Maintenon ? Quel est, d'après Fénelon, le plan d'études d'après lequel doit être organisée l'éducation des jeunes filles ?

Lecture d'un passage des *Caractères* de La Bruyère. — Pourquoi rencontrez-vous plus de figures dans le style de La Bruyère que dans celui de Pascal ou de La Rochefoucauld? Différence entre des *Caractères* et des *Portraits;* entre des *Réflexions* et des *Maximes.* Les auteurs du xvIIIe siècle emploient-ils plus la métaphore que ceux du xvIIe? Sont-elles usitées au xvIIe siècle? Quel est l'opposé du style hyperbolique?

Lecture d'une fable de La Fontaine. — Lecture des *Femmes savantes* (acte II, scène vII). Que pensez-vous des idées de Chrysale sur l'éducation des femmes? Appréciez les caractères de Philaminte, d'Armande et d'Henriette.

Lecture du chapitre xII de l'*Éducation des filles* de Fénelon, intitulé: *Instruction des femmes sur leurs devoirs.* Que pensez-vous du morceau lu? Différence et rapport entre l'éducation et l'instruction. Pourquoi Fénelon dit-il que la femme est chargée de l'éducation de ses filles *jusqu'à ce qu'elles se marient ou se fassent religieuses?* Le mot *domestique* n'est-il pas pris, au xvIIe siècle, dans une autre acception? Dans les instructions données par Fénelon aux femmes sur la tenue du ménage, que remarquez-vous? (Similitude avec Molière dans les *Femmes savantes,* emploi presque des mêmes termes.) Fénelon aimait-il Molière? Pourquoi non? Quelle était la situation sociale du comédien du xvIIe siècle? Opinion de Boileau sur Molière (épître VII, à Racine). Quel est le jugement de Fénelon sur Molière? Que lui reproche-t-il? (Lettre à l'Académie française, § 7.) Quel est l'autre auteur qui juge sévèrement Molière? (La Bruyère.) Que pensez-vous de ces jugements? Qu'est-ce que le *Misanthrope?* Appréciation de son caractère ainsi que de celui de Philinte? Dans la scène du sonnet (acte Ier, scène II) faites ressortir les deux caractères. Le jugement de Philinte « *la chute en est jolie* » est-il exact? Quelles sont les autres pièces de Molière que vous avez lues? Quels sont les personnages du *Bourgeois gentilhomme?* Le passage de Fénelon que vous venez de lire : « *La science des femmes.... études* » est-il juste ? (Réponse : Il l'était du temps de Fénelon, mais aujourd'hui il n'y a plus de castes; il n'y a pas de différence d'emplois, de classes, mais seulement d'intelligence, de talent.) Quel est, dans les *Femmes savantes,* le personnage qui exprime des idées justes sur l'éducation des femmes? *Une femme curieuse,* qu'est-ce que cela signifie? Etymologie de cet adjectif? Qu'est-ce que le discernement? Dans ce passage (depuis *quel discernement* jusqu'à *guérir leurs erreurs*) quelles idées exprime Fénelon et quelle est votre opinion à cet égard? Différence entre le *naturel* et le *génie. Génie* a-t-il aujourd'hui le même sens? Différence entre *humeur, pente* et *talent.*

Quel était le sens de *humeur* au xvii° siècle ? Vous serviriez-vous aujourd'hui du mot *pente* dans la même acception ? Qu'est-ce que le *talent* ? Croyez-vous que l'on puisse prévenir les passions naissantes chez l'enfant ? Que savez-vous sur les rapports entre les parents et les enfants au xvii° siècle ? Qu'est-ce que les contemporains ont pensé de l'affection de Mme de Sévigné pour sa fille ? Dans quelle forme les enfants écrivaient-ils à leurs parents ? Se préoccupait-on beaucoup, au xvii° siècle, du choix des gens que l'on mettait auprès des enfants ? Qu'entendez-vous par ces mots : qu'une mère de famille doit avoir un esprit *expérimenté pour le gouvernement* ? Les anciens se sont-ils préoccupés des qualités que Fénelon exige, sous ce rapport, de la femme ? (Xénophon : *l'Économique*).

Lecture dans Racine (*Iphigénie*, acte IV, scène IV). A quels anciens tragiques Racine a-t-il emprunté le sujet de cette pièce ? Quelles sont les œuvres principales d'Eschyle, de Sophocle et d'Euripide ? Quelle est l'*Iphigénie* que vous préférez, celle de Racine ou celle d'Euripide ? Quelle est la différence du dénouement dans les deux auteurs ? Était-il possible, au xvii° siècle, d'introduire beaucoup d'acteurs sur la scène ? Quelle est la différence qui existe dans les caractères d'Agamemnon, de Clytemnestre, d'Iphigénie, dans la pièce grecque et dans la pièce française ? Comment vous imaginez-vous une représentation théâtrale, au xvii° siècle, au point de vue de la vérité théâtrale ? Quelles sont les héroïnes de Racine que vous préférez? Pourquoi ? Quels sont les caractères que vous trouvez *vrais* dans Racine ? Que pensez-vous des héroïnes de Corneille ? Croyez-vous que les hommes aient plus de volonté que les femmes ? Que pense de cela La Bruyère ?

Lecture dans Bossuet : *Oraison funèbre de Henriette-Anne d'Angleterre, duchesse d'Orléans*. Qu'est-ce qui vous frappe, dans le morceau lu, au point de vue des idées et du style? Pourquoi l'antithèse est-elle saisissante ? Quelles sont les principales oraisons funèbres de Bossuet et caractérisez chacune d'elles d'un mot qui en marque la différence ? Avez-vous lu le *Discours sur l'histoire universelle* ? Quelle en est la partie la plus intéressante ? Comparaison entre Fénelon et Bossuet comme écrivains et comme hommes? Autres ouvrages de Bossuet?

Suit une explication analogue de quelques chapitres des *Caractères* de La Bruyère et de quelques fables de la Fontaine.

Voltaire. Quelle place Voltaire occupe-t-il dans la littérature du xviiiᵉ siècle? Comment participe-t-il à tous les genres? Avec qui fut-il en correspondance? Quelles sont les lettres qui vous ont le plus frappée? Pourquoi? Quelle influence a eue sur lui la littérature anglaise? Citez un autre grand écrivain français sur lequel l'Angleterre exerça une grande action? (Montesquieu.) Quel est l'ouvrage de ce dernier dans lequel cette influence se fait surtout sentir? Quel est le caractère de la révolution produite par les écrits du xviiiᵉ siècle? Quels sont les écrivains qui forment la transition entre le xviiᵉ et le xviiiᵉ siècle? Quel reproche fait-on à Delille? Qu'avez-vous lu de J. J. Rousseau? Reproches qu'on doit lui faire? Qu'avez-vous lu de Boileau? Combien de chants à l'*Art poétique*?

3º *Histoire*. — Règne de Louis VI. Citez un épisode relatif à ses rapports avec le roi d'Angleterre. Parlez de la formation des communes; nommez les principales établies sous Louis VI. En quoi consistait l'établissement des communes? n'y en a-t-il pas eu d'établies avant Louis VI? Qu'entend-on par *Charte* de commune? Assemblée législative; ses travaux. Principales journées de cette Assemblée? Au moment de sa réunion, quelle était la situation de la France par rapport aux puissances européennes? Quand s'était produit le manifeste du duc de Brunswick? Quel en fut le contre-coup? Parlez de la journée du 10 août?

Grandes invasions des Barbares? origine des Wisigoths? Où s'établirent-ils? Caractère de leur domination? Siège de leur puissance? Vandales? Alains? Rappelez les principaux événements où vous voyez figurer les Francs pendant le vᵉ siècle? Dates du règne de Clovis? Henri IV? ses projets? son administration? ses mariages? Traité de Lyon?

Parlez de Frédéric II? Place qu'il tient dans l'histoire européenne? Clauses et date du traité de Breslau? Quel est l'autre traité qui établit l'union entre les adversaires de la maison d'Autriche? Guerre de Sept ans? Les partages de la Pologne? Dans lequel Frédéric II intervint-il? Administration de la Prusse sous Frédéric II? Comment devint-elle une puissance de premier ordre? Quels furent les grands adversaires de Frédéric II en Autriche? Cause, date, clauses et conséquences du traité de Teschen? Rapports de Frédéric II avec les grands personnages de son temps? Péripéties de son amitié avec Voltaire?

Règne de Philippe-Auguste? Importance de la bataille de Bouvines? Charles-Quint et François Iᵉʳ (Guerres et traités qui les terminent)?

Révolution de 1848; causes, marche et conséquences. Qu'entend-on par « adjonction des capacités » et « abaissement du cens électoral »? Qu'appelle-t-on plébiscite? Le coup d'État du Deux décembre était-il légal?

A qui appartient aujourd'hui Saint-Domingue? Historique de cette colonie? Principaux traités que la France conclut avec la Hollande? Quelle est la partie de la rive gauche du Rhin que nous eûmes pendant un certain temps? Quelles furent nos conditions de traité avec la Prusse depuis Frédéric II jusqu'au traité de Francfort? Causes, clauses et conséquences des traités de Campo-Formio, de Lunéville, d'Amiens, de Presbourg et de Tilsitt? Par quel événement l'année 1809 est-elle remarquable? Racontez la bataille de Waterloo; ses conséquences? Différence entre le premier et le deuxième traité de Paris? Que perdions-nous dans chacun d'eux?

4° *Géographie.*—Bassin de la Loire : dessiner le cours du fleuve et de ses affluents? Importance du Furens, de la Nièvre, du Cher, de l'Indre, de la Vienne? Phénomène particulier au Loiret? Comment vous expliquez-vous la formation des marais de la Sologne? Importance d'Orléans?

Dessinez les côtes de l'Afrique de l'ouest à l'est. L'Égypte, sa situation politique. De qui le Khédive est-il vassal? Qu'est-ce que le Khédive? A quoi correspond ce titre? Historique du Maroc et de l'Algérie? Possessions anglaises en Afrique? Iles africaines situées dans l'Atlantique?

Pyrénées françaises; leurs limites? Principaux sommets et principaux cols? Quelle forme affectent-elles jusqu'au val d'Arran? Qu'y-a-t-il de particulier au val d'Arran? Point culminant de la Maladetta? Hauteur du mont Néthou? Trouvez-vous dans les Alpes des hauteurs de 4.000 m.? Le mont Iseran existe-t-il réellement? Citez un col très fréquenté par lequel on passe de France en Espagne? Le mont Perdu et le mont Posets sont-ils français? Cours d'eau qui prennent leur source dans les Pyrénées?

Russie, son aspect physique. La Bérézina est-elle un fleuve? Comment est formée la Néwa? Superficie de la Russie d'Europe? Aspect du relief? Comment vous figurez-vous les monts Chemokonski, les monts Waldaï et les collines de la Pologne? Quelle est la grande chaîne placée au sud-est de la Russie? Comptez-vous dans la Russie d'Europe ce que l'on appelle la lieutenance du Caucase? Grandes villes de la Russie d'Europe?

Système général des Alpes. Où commencent-elles en France?

Qu'est-ce que le col de Cadibone ? Son importance ? A quelle chaîne appartient le Mont-Blanc ? Entre la France et l'Italie, différence de l'aspect des Alpes ? Quels sont les massifs français qui se rattachent aux Alpes centrales ? Que savez-vous des Alpes de Provence ? des Alpes de Dauphiné et de Savoie? Hauteur du Pelvoux et du Mont-Blanc ? Combien pouvez-vous citer, dans les Alpes, de sommets dépassant 3.000 m. ? Différence entre *chaîne* et *massif*? Où placez-vous le Saint-Bernard, le Simplon et le tunnel du Mont-Cenis?

Détails sur la géographie politique des Etats-Unis de l'Amérique du Nord ? Quelle espèce de république forment-ils ? Qu'est-ce qu'une constitution fédérative ? Composition et organisation du gouvernement des Etats-Unis ? Comment s'organise la représentation du pays? Existe-t-il deux Chambres comme chez nous ? Toutes les parties des Etats-Unis jouissent-elles des mêmes droits politiques et portent-elles le même nom? Différence entre un *Territoire* et un *Etat*? Citez les ports importants de l'Amérique sur l'Atlantique ? Que savez-vous de Boston, de New-York? Où placez-vous Baltimore? Quel est le travail extraordinaire qui existe entre New-York et Long-Island? Population de Brooklyn ?

Algérie. Ses divisions. Où placez-vous le Sahara ? Où est Laghouat? Exposez à votre choix le système orographique ou le système hydrographique de l'Algérie. Divisions de l'Atlas. Où se trouvent le Djebel-Aurès et le Djurjura ? Cours d'eau de l'Algérie ? Pourquoi y a-t-il peu de cours d'eau en Algérie ? Ports principaux et villes principales. Que savez-vous de Bône ? Situation et importance respective d'Alger et d'Oran.

Australie. Côtes, relief du sol, cours d'eau, division politique etc. Qu'est-ce qui fait l'importance de Sydney et de Melbourne? Combien de temps met-on pour recevoir télégraphiquement en France des nouvelles d'Australie ? Comment établit-on une ligne télégraphique sous-marine ?

Belgique. Tracé au tableau. Cours de la Meuse et de l'Escaut; tracé, aspect du sol. Divisions politiques. Richesses minérales. Où se trouve la région de la houille? Où est Mons et Charleroi ? Productions végétales de la Belgique ? Y a-t-il beaucoup de pâturages dans le bassin de l'Escaut? Au point de vue des productions, qu'est-ce qui caractérise le bassin de la Meuse?

Qu'appelle-t-on Iran ? Que savez-vous de l'empire de Perse? Hauteur du mont Elbourz ? Divisions politiques, Villes principales de l'Afghanistan ? Importance de cette contrée. Causes du récent conflit qui a eu lieu dans ce pays entre la Russie et l'Angleterre.

Système des canaux français. Comment sont réunis par ces canaux les quatre grands bassins? Description du canal du Nivernais.

5° *Morale (épreuve commune aux deux sections).* — Par quoi doit-commencer l'étude de la morale? Pourquoi est-il nécessaire d'étudier les différentes facultés de l'âme? Pouvez-vous établir des rapports entre la morale et la psychologie? Quels sont les rapports qui existent entre la psychologie et la pédagogie? Qu'appelle-t-on science? Que faut-il de plus qu'un ensemble de connaissances sur un sujet pour former une science? Qu'est-ce qu'un art?

Division des devoirs des hommes? Principes sur lesquels repose cette division? Devoirs envers Dieu, envers soi-même, envers les animaux et les choses? Immoralité du suicide? Rapports entre l'instruction et la morale? L'instruction est-elle nécessaire à l'accomplissement de la loi morale?

Qu'appelle-t-on le libre arbitre? Par quoi est-il limité? Quelles objections peut-on faire au libre arbitre? Qu'est-ce que le fatalisme? Qu'est-ce que la conscience?

Doit-on respecter la vie des hommes? Y a-t-il des exceptions à ce devoir? Qu'est-ce que le cas de légitime défense? Qu'est-ce que le droit de propriété? Quelles objections peut-on faire contre ce droit? Qu'est-ce que le socialisme?

De l'association des idées? Quels sont les rapports d'après lesquels les idées s'associent? Que comprend le souvenir?

Qu'appelle-t-on intolérance? Qu'est-ce que l'indifférence? Quelle différence faites-vous entre les deux? Qu'est-ce que l'habitude? Éducation morale de l'enfance.

Induction et déduction (Sciences inductives et déductives).

Parlez-moi du droit des gens? L'égalité est-elle possible? Qu'entend-on par droit de transmission de la propriété?

Qu'est-ce que la sympathie, l'amour du prochain, la justice? Qu'est-ce que l'instinct?

Valeur de l'intention? Que pensez-vous de cette locution commune: L'intention suffit? Pouvez-vous faire voir quelques-uns des inconvénients qu'il peut y avoir à accorder trop d'importance à l'intention? Quel est le juge des intentions?

SECTION DES SCIENCES.

I. ÉPREUVES ÉCRITES

a) *Arithmétique.* 1. — Démontrer que si un nombre entier n'est pas le carré d'un autre nombre entier, il n'est pas non plus le carré d'une fraction.

2. — Deux stations, distantes de 6 kilomètres, sont reliées par une double ligne de tramways ; à chaque station les départs ont lieu de 3 minutes en 3 minutes ; les tramways marchent uniformément, avec la même vitesse sur chaque ligne. — Un piéton parcourt uniformément la route sur laquelle sont établies les deux lignes de tramway. Au moment où il passe à la première station, il voit un tramway la quitter et un autre y arriver ; de même au moment où il atteint la deuxième station, un tramway en part, un autre y arrive. En comptant les tramways avec lesquels il s'est trouvé à l'une et à l'autre station, le piéton a rencontré 19 tramways allant dans le même sens que lui et 43 tramways allant dans le sens contraire. On demande la vitesse du piéton et celle des tramways.

b) *Géométrie.* 1. — Deux triangles qui ont les côtés parallèles ou perpendiculaires sont semblables.

2. — Sur les côtés d'un hexagone régulier on construit des carrés. Démontrer que le polygone formé par les sommets de ces carrés qui n'appartiennent pas à l'hexagone est un dodécagone régulier. Calculer la surface de ce dodécagone en supposant que le côté de l'hexagone régulier est égal à 1 mètre.

3. — Étant donnés un cercle et un point, mener par le point une droite dont la portion interceptée dans le cercle ait une longueur donnée.

c) *Physique et Chimie.* 1. — Décrire les expériences qui servent à démontrer les lois de la réflexion des rayons lumineux et sonores. Déduire de ces lois la formation des images dans un miroir plan.

2. — Expériences qui mettent en évidence la composition de l'eau.

d) *Histoire naturelle.* — La fleur, sa structure, ses principales modifications, fonctions de ces diverses parties.

II. ÉPREUVES ORALES

En ce qui concerne les épreuves orales de cette section, je me contenterai de relever quelques questions qui me semblent les plus difficiles.

1. *Arithmétique.* — Quelle est la plus grande valeur que puisse avoir le reste de l'extraction d'une racine carrée?

Résoudre l'équation :
$$ax + by = 3a^2b + b^3$$
$$2bx - 3ay = 2a^3b - b$$

Trouvez un nombre de 3 chiffres sachant que la somme des 3 chiffres est égale à 10 ; le chiffre du milieu est égal à la somme des deux autres, et la différence entre le nombre cherché et le nombre renversé égale 297.

Lorsqu'un nombre est divisible par 4 et par 6, est-il certainement divisible par 24 ?

Résoudre :
$$x + y + z = 10$$
$$2x + 5z - 3y = 23$$
$$10x - 2y - 2z = c$$

2. *Géométrie.* — Comment inscrit-on un octogone régulier dans la circonférence ? Comment trouveriez-vous la surface de cet octogone connaissant le rayon ? Quelle est, dans un triangle, la valeur du carré construit sur le côté opposé à un angle aigu ?

Construire un triangle connaissant les 3 hauteurs.

3. *Physique et Chimie.* — Comment prépare-t-on l'acide phosphorique ? Comment prépare-t-on $PhO^3, 2HO$? Quelle est l'action de SO^3, HO sur Zn ? Quelles sont les propriétés de l'acide sulfurique ? Quelle est son action sur le cuivre ? Écrivez la formule de la réaction : $Hg + 2 SO^3, HO = SO^2 + HgO, SO + 2 HO$?

Quelle couleur a CuO, SO^2 ? Comment liquéfie-t-on AzH^3 ?

Parlez des lentilles. Quels sont leurs effets ? Comment vérifie-t-on les lois de la réflexion ? Quelle est l'action de la Terre sur les aimants ? Quelles sont les lois de la fusion ? Quelles sont les lois de l'ébullition ? A quelle condition le point d'ébullition reste-t-il le même ? Que faut-il pour qu'un liquide se vaporise ? Quels sont les phénomènes qui montrent la dilatation des corps par la chaleur ? Qu'appelle-t-on coefficient de dilatation ? Indiquez la marche d'un filet de lumière dans le prisme. Décrivez-moi la machine électrique de Ramsdem. Qu'est-ce que la bouteille de Leyde ?

4. *Histoire naturelle.* — Que faut-il pour qu'une plante se reproduise ? Qu'est-ce qu'un glacier ? Structure d'un glacier. Conditions de leur production. Qu'est-ce qu'une moraine ? En quoi consistent les terrains primaires ? Comment se succèdent les terrains ?

Qu'appelle-t-on alluvion? Dans l'étage carbonifère voit-on apparaître des vertébrés?

Structure et fonctions de la peau chez l'homme et chez les animaux.

Structure et fonctions de l'estomac, de l'œil, de l'oreille.

La respiration. Le cerveau.

Divisions du règne végétal. Structure de la feuille, de la racine, de la tige, etc.

A ces matières d'examen s'ajoute la *diction*, qui constitue une épreuve commune aux deux sections. Chaque élève doit lire à haute voix un morceau d'un poète classique (particulièrement La Fontaine, Boileau, Racine, Corneille) et répondre à des questions concernant les règles de la diction (ménagement de la respiration, importance des signes de ponctuation pour la déclamation, etc.)

L'examen de sortie des lycées est remplacé à Sèvres par celui de l'*Agrégation*. Cet examen consiste principalement en compositions écrites et en leçons; seules les langues vivantes ne sont l'objet que d'un examen oral. Les épreuves écrites se font à huis clos, une seule fois par an, au chef-lieu de chaque académie. Les épreuves orales ont lieu à Paris.

Je donne ci-après les sujets de composition donnés au concours d'agrégation en 1883 et 1884.

SECTION DES LETTRES

a) *Langue française.* — Déterminer les caractères principaux de la langue française au XVIe siècle.

b) *Littérature française.* — La poésie lyrique au XVIIe, au XVIIIe et au XIXe siècle. En marquer les caractères principaux et les différences à chacune de ces trois époques.

c) *Histoire.* — Quel fut le rôle de Colbert, de Louvois et de Vauban auprès de Louis XIV, et quelle fut leur influence sur la grandeur de ce règne?

d) *Langues vivantes.* — Traduction en anglais d'un passage de Fénelon. Version tirée de Cowper : « The greenhouse. » Traduction en allemand d'un morceau de Rousseau ; Version allemande d'un passage de Frédéric de Schlegel : « Antiques et modernes ». (Les épreuves de langues vivantes sont facultatives jusqu'en 1886.)

SECTION DES SCIENCES.

a) *Mathématiques.* — 1. Aire de la zone et de la sphère.

2. Calculer le rayon d'un cercle connaissant les longueurs a et b de deux cordes de ce cercle dont la première sous-tend un arc double de l'arc sous-tendu par la seconde. On donne $a = 0^m,35$, $b = 0^m,19$. Calculer le rayon à $0^m,01$ près.

b) *Physique et Chimie.* — 1. Quantités de chaleur correspondantes aux phénomènes de fusion et de vaporisation.

2. Plomb (Minerais, extraction, propriétés. Usages. Carbonate de plomb, céruse).

c) *Histoire naturelle.* 1. — Œil et vision. 2. Graine et germination.

d) *Littérature.* — Quels ont été, au XVII° siècle, les grands auteurs français qui ont écrit sur des sujets scientifiques et quel est le caractère particulier de leur style?

L'examen oral consiste principalement, ainsi que nous l'avons vu, en leçons sur des sujets déterminés, leçons que les aspirantes doivent faire après une préparation d'une heure ou deux. En ce qui concerne la littérature française, on exige que la jeune personne soit capable de discuter, au point de vue de la forme et du fond, un morceau ne présentant pas de trop grandes difficultés et choisi dans un des ouvrages classiques dont la liste a été publiée longtemps à l'avance. En outre chaque aspirante reçoit une composition faite dans un des lycées de Paris, composition qu'elle doit corriger et apprécier d'après ses vues personnelles. En 1883, on avait par exemple à corriger les compositions ci-après :

1° Différences essentielles entre la comédie et la tragédie;

2° De l'utilité de l'étude du vieux français, pour l'intelligence des règles de la grammaire moderne.

Pour la *leçon d'histoire*, qui dure une 1/2 heure, on accorde quatre heures de préparation. Parmi les sujets de leçons, je citerai les suivants :

1° Comparer les rôles de Sully et de Richelieu;

2° Période française de la guerre de Trente ans;

3° Guerre de la succession d'Espagne;

4° Constitutions politiques de la France de 1789 à 1814.

5° Règne de Charles Ier et révolution d'Angleterre jusqu'à la mort de Cromwell.

6° Les colonies françaises sous le gouvernement de Louis XV.

Leçons de géographie (1) (durée 1/2 heure, préparation 2 heures.)

---

1. Accompagnées, s'il y a lieu, d'un dessin au tableau noir.

1° Division judiciaire et universitaire de la France ; organisation judiciaire et universitaire. — 2° Des divers climats en France et de leur influence sur l'agriculture. — 3° Bassins houillers de la France et industries qui s'y rattachent. — 4° Transformation des anciennes provinces en départements ; organisation de l'administration départementale.

Morale (durée de la leçon 1/2 heure ; temps accordé pour la préparation, deux heures). — 1° Du sentiment du beau. — 2° De l'habitude ; moyen de combattre les habitudes. — 3° Comparer les devoirs respectifs de la femme et de l'homme envers la Patrie.

Pour les sciences naturelles, les élèves ont à faire également des leçons sur un sujet donné, après une préparation de trois heures ; comme ces leçons doivent être accompagnées de dessins et de démonstrations (expériences), la durée en a été fixée à 3/4 d'heure.

Les langues vivantes donnent lieu à un examen oral proprement dit et qui dure une 1/2 heure. Les questions portent, pour la plupart, sur la grammaire et se rattachent à la lecture d'un morceau allemand ou anglais emprunté à l'un des auteurs prescrits pour les 4me et 5me années des lycées.

Les personnes qui ont subi cet examen avec succès ont droit à une nomination de professeur titulaire. A côté d'elles se placent les chargées de cours, qui, ainsi que nous l'avons vu plus haut, reçoivent un traitement moins élevé. Les chargées de cours ont passé l'examen du *certificat d'aptitude pour l'enseignement secondaire des jeunes filles*. Ce dernier ne diffère de l'examen d'agrégation qu'en ce qui concerne les épreuves orales. Les leçons y sont remplacées par des interrogations dirigées de telle sorte que l'aspirante est obligée d'entrer dans de longues explications qui permettent de juger de ses aptitudes au professorat. Bien que le certificat d'aptitude n'ait pas la même valeur que l'agrégation, les rapports que nous avons sous les yeux ne prouvent point qu'il soit plus facile à obtenir ; du reste, qu'elles soient pourvues de l'un ou de l'autre grade, les maîtresses sont chargées des mêmes enseignements, si bien que l'agrégation nous paraît instituée en vue d'une assimilation plus grande entre les lycées de filles et ceux de garçons. Cependant, l'analogie n'est pas complète. L'enseignement des lycées de garçons comporte onze agrégations différentes, pour chacune desquelles il y a un examen distinct. Le personnel enseignant de Sèvres, qui a été naturellement consulté sur cette question, aurait désiré que l'on instituât au moins cinq agrégations différentes pour les filles : deux pour les lettres, trois pour les sciences. On alléguait pour motif que, dans l'enseignement secondaire des filles, la spécialité des connaissances serait une garantie de la capacité et de la valeur des maîtresses. Toutefois la commission du Conseil supérieur n'a point partagé cette manière de voir. Son rapporteur, M. Manuel, s'est exprimé, sur ce point, de la manière suivante : « Former des maîtresses spéciales « pour les lettres, l'histoire, les mathématiques, la physique et la « chimie, c'était méconnaître le caractère propre de l'enseigne- « ment des filles, établir une assimilation dangereuse avec les « lycées et collèges de garçons et imaginer des besoins que votre « Commission ne reconnaît pas. Quelque idée que l'on se fasse de « l'avenir de l'enseignement secondaire des jeunes filles, quelque « préoccupation que l'on puisse avoir au sujet de la capacité du « nouveau corps enseignant, on ne saurait admettre que les con- « naissances imposées aux femmes qui se vouent à l'enseignement « secondaire doivent égaler en étendue et en profondeur celles « qu'on est en droit d'exiger des meilleurs maîtres de nos lycées. « Sans même toucher ici à la question des aptitudes comparées « de l'homme et de la femme, question délicate, on a reconnu dans « les établissements de garçons l'inconvénient qu'il y avait à multi- « plier les maîtres, surtout pour les plus jeunes élèves. Maintenons « donc, au moins pour les filles, puisque nous le pouvons, l'unité « d'enseignement et de direction, c'est-à-dire l'unité même des pro- « fesseurs. N'admettons que la division qui s'impose par la diver- « sité des aptitudes naturelles, les *lettres* et les *sciences*... Quant à « l'idée de ceux qui, au contraire, voudraient pousser encore plus « loin la simplification et comprendre dans une agrégation unique « les lettres et les sciences, elle est tout aussi inadmissible, tout « aussi opposée à la nature des choses : on ne saurait obliger les « jeunes filles à poursuivre simultanément des études si différentes, « ni à préparer deux programmes d'examen si dissemblables. »

Le concours pour le certificat d'aptitude est divisé en deux parties qui correspondent aux deux parties de l'agrégation.

Quant aux résultats de ces épreuves, les premières années qui viennent de s'écouler ne permettent pas encore de les juger défini- tivement. Les rapports adressés au Ministre par les commissions d'examen constatent, en général, une sérieuse préparation de la part des aspirantes, une disposition habile de leurs connaissances, mais aussi, en général, un défaut surprenant de jugement personnel. Ce défaut se fait surtout sentir dans la manière dont sont traités les sujets tirés de l'histoire de la littérature française. En revanche, dans tout ce qui est du domaine de l'histoire proprement dite, tout ce qui exige de la pénétration s'efface devant les choses qui n'intéressent que la mémoire. C'est là un point qui se recommande à la sérieuse attention de l'administration de l'instruction publique en France. Rendre les jeunes filles capables de juger par elles-mêmes est ce que peut faire de mieux l'enseignement secondaire ; mais comment ce résultat peut-il être atteint par celles-là mêmes que leur nature porte plutôt vers les détails et vers ce qui n'est qu'affaire de mémoire ? C'est ce qui prouve la nécessité d'introduire dans les écoles de filles des professeurs-hommes, qui habitueront les jeunes filles à penser de plus en plus par elles-mêmes ; cette mesure seule permettra de faire disparaître les nombreux préjugés dont est imbue la femme, en France plus que chez nous. Si, sur bien des points, les mesures prises pour la réorganisation de l'enseignement des femmes en France méritent d'être imitées, il ne pourrait être que nuisible d'adopter la dernière dont nous avons parlé. J'insiste sur ce point parce que, récemment, dans un État allemand, on a tenté de confier à des femmes, autant que possible, tout l'enseignement dans les écoles secondaires de jeunes filles au lieu de les charger, comme on l'avait fait jusqu'ici, du seul enseignement dans les classes primaires, où elles sont d'une grande utilité.

Naturellement, l'école de Sèvres ne peut encore fournir toutes les maîtresses dont les lycées ont besoin ; d'ailleurs, la valeur d'un tel établissement dépend moins du nombre que de la qualité des professeurs qu'il donne à l'enseignement. Il faut que les maîtresses qui sortent de Sèvres possèdent une instruction qu'on puisse considérer comme le niveau normal de ce que doit savoir une femme pour entrer dans la carrière du professorat. Une telle école est appelée à former un corps d'élite, capable d'exercer une influence salutaire sur le gros de l'armée.

L'Etat, qui pourvoit à tous les besoins des élèves (sauf en ce qui concerne l'habillement), exige en retour de chacune d'elles, au moment de son admission, l'engagement de faire dix ans de service dans l'enseignement public. Celles qui n'accomplissent pas leurs dix ans de service sont tenues de verser une indemnité de 700 francs pour chaque année de séjour à l'école.

Je termine ici mes observations sur la préparation du personnel enseignant des écoles secondaires ; je vais maintenant dire quelques mots des innovations introduites par le gouvernement français dans l'enseignement primaire des filles.

CHAPITRE V

ÉCOLES PRIMAIRES ET ÉCOLES NORMALES PRIMAIRES

Nous avons déjà eu occasion de voir, dans le premier chapitre, que les gouvernements antérieurs avaient à peu près complètement négligé la femme sous le rapport de l'instruction primaire. Mais la troisième République, et surtout M. Ferry, qui vient d'être renversé du ministère, ont fait les plus grands efforts pour réparer les torts du passé. Sans doute, la République n'a, à proprement parler, fait que recueillir l'héritage du ministre Duruy, qui, en 1867, avait ouvert la voie au développement de l'enseignement primaire. Mais ce ministre très méritant ne disposait pas des moyens nécessaires, et les tristes événements de 1870 n'avaient pas encore démontré à la nation la nécessité d'une réforme radicale de l'enseignement primaire. Le pas décisif n'a été fait que sous le gouvernement de la République et par lui. La loi Bardoux, du 1ᵉʳ juin 1878, procura aux communes les moyens de construire des maisons d'école, dont l'enquête dirigée par M. Waddington, en 1876, avait évalué à 17.320 le minimun nécessaire à élever (1). Une autre loi, du 9 août 1878, ordonna que dans chaque département, en outre de l'école normale d'instituteurs il serait établi une école normale d'institutrices. Ce qui prouve bien l'utilité de cette mesure, c'est que, l'année même où cette loi était promulguée, dix-neuf départements seulement étaient pourvus d'une école normale d'institutrices; en outre, la plus grande partie des écoles primaires de filles était dirigée par des sœurs, dont le degré de culture intellectuelle laissait le plus souvent beaucoup à désirer. En décem-

---

1. Cf. au sujet des réformes faites par la République le petit ouvrage si bien fait et récemment publié par le professeur Jolly: *Les écoles primaires en France sous la troisième République*. Tubingue, Laupp, 1884.

bre 1880, ces innovations furent complétées par la création de l'école normale de Fontenay-aux-Roses, destinée à former des maîtresses et des directrices d'écoles normales.

Parmi les lois au moyen desquelles M. Ferry, en qualité de ministre de l'Instruction publique, a réformé l'enseignement primaire, les plus importantes sont : la loi sur l'instruction obligatoire ; la loi, intimement liée à la précédente, sur la gratuité de l'enseignement primaire public. Aux termes de la loi de 1850 citée précédemment (chap. 1er) étaient dispensées de subir un examen quelconque devant une commission laïque les institutrices primaires qui, membres d'un ordre religieux, étaient munies d'une *Lettre d'obédience* délivrée par leur supérieure. Il en résultait que presque toutes les institutrices congréganistes possédaient pour tout diplôme cette lettre d'obédience ; mais la possession de cette lettre ne constituait nullement une sérieuse garantie de capacité. Même en 1876, le nombre des institutrices primaires exerçant en vertu d'un diplôme officiel était encore très inférieur au nombre de celles qui enseignaient en vertu de la seule lettre d'obédience. Mais depuis la loi de 1881 personne ne peut enseigner dans une école primaire ou dans une salle d'asile s'il n'est pourvu des diplômes officiels exigés (brevet simple de l'enseignement primaire, certificat d'aptitude pédagogique pour la direction des salles d'asile). Toutes les institutrices en fonctions au 1er janvier 1881 ont dû subir l'examen prescrit par la loi, à l'exception de celles qui avaient cinq ans d'exercice et trente-cinq ans d'âge. Ce fut là un rude coup porté aux ordres religieux d'enseignement. Bien qu'en effet les examens aient eu lieu avec la plus grande équité ou du moins, comme toujours en France, avec la plus grande uniformité, il y a eu naturellement un grand nombre de sœurs incapables de passer l'examen et obligées par suite de renoncer à leurs fonctions. Il n'y a pas eu, comme on pourrait le croire, une perte pécuniaire pour les congrégations, qui donnaient pour la plupart un enseignement gratuit ; et les sœurs qui ont dû quitter les écoles ont pu être utilisées ailleurs, grâce à l'organisation des ordres ; mais l'influence morale de l'élément clérical a été singulièrement affaiblie par suite de la diminution du nombre des institutrices congréganistes. Comme le fait remarquer le professeur Jolly, les sœurs auxquelles la possession d'un diplôme officiel procure les moyens de se rendre indépendantes, constituent un danger pour les ordres ; il peut arriver en effet, bien des fois, surtout dans les congrégations féminines, qu'une sœur secoue le joug de l'ordre dont l'appui ne lui est plus nécessaire dans la vie. C'est ainsi que la loi Ferry sur les examens professionnels contribue à une désorganisation progressive des ordres religieux féminins d'enseignement. On ne regrettera certainement pas cette influence si l'on songe à l'esprit qui présidait, et préside encore, à l'enseignement dans les écoles primaires congréganistes. Même sous le rapport de la tenue, ces écoles ne peuvent soutenir la comparaison avec les écoles communales. L'emploi du temps y manque de régularité et, encore aujourd'hui, on reproche aux écoles tenues par les sœurs le grand nombre de fêtes chômées en l'honneur de saints paroissiaux et autres. J'ai pu m'assurer par moi-même jusqu'à quel point ce reproche est fondé.

Dans les *écoles primaires congréganistes,* la loi n'a pu, en raison de leur qualité d'écoles libres, interdire l'instruction religieuse, sous cette réserve toutefois qu'elle ne serait pas donnée aux dépens des matières prescrites par le programme officiel ; mais cet enseignement religieux est resté ce qu'il était jadis. Il est animé de l'esprit catholique le plus intolérant et le plus étroit ; bien que le temps soit passé où l'on prescrivait aux institutrices, au moment de leur entrée en fonctions, le nombre de chapelets qu'il leur fallait dire chaque jour avec les élèves, il nous suffit de jeter un coup d'œil rapide sur les catéchismes les plus en usage dans les écoles congréganistes pour se convaincre que l'étroitesse d'esprit n'a pas disparu, non plus que les préjugés funestes. Prenons par exemple le célèbre *Catéchisme de la Persévérance* au moyen duquel on enseigne dans la plupart des écoles congréganistes de filles et de garçons les principes et l'histoire de la religion chrétienne.

Catéchisme de Persévérance, page 386 :

Q. — Que devint la guerre contre l'Eglise pendant le xvi° siècle ?

R — La guerre contre l'Eglise pendant le xvi° siècle devint plus terrible que jamais : elle fut conduite par Machiavel, Luther, Zwingle, Calvin, Henri VIII.

Q. — Qui était Luther ?

R. — Luther était un religieux augustin d'Allemagne qui viola ses trois vœux, apostasia, épousa une religieuse et se mit à déclamer contre l'Eglise catholique.

Q. — Qu'écrivait-il avant sa condamnation ?

R. — Avant d'être condamné, il écrivait au souverain pontife qu'il écouterait sa décision comme un oracle sorti de la bouche de Jésus-Christ.

Q. — Que fit-il après sa condamnation ?

R. — Après sa condamnation par Léon X, il se répandit en injures contre lui, contre les évêques et les théologiens catholiques, prétendant avoir à lui seul plus de lumières que tout le monde chrétien. Il continua de prêcher l'erreur, et, après avoir mené une vie scandaleuse, il mourut en sortant d'un repas où il s'était, suivant sa coutume, gorgé de vin et de viande.

Q. — Qui était Zwingle ?

R. — Zwingle était curé de Notre-Dame des Ermites, en Suisse ; il prêcha les erreurs de Luther, permit toutes sortes de désordres, osa se marier publiquement, et fut tué dans une bataille perdue par ses partisans, quoiqu'il leur eût promis la victoire.

Q. — Qui était Calvin ?

R. — Calvin était un ecclésiastique de Noyon ; mais il ne fut jamais prêtre. Il adopta les erreurs de Luther, y ajouta les siennes, alla se fixer à Genève, où il fit brûler Michel Servet, qui avait osé le contredire, et mourut lui-même d'une maladie honteuse.

Q. — Le protestantisme est-il la vraie religion ?

R. — Le protestantisme n'est pas la vraie religion ; *il n'est pas même une religion*, puisqu'on voit :

1° Qu'il a été établi par quatre grands libertins (Henri VIII est du nombre) ;

2° Qu'il a eu pour cause le principe païen de l'insubordination, l'amour des honneurs, l'amour du bien d'autrui et des plaisirs sensuels, autant de choses défendues par l'Evangile ;

3° Qu'il permet de croire tout ce qu'on veut et de faire tout ce qu'on croit ;

4° Qu'il produit des maux infinis.

Q. — Que faut-il conclure de là ?

R. — Il faut conclure de là que nous devons prier pour ceux qui ont le malheur de le professer, nous défier de ceux qui le prêchent, et avoir en horreur les livres qu'ils répandent.

Cet esprit d'ostracisme, de dédain de la vérité historique domine tout l'enseignement ecclésiastique et principalement celui de l'histoire, où il se fait sentir le plus nettement. Les idées libérales que les auteurs classiques de tous les pays, surtout en France, ont propagées et sur la vulgarisation desquelles est basé le progrès de la société moderne, ces idées sont présentées à l'intelligence des enfants comme des inventions recélant le péché et l'incrédulité.

Il ne faut pas oublier contre quel enseignement religieux la troisième République a fait sa réforme scolaire ; on s'expliquera alors le principe de l'enseignement moral, qui serait une monstruosité en Allemagne. Il est très malheureux pour nos voisins que le protestantisme n'ait pas fait chez eux de plus grands progrès : la manière dont le protestantisme comprend les affaires de religion est seule capable en effet de concilier le christianisme avec la science moderne. L'enseignement religieux, tel qu'il est compris par les cléricaux, aussi bien que l'enseignement de la *morale* sans la religion (pour ne pas dire dirigé contre la religion) renferment de graves dangers ; un moyen terme n'est possible que là où vit l'idée protestante. Pour le sexe féminin, ces dangers sont doublement graves. Lorsque la jeune fille du peuple, devenue adulte, trouvera que tout ce qu'elle a appris dans le catéchisme, ou à sa suite, est en contradiction flagrante avec tout ce que lui apprend la littérature profane mise à sa disposition, avec tout ce que pensent et disent les hommes, elle ne sera que trop exposée à perdre toute idée religieuse, parce que celle qui résulte pour elle de l'enseignement du catéchisme lui semblera insoutenable et ne la satisfera pas. Ce ne sont pas les femmes qui sont le moins, en France, portées à la moquerie et à l'ironie envers tout ce qui s'appelle clergé ou église.

Sous d'autres rapports l'enseignement de la morale risque de faire autant de mal que l'enseignement religieux donné par des prêtres dans les écoles primaires publiques. Bien qu'étant le produit de réflexions sérieuses, il est dépourvu de toute prémisse tirée de la religion, de sorte qu'il ne repose sur aucune base solide. Ce qui est plus fâcheux encore, c'est que surtout dans les campagnes la plupart des enfants ne sont instruits, en dehors de l'école, qu'au moyen du catéchisme et cela jusqu'à l'époque de leur première communion. Ce qui dans l'enseignement scolaire se dégage généralement de la *loi morale*, trouve son explication dans les dogmes positifs de l'Église ; il en résulte, dans l'esprit de l'enfant, une sorte de dualisme en fait de convictions ; ce dualisme est d'autant plus à craindre qu'il ne sera contre-balancé ni par la grandeur des idées puisées dans une instruction supérieure, ni par le milieu dans lequel l'enfant est appelé à vivre.

L'organisation des écoles primaires publiques de filles est identique à celle des écoles de garçons, à part quelques légères différences nécessitées par la condition et les besoins des sexes. Je donne ci-après le texte de l'arrêté du 27 juillet 1882, qui a déterminé les grandes lignes de cette organisation.

Article premier. — L'enseignement primaire dans les écoles publiques est partagé en trois cours :

Cours élémentaire ;

Cours moyen ;

Cours supérieur.

La constitution de ces trois cours est obligatoire dans toutes les écoles, quel que soit le nombre des classes et des élèves.

Art. 2. — Dans toute commune où, à défaut d'école maternelle, les enfants au-dessous de l'âge scolaire sont reçus à l'école primaire, il pourra être établi une classe particulière pour eux (classe enfantine).

Si, dans une école, il se trouve plus de dix élèves munis du certificat d'études, qui, après avoir terminé le cours supérieur, désirent continuer leur instruction, il pourra être établi un cours complémentaire d'une année.

Art. 3. — La durée des études se divise comme il suit :

Classe enfantine : un ou deux ans, suivant que les enfants entrent à six ans ou à cinq ;

Cours élémentaire : deux ans, de sept à neuf ans ;

Cours moyen : deux ans, de neuf à onze ans ;

Cours supérieur : deux ans, de onze à treize ans ;

Cours complémentaire d'enseignement primaire supérieur : un an.

Art. 4. — Dans les écoles qui n'ont qu'un maître et qu'une classe, il ne pourra être établi aucune division ni dans le cours moyen ni dans le cours supérieur ; il n'en pourra être établi plus de deux pour les enfants au-dessous de neuf ans.

Art. 5. — Dans les écoles qui n'ont que deux maîtres, l'un sera chargé du cours moyen et du cours supérieur, l'autre du cours élémentaire (y compris la classe enfantine, s'il y a lieu).

Art. 6. — Dans les écoles qui ont trois maîtres, chaque cours forme une classe distincte.

Art. 7. — Dans les écoles à quatre classes, le cours élémentaire comptera deux classes, chacun des deux autres cours une seule classe.

Art. 8. — Dans les écoles à cinq classes, le cours élémentaire comptera deux classes, le cours moyen deux, le cours supérieur une.

Art. 9. — Dans les écoles à six classes, chacun des trois cours formera deux classes, à moins que le nombre des élèves du cours supérieur ne permette de les réunir en une seule classe.

Art. 10. — Toutes les fois qu'un même cours comprendra deux

classes, l'une formera la première année du cours, l'autre la seconde. — Ces deux classes suivront le même programme; mais les leçons et les exercices seront gradués de telle sorte que les élèves puissent dans la seconde année revoir, approfondir et compléter les études de la première (1).

Art. 11. — Au-dessus de six classes, quel que soit le nombre des maîtres, aucun cours ne devra former plus de deux années. Les classes en plus du nombre de six, non compris la classe enfantine seront des classes parallèles destinées à dédoubler l'effectif soit de la première année, soit de la seconde année.

Art. 12. — Chaque année, à la rentrée, les élèves, suivant leur degré d'instruction, sont répartis par le directeur dans les diverses classes, sous le contrôle de l'inspecteur primaire. — Le certificat d'études donne droit à l'entrée dans le cours supérieur.

Art. 13. — Chaque élève, à son entrée à l'école, recevra un cahier spécial, qu'il devra conserver pendant toute la durée de sa scolarité. Le premier devoir de chaque mois, dans chaque ordre d'études, sera écrit sur ce cahier par l'élève, en classe et sans secours étranger, de telle sorte que l'ensemble de ces devoirs permette de suivre la série des exercices et d'apprécier les progrès de l'élève d'année en année. Ce cahier restera déposé à l'école.

Art. 14. — Tout concours entre les écoles publiques auquel ne participerait pas l'ensemble des élèves de l'un au moins des trois cours est formellement interdit.

Art. 15. — L'enseignement donné dans les écoles primaires publiques se rapporte à un triple objet: *éducation physique*, *éducation intellectuelle*, *éducation morale*. Les leçons et exercices gradués qu'il comporte sont répartis dans le cours d'études conformément aux programmes annexés au présent arrêté (2).

Art. 16. — Au commencement de chaque année scolaire, le tableau de l'emploi du temps par jour et par heure est dressé par le directeur de l'école, et, après approbation de l'inspecteur primaire, il est affiché dans les salles de classe.

La répartition des exercices doit satisfaire aux conditions générales ci-après déterminées.

I. Chaque séance doit être partagée en plusieurs exercices cou-

---

1. Soit quelque chose d'analogue à des circonférences concentriques.
2. Les nouveaux programmes des écoles primaires avec divisions mensuelles, etc. par MM. Brouard et Defodon. Paris, Hachette, 1884, 2ᵉ édition.

pés soit par la récréation réglementaire, soit par des mouvements et des chants.

II. Les exercices qui demandent le plus grand effort d'attention, tels que les exercices d'arithmétique, de grammaire, de rédaction, seront placés de préférence le matin.

III. Toute leçon, toute lecture, tout devoir, sera accompagné d'explications orales et d'interrogations.

IV. La correction des devoirs et la récitation des leçons ont lieu pendant les heures de classe auxquelles se rapportent ces devoirs et ces leçons. Dans la règle, les devoirs sont corrigés au tableau noir en même temps que se fait la visite des cahiers. Les rédactions sont corrigées par le maître en dehors de la classe.

V. Les trente heures de classe par semaine (non compris le temps que les élèves peuvent consacrer soit à domicile soit dans des études surveillées à la préparation des devoirs et des leçons) devront être réparties d'après les indications suivantes :

1° Il y aura chaque jour dans les deux premiers cours au moins une leçon qui, sous la forme d'entretien familier ou au moyen d'une lecture appropriée, sera consacrée à l'instruction morale : dans le cours supérieur, cette leçon sera, autant que possible, le développement méthodique du programme de morale.

2° L'enseignement du français (exercices de lecture, lectures expliquées, leçons de grammaire, exercices orthographiques, dictées, analyses, récitations, exercices de composition, etc.) occupera tous les jours environ deux heures.

3° L'enseignement scientifique occupera en moyenne d'une heure à une heure et demie par jour, savoir : 3/4 d'heure ou 1 heure pour l'arithmétique et les exercices qui s'y rattachent ; le reste pour les sciences physiques et naturelles (avec leurs applications) présentées d'abord sous la forme de leçons de choses et plus tard enseignées méthodiquement.

4° L'enseignement de l'histoire et de la géographie, auquel se rattache l'instruction civique, comportera environ une heure de leçon tous les jours.

5° Le temps consacré aux exercices d'écriture proprement dite sera d'une heure au moins par jour dans le cours élémentaire et se réduira graduellement, à mesure que les divers devoirs dictés ou rédigés pourront en tenir lieu.

6° L'enseignement du dessin, commencé par des leçons très courtes dès le cours élémentaire, occupera dans les autres cours deux ou trois leçons chaque semaine.

7° Les leçons de chant occuperont de une à deux heures par semaine, indépendamment des exercices de chant qui auront lieu tous les jours soit dans les intervalles qui séparent les autres exercices scolaires, soit à la rentrée et à la sortie des classes.

8° La gymnastique, outre les exercices qui peuvent accompagner les mouvements de classe, occupera tous les jours, ou au moins tous les deux jours, une séance dans le courant de l'après-midi.

9° Enfin, pour les garçons aussi bien que pour les filles, deux ou trois heures par semaine seront consacrées aux travaux manuels.

En ce qui concerne le plan d'études des écoles primaires et les principes généraux d'après lesquels il a été établi, les indications ci-après serviront à éclairer le lecteur.

I

ÉDUCATION PHYSIQUE ET PRÉPARATION A L'ÉDUCATION PROFESSIONNELLE.

L'éducation physique a un double but: d'une part, fortifier le corps, affermir le tempérament de l'enfant, le placer dans les conditions hygiéniques les plus favorables à son développement physique en général; d'autre part, lui donner de bonne heure ces qualités d'adresse et d'agilité, cette dextérité de la main, cette promptitude et cette sûreté de mouvements qui, précieuses pour tous, sont plus particulièrement nécessaires aux élèves des écoles primaires. Sans perdre son caractère essentiel d'établissement d'éducation, et sans se changer en atelier, l'école primaire peut et doit faire aux exercices du corps une part suffisante pour préparer les garçons aux futurs travaux de l'ouvrier et du soldat, les filles aux soins du ménage et aux ouvrages de femmes.

Méthode. — Les exercices du corps faisant diversion à l'ensemble des leçons proprement dites, il sera généralement facile d'obtenir que les élèves y apportent de la bonne volonté et de l'entrain. — La marche de l'enseignement est réglée avec le plus grand détail par les manuels émanés du ministère. — En ce qui concerne le travail manuel des filles, outre les ouvrages de couture et de coupe, le programme fait remarquer que l'institutrice est appelée à donner aux élèves, par son propre exemple, l'amour de l'ordre, à les faire entrer dans le détail du ménage, à leur faire prendre goût aux travaux manuels et à les mettre en garde contre les goûts frivoles ou dangereux.

Voici les matières telles quelles sont détaillées par le programme (1) :

Soins d'hygiène et de propreté. — I. Inspection des enfants à leur arrivée à l'école. Surveiller leurs jeux au point de vue hygiénique. Soins particuliers pour les plus jeunes enfants. — II. Inspection, etc. Conseils aux enfants au sujet de l'alimentation, du vêtement, de la tenue du corps, etc. — III et IV. Suite des mêmes moyens d'instruction et d'éducation.

Gymnastique. — I. Jeux, marches, évolutions, mouvements rythmés ; petits jeux de Mme Pape-Carpantier. — II. Exercices préparatoires, mouvements de flexion des bras et des jambes. Exercice des haltères et de la barre. Course cadencée. — III. En plus des exercices précédents, exercices des anneaux (de la corde à nœuds), de l'échelle, de la barre, etc. — IV. Suite des mêmes exercices. En outre : exercice d'équilibre sur un pied. Mouvements des bras combinés avec la marche.

Travaux manuels (pour les filles). — I. Petits exercices d'après Frœbel ; tressage, pliage. Éléments du tricot. — II. Tricot. Etude du point. Mailles à l'endroit et à l'envers. Diminutions, augmentations. — Point de marque sur canevas. Eléments de couture : ourlets et surjets. — Exercices manuels destinés à développer la dextérité de la main ; découpage et application de pièces de papier de couleur. Petits essais de modelage. — III. Tricot et remmaillage. Couture : point devant, ourlet, surjet, couture double, etc. Confection d'essuie-mains, serviettes, mouchoirs, tabliers, chemises ; rapiéçage. — IV. Tricot de jupons, gilets, gants. Marque sur la toile. Piqûres ; froncés ; boutonnières ; reprises. Notions de coupe et confection des vêtements les plus faciles. Notions très simples d'économie domestique (cuisine, blanchissage, entretien du linge, toilette, jardin).

II

ÉDUCATION INTELLECTUELLE

1° *Objet de l'éducation intellectuelle.* — L'éducation intellectuelle, telle que peut la faire l'école primaire publique, ne donne qu'un

---

1. Je désignerai dans ce qui suivra par les numéros I, II, III, IV les quatre cours précités, y compris la classe enfantine.

nombre limité de connaissances. Mais ces connaissances sont choisies de telle sorte que non seulement elles assurent à l'enfant tout le savoir pratique dont il aura besoin dans la vie, mais encore elles agissemt sur ses facultés, forment son esprit, l'étendent et constituent vraiment une éducation.

L'idéal de l'école primaire n'est pas d'enseigner *beaucoup*, mais de *bien* enseigner. L'enfant qui en sortsait peu, maissaitbien ; l'instruction qu'il a reçue est restreinte, mais elle n'est pas superficielle. Ce n'est pas une demi-instruction, et celui qui la possède ne sera pas un demi-savant ; car ce qui fait qu'une instruction est, dans son genre, complète ou incomplète, ce n'est pas l'étendue plus ou moins vaste du domaine qu'elle cultive, c'est la manière dont elle l'a cultivé.

L'instruction primaire, en raison de l'âge des élèves et des carrières auxquelles ils se destinent, n'a ni le temps ni les moyens de leur faire parcourir un cycle d'études égal à celui de l'enseignement secondaire. Ce qu'elle peut faire pour eux, c'est que leurs études leur profitent autant et leur rendent, dans une sphère plus humble, les mêmes services que les études secondaires aux élèves des lycées : c'est que les uns comme les autres emportent de l'enseignement public d'abord une somme de connaissances appropriées à leurs futurs besoins, ensuite et surtout de bonnes habitudes d'esprit, une intelligence ouverte et éveillée, des idées claires, du jugement, de la réflexion, de l'ordre et de la justesse dans la pensée et dans le langage. « L'objet de l'enseignement primaire », comme l'a très justement dit M. Gréard (*Rapport sur la situation de l'enseignement primaire de la Seine en 1875*), « n'est pas d'embras
« ser sur les diverses matières auxquelles il touche tout ce qu'il
« est possible de savoir, mais de bien apprendre dans chacune
« d'elles ce qu'il n'est pas permis d'ignorer. »

2° *Méthode*. — La méthode à suivre s'impose d'elle-même. Elle ne peut consister, ni dans une suite de procédés mécaniques, ni dans le seul apprentissage de ces premiers instruments de communication : la lecture, l'écriture, le calcul ; ni dans une froide succession de leçons. La seule méthode qui convient à l'enseignement primaire est celle qui fait intervenir tour à tour le maître et les élèves, qui entretient entre eux et lui un échange continuel d'idées sous des formes variées. Le maître part toujours de ce que les enfants savent, et, procédant du connu à l'inconnu, du facile au difficile, il les conduit par l'enchaînement des questions orales ou des devoirs écrits à découvrir les conséquences d'un principe, les applications d'une règle, ou inversement les règles qu'ils ont déjà inconsciemment appliquées.

En tout enseignement, le maître, pour commencer, se sert d'objets sensibles, fait voir et toucher les choses, met les enfants en présence de réalités concrètes ; puis peu à peu il les exerce à en dégager l'idée abstraite, à comparer, à généraliser, à raisonner sans le secours d'exemples matériels.

C'est donc par un appel incessant à l'attention, au jugement, à la spontanéité intellectuelle de l'élève que l'enseignement primaire peut se soutenir. Il est essentiellement intuitif et pratique : *intuitif*, c'est-à-dire qu'il compte avant tout sur le bon sens naturel, sur la force de l'évidence, sur cette puissance innée qu'a l'esprit humain de saisir, du premier regard et sans démonstration, non pas toutes les vérités, mais les plus simples et les plus fondamentales ; *pratique*, c'est-à-dire qu'il ne perd jamais de vue que les élèves de l'école primaire n'ont pas de temps à perdre en discussions oiseuses, en théories savantes, en curiosités scolastiques, et que ce n'est pas trop de cinq ou six années pour les munir du petit trésor d'idées dont ils ont strictement besoin, et surtout pour les mettre en état de le conserver et de le grossir dans la suite. C'est à cette double condition que l'enseignement primaire peut entreprendre l'éducation et la culture de l'esprit ; c'est, pour ainsi dire, la nature seule qui le guide : il développe parallèlement les diverses facultés de l'intelligence par le seul moyen dont il dispose, c'est-à-dire en les exerçant d'une manière simple, spontanée, presque instinctive ; il forme le jugement en amenant l'enfant à juger ; l'esprit d'observation en faisant beaucoup observer, le raisonnement en aidant l'enfant à raisonner de lui-même et sans règles de logique.

Cette confiance dans les forces naturelles de l'esprit qui ne demandent qu'à se développer et cette absence de toute prétention à la science proprement dite conviennent à tout enseignement rudimentaire, mais s'imposent surtout à l'école primaire publique, qui doit agir non sur quelques enfants pris à part, mais sur la masse de la population enfantine. L'enseignement y est nécessairement collectif et simultané ; le maître ne peut se donner à quelques-uns, il se doit à tous ; c'est par les résultats obtenus sur l'ensemble de sa classe, et non pas sur une élite seulement, que son œuvre pédagogique doit être appréciée. Quelles que soient les inégalités d'intelligence que présentent ses élèves, il est un minimum de connaissances et d'aptitudes que l'enseignement primaire doit communiquer à tous les élèves. Ce niveau sera très facilement dépassé par quelques-uns, mais, le fût-il, s'il n'est pas atteint partout le reste de la classe, le maître n'a pas bien compris sa tâche ou ne l'a pas entièrement remplie.

Pour ce qui est du plan d'études, j'en citerai ce qui suit:

En ce qui concerne la *lecture* et l'*écriture*, le but à remplir par l'école primaire, en raison même de sa nature, est de donner aux élèves une habileté aussi grande que possible dans ces deux exercices. Les méthodes employées en France sont en général les mêmes que chez nous; toutefois, en France, dans les classes enfantines, on se sert quelquefois du système de *phonomimie* inventé par un Français: l'enfant apprend à lire de telle manière que chaque son (lettre) est représenté par un certain mouvement des bras : ce principe très approprié à l'enseignement des sourds-muets, entraîne, pour des enfants qui entendent, une perte de temps considérable (1).

L'enseignement de la *langue française* a pour but d'apprendre aux élèves à s'exprimer convenablement de vive voix et par écrit, à mettre de l'ordre dans leurs idées. On donne également aux jeunes filles un aperçu sommaire de la littérature classique au moyen de fragments choisis, réunis dans des *livres de lecture* récemment composés d'après les modèles allemands; on leur donne également des indications sur les principales étymologies. L'enseignement de la langue maternelle, est, en France plus encore que chez nous, le pivot de toute l'instruction; il est pour ainsi dire le moyen essentiel du perfectionnement du goût, et celui qui a visité une école française sait que l'on attache à ce fait beaucoup plus d'importance en France que chez nous. Le Français considère sa langue comme une œuvre d'art, dont la contemplation est pour lui un plaisir. Les devoirs écrits consistent en dictées, prises dans les auteurs classiques, sans recherche des difficultés orthographiques, et en compositions. Les dictées sont corrigées en classe (correction mutuelle); les compositions sont corrigées par le maître en dehors de la classe.

L'enseignement de l'*histoire* se propose de donner une connaissance sommaire des principaux événements de l'histoire nationale. Les trois premiers cours se contentent principalement de biographies, tandis que dans le cours supérieur on donne un aperçu général sur l'antiquité classique (par exemple les Égyptiens et les

---

1. Cf. à ce sujet Techmer dans la *Revue internationale de linguistique générale*, II 1.

Hébreux) en même temps que l'on fait une revision générale des programmes des années antérieures. De même, dans les trois premiers cours, l'enseignement de la *géographie* consiste en quelques notions générales sur les principaux phénomènes de la géologie et en une description particulière de la France. Le cours supérieur s'occupe de l'Europe et des quatre autres parties du monde. Les exercices cartographiques occupent une large place : les jeunes filles françaises arrivent, dans ces exercices, à une habileté surprenante. Dans bien des écoles primaires j'ai remarqué que les connaissances géographiques des élèves ne répondaient pas à ce qu'on était en droit d'attendre de leur habileté à dessiner les cartes. L'enseignement des *devoirs civils* (instruction civique, droit usuel, notions d'économie politique) donne l'explication des principaux termes employés dans les affaires de l'État, tels que citoyen, patrie, loi, justice, force publique, et traite des principaux devoirs de l'individu envers la société. A cela vient s'ajouter, pour les élèves du cours supérieur, un exposé assez détaillé de la Constitution française, du fonctionnement des rouages publics; dans les écoles de filles, où l'on suit en cela le même programme que dans les écoles de garçons, il m'a semblé que les institutrices et les élèves ne s'intéressaient que médiocrement à ces questions. Ce qui les intéresse davantage c'est, à la fin de l'année, le cours sommaire d'économie politique (capital, travail, associations, production et échange; épargne, assurances, caisses de retraite, etc); le petit livre de M. Maurice Bloch, livre traduit en allemand, rend sur ce point de grands services.

L'*arithmétique* est poussée jusqu'au calcul des intérêts, en insistant sur le calcul de tête ; on fait acquérir aux élèves une grande assurance dans l'application des quatre règles aux fractions ordinaires et décimales. En *géométrie*, en outre d'une étude de la forme des corps les plus usuels, on fait principalement des exercices sur l'évaluation des distances, des dimensions comparatives, etc ; c'est ainsi que la géométrie vient en aide au dessin ; les garçons en outre se familiarisent avec les principes de géométrie les plus communément employés dans les arts et les métiers. Le *dessin* est, dans les écoles primaires de filles, l'objet de soins particuliers ; d'ailleurs, le prix que l'on attache à cet art pour la jeunesse féminine est incontestablement démontré par le grand nombre d'écoles de dessin instituées pour les filles. Là aussi, on a surtout en vue un but pratique : à la fin du cours supérieur les élèves sont non seulement capables de faire un croquis d'objets réels (meubles, machines simples, etc.) mais elles ont acquis aussi une certaine sûreté, un goût évident pour l'invention et l'arrangement. Les *sciences physiques* et *naturelles*, traitées selon les intentions de la réforme scolaire, jouissent d'une grande faveur. Dans la classe enfantine elles fournissent, et avec raison, la matière principale des *leçons de choses*. Dans le cours supérieur on donne aux élèves quelques notions de chimie. Aux sciences naturelles vient se joindre l'enseignement de l'*agriculture* et de l'*horticulture* dont le jardin de l'école fournit la démonstration pratique. Le *chant* est essentiellement enseigné par la pratique ; c'est à peine si dans la dernière année on explique la différence entre la clé de *sol* et la clé de *fa*. Les exercices de solfège sont choisis de préférence dans les anciens chants populaires de la France que l'on a récemment commencé à réunir.

III

ÉDUCATION MORALE

Au sujet de l'*enseignement moral*, le programme officiel s'exprime ainsi qu'il suit : L'enseignement moral est destiné à compléter et à relier, à relever et à ennoblir tous les enseignements de l'école. Tandis que les autres études développent chacune un ordre spécial d'aptitudes et de connaissances utiles, celle-ci tend à développer dans l'homme l'homme lui-même, c'est-à-dire un cœur, une intelligence, une conscience.

Par là même l'enseignement moral se meut dans une tout autre sphère que le reste de l'enseignement. La force de l'éducation morale dépend bien moins de la précision et de la liaison logique des vérités enseignées que de l'intensité du sentiment, de la vivacité des impressions et de la chaleur communicative de la conviction. Cette éducation n'a pas pour but de faire *savoir*, mais de faire *vouloir* ; elle émeut plus qu'elle ne démontre ; devant agir sur l'être sensible, elle procède plus du cœur que du raisonnement ; elle n'entreprend pas d'analyser toutes les raisons de l'acte moral, elle cherche avant tout à le produire, à en faire une habitude qui gouverne la vie. A l'école primaire surtout, ce n'est pas une science, c'est un art, l'art d'incliner la volonté libre vers le bien.

Rôle de l'instituteur dans cet enseignement. — L'instituteur est chargé de cette partie de l'éducation, en même temps que des autres, comme représentant de la société : la société laïque et démocratique a, en effet, l'intérêt le plus direct à ce que tous ses membres soient initiés de bonne heure et par des leçons ineffaçables au sentiment de leur dignité et de leur responsabilité. Pour atteindre ce but, l'instituteur n'a pas à enseigner de toutes pièces une morale théorique suivie d'une morale pratique, comme s'il s'adressait à des enfants dépourvus de toute notion préalable du bien et du mal : l'immense majorité lui arrive au contraire ayant déjà reçu ou recevant un enseignement religieux qui les familiarise avec l'idée d'un Dieu auteur de l'univers et père des hommes, avec les traditions, les croyances, les pratiques d'un culte chrétien ou israélite ; au moyen de ce culte, et sous toutes les formes qui lui sont particulières, ils ont déjà reçu les notions fondamentales de la morale éternelle et universelle ; mais ces notions sont encore chez eux à l'état de germe naissant et fragile, elles n'ont pas pénétré profondément en eux-mêmes ; elles sont fugitives et confuses, plutôt entrevues que possédées, confiées à la mémoire bien plus qu'à la conscience à peine exercée encore. Elles attendent d'être mûries et développées par une culture convenable.

C'est cette culture que l'instituteur public va leur donner. Sa mission est donc bien délimitée ; elle consiste à fortifier, à enraciner dans l'âme de ses élèves, pour toute leur vie, en les faisant passer par la pratique quotidienne, ces notions essentielles de moralité humaine communes à toutes les doctrines et nécessaires à tous les hommes civilisés. Il peut remplir cette mission sans avoir à faire personnellement ni adhésion ni opposition à aucune des diverses croyances confessionnelles auxquelles ses élèves associent et mêlent les principes généraux de la morale ; il prend ces enfants tels qu'ils lui viennent, avec leurs idées et leur langage, avec les croyances qu'ils tiennent de la famille, et n'a d'autre souci que de leur apprendre à en tirer ce qu'elles contiennent de plus précieux au point de vue de la morale.

1° *Objet propre et limites de cet enseignement.* — L'enseignement moral laïque se distingue donc de l'enseignement religieux sans le contredire. L'instituteur ne se substitue ni au prêtre ni au père de famille ; il joint ses efforts aux leurs pour faire de chaque enfant un honnête homme. Il doit insister sur les devoirs qui rapprochent les hommes et non sur les dogmes qui les divisent. Toute discussion théologique et philosophique lui est manifestement interdite par le caractère même de ses fonctions, par l'âge de ses élèves, par la confiance des familles et de l'État : il concentre tous ses efforts sur un problème d'une autre nature, mais non moins ardu, par cela même qu'il est exclusivement pratique : c'est de faire faire à tous ces enfants l'apprentissage effectif de la vie morale.

Plus tard, devenus citoyens, ils seront peut-être séparés par des opinions dogmatiques, mais du moins ils seront d'accord, dans la pratique, pour placer le but de la vie aussi haut que possible, pour avoir la même horreur de tout ce qui est bas et vil, la même admiration de ce qui est noble et généreux, la même délicatesse dans l'appréciation du devoir, pour aspirer au perfectionnement moral, quelques efforts qu'il coûte, pour se sentir unis dans ce culte général du bien, du beau et du vrai qui est aussi une forme, et non la moins pure, du sentiment religieux.

2. *Méthode*. — Pour que la culture morale, entendue comme il est dit plus haut, soit possible et soit efficace dans l'enseignement primaire, une condition est indispensable : c'est que cet enseignement atteigne au vif de l'âme, qu'il ne se confonde ni par le ton, ni par le caractère, ni par la forme, avec une leçon proprement dite. Il ne suffit pas de donner à l'élève des notions correctes et de le munir de sages maximes, il faut arriver à faire éclore en lui des sentiments assez vrais et assez forts pour l'aider un jour, dans la lutte de la vie, à triompher des passions et des vices. On demande à l'instituteur, non pas d'orner la mémoire de l'enfant, mais de toucher son cœur, de lui faire ressentir, par une expérience directe, la majesté de la loi morale ; c'est assez dire que les moyens à employer ne peuvent être semblables à ceux d'un cours de science ou de grammaire. Ils doivent non seulement être plus souples et plus variés, mais plus intimes, plus émouvants, plus pratiques, d'un caractère tout ensemble moins didactique et plus grave.

L'instituteur ne saurait trop se représenter qu'il s'agit pour lui de former, chez l'enfant, le sens moral, de l'aiguiser, de le redresser parfois ; et, pour y parvenir, le plus sûr moyen dont dispose un maître qui n'a que si peu de temps pour une œuvre si longue c'est d'exercer beaucoup, et avec un soin extrême, ce délicat instrument de la conscience. Qu'il se borne aux points essentiels, qu'il reste élémentaire mais clair, mais simple, mais impératif et persuasif tout ensemble. Il doit laisser de côté les développements qui trouveraient leur place dans un enseignement plus élevé ; pour lui la tâche se borne à accumuler, dans l'esprit et dans le cœur de l'enfant qu'il entreprend de façonner à la vie morale, assez de beaux exemples, assez de bonnes impressions, assez de saines idées, d'habitudes salutaires et de nobles aspirations pour que cet enfant emporte de l'école, avec son petit patrimoine de connaissances élémentaires, un trésor plus précieux encore : une conscience droite.

Deux choses sont expressément recommandées au maître. D'une part, pour que l'élève se pénètre de ce respect de la loi morale qui est à lui seul toute une éducation, il faut premièrement que par son caractère, par sa conduite, par son langage, il soit lui-même le plus persuasif des exemples. Dans cet ordre d'enseignement, ce qui ne vient pas du cœur ne va pas au cœur.

Un maître qui récite des préceptes, qui parle du devoir sans conviction, sans chaleur, fait bien pis que perdre sa peine, il est en faute : un cours de morale régulier, mais froid et sec, n'enseigne pas la morale parce qu'il ne la fait pas aimer. Le plus simple récit où l'enfant pourra surprendre un accent de gravité, un seul mot sincère, vaut mieux qu'une longue suite de leçons machinales. D'autre part, — et il est à peine besoin de formuler cette prescription, — le maître devra éviter comme une mauvaise action tout ce qui, dans son langage ou dans son attitude, blesserait les croyances religieuses des enfants confiés à ses soins, tout ce qui porterait le trouble dans leur esprit, tout ce qui trahirait de sa part, envers une opinion quelconque, un manque de respect ou de réserve. La seule obligation à laquelle il soit tenu, — et elle est compatible avec le respect de toutes les croyances, — c'est de surveiller d'une façon pratique et paternelle le développement moral de ses élèves avec la même sollicitude qu'il met à suivre leurs progrès scolaires; il ne doit pas se croire quitte envers aucun d'eux s'il n'a fait autant pour l'éducation du caractère que pour celle de l'intelligence. A ce prix seulement l'instituteur aura mérité le titre d'*éducateur*, et l'instruction primaire le nom d'*éducation libérale*.

Le *plan d'études* fait voir comment on peut satisfaire à ce besoin particulier de l'instruction morale. Dans les deux premiers cours (5 à 9 ans), l'enseignement moral pénètre dans toutes les matières; tous les sujets dont le maître s'entretient avec les petits enfants fournissent un thème à des observations sur la conduite morale de l'homme. La méthode résulte de la nature même de la chose. Ce n'est que dans les 3me et 4me cours que l'enseignement moral prend le caractère d'une branche d'études régulière. Les indications suivantes, empruntées au programme, indiquent le chemin à parcourir.

1° *L'enfant dans la famille. Devoirs envers les parents et les grands-parents.* Obéissance, respect, amour, reconnaissance ; aider les parents dans leurs travaux, les soulager dans leurs maladies, venir à leur aide dans leurs vieux jours. *Devoirs des frères et sœurs* (s'aimer les uns les autres, protection des plus âgés à l'égard des plus jeunes). *Devoirs envers les serviteurs* (politesse, bonté). *L'enfant dans l'école* (assiduité, travail, convenance). *La patrie* (la France, ses grandeurs et ses malheurs ; devoirs envers la patrie et la société). — 2° *Devoirs envers soi-même. Le corps* (propreté, sobriété, tempérance, dangers de l'ivresse, gymnastique). *Les biens extérieurs* (économie, éviter les dettes, funestes effets de la passion du jeu; ne pas trop aimer l'argent et le gain ; prodigalité ; avarice). Le travail (obligation du travail pour tous les hommes ; noblesse du travail manuel). *L'âme* (véracité et sincérité, ne jamais mentir). Dignité personnelle, respect de soi-même. Modestie ; ne point s'aveugler sur ses défauts. Éviter l'orgueil, la vanité, la coquetterie, la frivolité. Avoir honte de l'ignorance et de la paresse. Courage dans le péril et dans le malheur, patience, esprit d'initiative. Dangers de la colère. Traiter les animaux avec douceur, ne point les faire souffrir inutilement. Loi Grammont (société protectrice des animaux). — 3° *Devoirs envers les autres hommes.* Justice et charité (ne faites pas à autrui ce que vous ne voudriez pas qu'on vous fît ; faites aux autres ce que vous voudriez qu'ils vous fissent). Ne porter atteinte ni à la vie, ni aux biens, ni à la réputation d'autrui. Bonté, fraternité. Tolérance, respect de la croyance d'autrui. — *N. B.* Dans tout ce cours, l'instituteur prend pour point de départ l'existence de la conscience, de la loi morale et de l'obligation. Il fait appel au sentiment de la responsabilité, il n'entreprend pas de le démontrer par exposé théorique. — 4° *Devoirs envers Dieu.* L'instituteur n'est pas chargé de faire un cours *ex professo* sur la nature et les attributs de Dieu ; l'enseignement qu'il doit donner se borne à deux points : 1° il apprend aux enfants à ne pas prononcer légèrement et sans nécessité le nom de Dieu ; il associe étroitement dans leur esprit à l'idée de la Cause première et de l'Être parfait un sentiment de respect et de vénération ; et il habitue chacun d'eux à environner du même respect cette notion de Dieu alors même qu'elle se présenterait à lui sous des formes différentes de celles de sa propre religion. 2° Ensuite, et sans s'occuper des prescriptions spéciales aux diverses Églises, l'instituteur s'attache à faire comprendre et sentir à l'enfant que le premier hommage qu'il doit à la Divinité, c'est l'obéissance aux lois de Dieu, telles que les lui révèlent sa conscience et sa raison. — *Dans le dernier cours*, cette instruction sur les devoirs est reprise et complétée sur quelques points ; les devoirs envers la patrie (service obligatoire, impôts, etc). sont notamment l'objet d'une étude spéciale.

Les indications précédentes suffiront pour montrer dans quel esprit doit être et est généralement donnée l'instruction primaire ; elles montrent en outre les matières qu'elle embrasse. Si je ne m'étais proposé de traiter ici de l'instruction primaire en général, je donnerais encore quelques extraits des *directions pédagogiques* qui, procédant principalement des idées de M. Gréard, font suite au programme. Mais je dois m'arrêter ici pour ne point sortir du cadre que je me suis tracé.

Il est vrai que toute la jeunesse féminine de la France n'est pas élevée et instruite selon les principes du système que nous venons d'exposer ; une grande partie reçoit encore l'instruction dans les écoles libres dirigées par des sœurs, que l'on appelle du nom caractéristique d'*écoles chrétiennes*. Toutefois, ces écoles doivent enseigner, au moins sous le rapport de la quantité, un nombre à peu près égal de matières ; elles ne peuvent non plus se désintéresser de la morale et des devoirs civiques : car les élèves des sœurs s'efforcent, comme les autres, d'obtenir le certificat d'études primaires ainsi que les divers brevets conférés à la suite d'examens officiels.

Les jeunes filles de toutes conditions étant, directement ou indirectement, touchées par la nouvelle loi de l'instruction primaire, cette loi constitue un pas important vers le but que l'esprit français, dans son évolution récente, considère comme l'idéal suprême : l'affranchissement des chaînes du cléricalisme. Les réformes ne sont pas dirigées contre la religion, mais contre un certain parti qui a rompu avec les idées fondamentales du christianisme par une intolérance révoltante. Le moyen le plus efficace de combattre ce parti, c'est de lui retirer peu à peu le puissant auxiliaire qu'il a rencontré jusqu'ici dans le sexe féminin. Toute élévation du niveau intellectuel de la femme correspond à une diminution de l'influence ecclésiastique, et c'est à bon escient que l'évêque Dupanloup avait inscrit sur son drapeau la lutte contre l'instruction laïque des jeunes filles !

Cependant, bien qu'il soit certain que les nouvelles lois sont dirigées contre le catholicisme, il ne faut pas croire que leur caractère consiste uniquement en cela. Dans l'enseignement lui-même, on ne rencontre pas d'attaque contre l'Eglise ; on tient au contraire à demeurer parfaitement neutre au point de vue politique, comme au point de vue religieux : les méthodes, les sciences parleront d'elles-mêmes. Propager des connaissances solides, élever les enfants dans une conception sérieuse des devoirs de la vie, voilà ce qui caractérise aujourd'hui l'instruction primaire publique en France. Par la rupture définitive avec les vieilles habitudes d'instruction superficielle, de frivolité, d'ignorance, en modelant l'instruction sur celle donnée chez un vainqueur voisin, on veut rendre à la vie nationale sa vigueur et rendre à la France la place d'honneur qu'elle occupait autrefois parmi les nations européennes. L'idée du patriotisme est le principe fondamental de toutes les réformes introduites en France. Qui pourrait dire quelles seront pour le rang, pour le progrès de la nation française les conséquences de l'enseignement obligatoire ? Que ne fera pas une nation qui, malgré les défauts de son instruction primaire, a exercé sur tout le reste de l'Europe une influence si considérable, lorsqu'elle se trouvera elle-même dans les conditions qui ont permis aux autres de la devancer ? Ceux qui, dans la presse ou dans le public, représentent encore les anciens préjugés appartiennent à une génération déjà vieille ; ils deviennent de plus en plus rares : la nouvelle génération est pleine de tout autres idées. Et ces idées seront partagées par la femme, par cette femme française dont l'influence sur la vie sociale est infiniment plus considérable que celle exercée par sa sœur allemande.

Je n'ai pas l'intention de chanter les louanges de l'instruction primaire en France ; le temps n'en est peut-être pas encore venu ; puisse-t-il ne pas venir trop tôt, ce temps où nous serons obligés de le faire avec envie.

J'ai déjà dit que, aux termes de la loi, chaque département est, actuellement, obligé d'avoir une école normale d'institutrices comme depuis longtemps il en avait une d'instituteurs. De même que l'enseignement, de même que l'organisation des écoles primaires sont identiques pour les deux sexes dans les parties essentielles, de même il n'y a que de légères différences entre les écoles normales des deux sexes ; il est cependant intéressant de voir en quoi consistent ces différences.

Aux termes de l'arrêté du 9 août 1881, l'enseignement dans les écoles normales a été reconstitué sur des bases toutes nouvelles : leur fonctionnement tout entier a subi également des remaniements importants. Voici les principales remarques auxquelles donnent lieu leur état et leur fonctionnement actuels.

Le travail et l'emploi du temps des élèves sont réglés de la façon la plus minutieuse. Il est donné 8 heures au moins au sommeil ; sur les heures de la journée, 6 au moins sont consacrées aux récréations, aux repas et aux exercices corporels ; des heures réservées au travail, 5 au moins sont employées au travail personnel, aux lectures et à la préparation des classes ; il reste ainsi, pour l'enseignement proprement dit, un laps de 5 heures, occupé en majeure partie par des leçons.

Aucun cours n'a lieu le dimanche non plus dans l'après-midi du jeudi : Toutefois l'emploi de ces journées a été réglé par un arrêté du 9 janvier 1883. Les garçons peuvent assister le dimanche aux offices de leur culte ; les jeunes filles sont sur leur demande conduites à l'église. Des promenades ont lieu, le dimanche et le jeudi, sous la surveillance d'un maître. Le directeur peut autoriser des sorties le dimanche. Les élèves sont, à tour de rôle, exercés à la pratique de l'enseignement. A cet effet, à chaque école normale primaire est jointe une école publique (école annexe) ; cette école annexe possède un directeur (ou une directrice) dont les fonctions sont absolument indépendantes de celles du directeur de l'école normale. Les élèves de première année assistent à ces exercices, les élèves de deuxième année remplissent les fonctions d'instituteur adjoint (ou d'institutrice adjointe), les élèves de troisième année enfin peuvent être plus particulièrement associés à la direction de la classe. Pendant ce temps, les élèves sont complètement détachés de l'école normale et le directeur (ou la directrice) doit prendre les mesures nécessaires pour que chaque élève fasse au moins vingt jours d'enseignement pratique par an. On prend également les dispositions nécessaires pour que l'élève ainsi détaché puisse assister aux leçons les plus importantes données à l'école normale. Les élèves de troisième année, et pendant le deuxième semestre ceux de la deuxième année, doivent, sous la surveillance de leur professeur, s'exercer fréquemment à la pratique de l'enseignement : par exemple, corriger un devoir, exposer une question du cours ou les résultats d'un travail personnel. Les élèves de troisième année font en outre, le jeudi et le dimanche, des leçons devant leurs condisciples ; la leçon dure une demi-heure au plus et donne lieu, de la part des élèves, à des observations critiques. Le directeur et les professeurs assistent à ces leçons.

Le pouvoir d'un directeur d'école normale est, en France, absolument discrétionnaire. Il a la pleine responsabilité de la marche de l'école ; il est chargé d'appliquer rigoureusement et intelligemment l'ensemble des règlements. Il doit veiller particulièrement à ce que les professeurs ne se préoccupent pas exclusivement de la préparation à l'examen, qui est subi devant une commission totalement étrangère à l'établissement ; il doit s'assurer d'autre part que l'enseignement ne revêt pas un caratère trop scientifique, qu'il ne se perd pas dans les détails ; enfin que les professeurs n'oublient pas le but pratique et social de l'enseignement. Il contrôle les devoirs écrits et la correction de ces devoirs. Le règlement lui prescrit de s'appliquer particulièrement à ce que les professeurs excitent l'esprit d'initiative chez les élèves et écartent toute routine du travail. Nous trouvons cette recommandation énergiquement formulée dans presque tous les règlements des écoles des diverses catégories : cela tient à ce que l'on s'est aperçu, principalement depuis la publication du livre ci-dessus cité de M. Bréal, de l'un des principaux défauts de l'instruction publique en France. — Enfin les exercices d'enseignement, les études de pédagogie pratique, sont tout spécialement recommandés à la sollicitude du directeur.

En ce qui concerne les matières de l'enseignement, le nombre d'heures hebdomadaires attribué à chacune d'elles, le tableau ci-après, plus spécial aux établissements de garçons, ne sera pas sans intérêt. Je désignerai par la lettre A les matières qui exigent une préparation, par la lettre B les matières qui n'en exigent pas, par la lettre C les matières traitées en dehors des heures de classes proprement dites, enfin par la lettre D les matières facultatives.

TOTAL DES HEURES DE CLASSES PAR SEMAINE

	1re année.	2e année.	3e année.
A	20 heures.	23 heures.	22 heures.
B	9 —	7 —	6 —
C	7 —	7 —	7 —
D	2 —	2 —	2 —

MATIÈRES D'ENSEIGNEMENT	HEURES HEBDOMADAIRES		
	1re Année	2e Année	3e Année
A { Instruction morale et civique	2	2	1/2
Pédagogie et administration scolaire	1	1	1/2
Langue et littérature françaises	7	5	4
Histoire	4	3	3
Géographie	1	1	1
Arithmétique	2	3	3
Géométrie	1	2	3
Physique	1/2	2	2
Chimie	1/2	1	1
Histoire naturelle	1	1	1
Agriculture et horticulture	»	2	1
B { Écriture	3	1	»
Dessin	4	4	4
Chant et musique	2	2	2
C { Gymnastique	3	3	3
Travaux agricoles et manuels	4	4	4
D Langues vivantes	2	2	2

Les écoles normales d'institutrices ont généralement la même organisation; on remarque cependant les différences suivantes. D'abord, en outre de l'école annexe, elles possèdent une école maternelle. Chaque élève doit consacrer au moins trente jours par an à des exercices dans chacune de ces deux annexes. Les élèves de 3 année peuvent être appelées à tour de rôle à la direction de la classe ou de l'école maternelle. Une différence, justifiée d'ailleurs par le sexe des élèves, consiste en ce que la directrice est tenue d'initier les élèves, en dehors des heures de classe, à tout ce qui concerne les travaux et les soins du ménage. Le *plan d'études* nous présente des différences encore plus caractéristiques. L'*instruction morale et civique* est, dans chaque année, l'objet d'une heure d'étude ; seulement en 3e année la pédagogie et l'administration scolaire ont une demi-heure en moins ; la langue et la littérature françaises perdent une heure entière en 1re année; l'arithmétique gagne une heure dans cette même année ; la géométrie disparaît complètement comme matière indépendante; la physique perd trois heures et la chimie une. A la place de l'agriculture et de l'horticulture, on rencontre l'économie domestique et l'hygiène. Le temps économisé sur les matières de la série A est reporté sur les travaux de couture (série B), auxquels on consacre trois heures dans chaque année. La gymnastique absorbe seulement deux heures par année ainsi que les exercices d'herborisation et de jardinage. Les langues vivantes, toujours facultatives, sont l'objet de deux heures dans les deux années supérieures seulement.

Le total des nombres d'heures se trouve donc modifié conformément au tableau ci-après :

	1re année.	2e année.	3e année.
A	17 heures.	17 heures.	17 heures.
B	12 —	10 —	9 —
C	4 —	4 —	4 —
D	» —	2 —	2 —

On voit d'après ces chiffres que les écoles normales d'institutrices accordent à la série B, au détriment de la série A, plus de temps que n'en accordent les écoles normales d'instituteurs ; autrement dit, les règlements enlèvent aux études *classiques* pour les filles quatorze heures par semaine et les reportent aux travaux qui sont plus spécialement l'apanage du sexe féminin. Toutefois les conditions d'examen sont, en général, les mêmes pour les deux sexes : il y a là un manque d'impartialité à l'égard des filles ; mais ce n'est pas seulement dans la répartition des heures que l'on relève des différences entre les écoles normales d'instituteurs et d'institutrices, différences peu importantes et faites d'ailleurs à dessein ; on remarque également des différences dans la manière dont sont traitées les matières communes aux deux sexes ainsi que dans l'étendue donnée à ces matières. Tandis que pour l'instruction morale et civique le programme est le même pour les deux sortes d'établissements en 1re et en 2e année, il n'en est plus de même en 3e année. Les notions fondamentales sur l'État, les principaux articles de la Constitution française sont présentés aux garçons avec beaucoup plus de détails qu'aux filles ; le garçon apprend à connaître le droit et les devoirs du Président, des deux Chambres, la manière, leurs modes de nomination, leur composition ; il doit savoir par qui les lois sont faites, par qui elles sont exécutées et comment ; on lui donne des notions sur la compétence de la Cour de cassation, des tribunaux civils et militaires ; on lui donne également un aperçu du mécanisme de l'administration. De l'idée de l'État, on lui fait déduire la nécessité des impôts qui sont l'objet d'un examen approfondi. C'est ainsi que l'élève apprend à connaître les éléments de l'économie politique de la nation.

La pédagogie générale et son histoire sont, dans les deux établissements, traitées avec soin ; par contre, l'administration scolaire est, dans les écoles normales d'instituteurs, l'objet d'un enseignement beaucoup plus détaillé. Le but des divers établissements d'instruction en France est exposé à l'homme d'une façon plus complète ; on veut qu'il en connaisse tout le système. Cela tient sans doute à ce que les diverses places de l'administration supérieure de l'Instruction publique en France sont naturellement réservées aux hommes et que, par conséquent, c'est à eux surtout qu'est utile une connaissance approfondie du système universitaire.

Tandis que pour la langue, l'histoire et la géographie nationales, le programme est identique dans les deux catégories d'établissements, celui de l'arithmétique est moins étendu dans les écoles normales d'institutrices. Le calcul des intérêts composés marque la limite du programme de première année ; en deuxième année, on étudie les règles d'extraction de la racine carrée des nombres entiers et des fractions décimales ; l'on passe ensuite aux principes fondamentaux de la géométrie plane ; ces principes sont d'ailleurs traités très sommairement, afin de réserver à la fin de l'année le temps nécessaire pour l'étude de la tenue des livres. Dans les écoles normales d'instituteurs, en outre d'un cours d'arithmétique plus étendu, les élèves reçoivent des leçons d'algèbre qui se terminent par l'étude des progressions arithmétiques et géométriques ; il existe en outre un cours complet (deux heures par semaine pour chacune des trois années considérées dans leur ensemble) de géométrie et de stéréométrie ; à ce cours viennent s'ajouter les éléments de la cartographie et des projections, ainsi que les exercices d'arpentage. Le programme de physique est également plus détaillé pour les garçons que pour les filles. Ainsi, les garçons reçoivent, à propos de la théorie de la chaleur, une explication détaillée des phénomènes atmosphériques, qui sont du domaine de la géographie physique, ainsi que des notions sur les climats. On se contente sur ces divers points de donner aux filles quelques notions très brièvement formulées. La mécanique qui, dans les écoles normales de garçons, occupe le deuxième semestre de l'année, ne figure pas dans le programme des écoles normales de filles. Les garçons sont également favorisés sous le rapport du dessin, en ce sens qu'on leur enseigne les éléments du dessin de machines.

J'extrais de l'*Instruction spéciale sur l'application des programmes d'enseignement dans les écoles normales primaires* les passages suivants, qui se rapportent en partie à l'appréciation générale des programmes, en partie aux futures institutrices en particulier.

L'arrêté du 3 août 1881, qui arrête les programmes à suivre dans les écoles normales primaires, ne renferme pas seulement un plan d'études. Le Conseil supérieur a pensé que ce n'était pas assez de tracer le cadre d'un enseignement ni même de remplir ce cadre d'indications précises ; il a jugé qu'il n'était pas moins nécessaire de dire comment devait être réglée désormais la vie d'un élève-maître, quelle place devait être faite au repos comme aux exercices du corps, aux leçons comme au travail personnel ; il a voulu, de plus, et avec une insistance toute particulière, montrer quelle direction il fallait imprimer aux études et sur quels principes devait reposer une méthode qui a pour objet de former des instituteurs.

En instituant les réunions périodiques de professeurs, le Conseil s'est proposé de mettre plus d'unité dans l'enseignement et plus d'harmonie dans les efforts ; en recommandant l'usage des leçons orales que les élèves-maîtres sont tenus désormais de faire en présence de leurs maîtres et de leurs camarades, comme aussi en réglant la part que ces élèves doivent prendre aux exercices de l'école annexe, il a clairement indiqué l'importance qu'il convient d'attacher à leur éducation professionnelle ; en proscrivant l'abus des longues rédactions, des manuels, des cours dictés et de tout procédé qui encouragerait le travail machinal, son intention a été de mieux faire comprendre la nécessité du travail personnel et réfléchi ; en prenant enfin la peine de régler avec une attention minutieuse la répartition des matières de l'enseignement, il a voulu mettre fin aux hésitations des directeurs et des maîtres, et assigner à chaque branche d'études la place qui lui est due.

En résumé, cultiver harmoniquement les forces physiques et les forces intellectuelles ; établir les règles d'une méthode plus rationnelle et plus vivante, en donnant l'avantage à la parole vivante sur le cahier, à la réflexion sur la mémoire ; renfermer la leçon elle-même en de justes limites, pour faire une plus large place à l'étude personnelle ; préparer les élèves-maîtres à leur future profession, en les habituant à compter moins sur autrui et davantage sur eux-mêmes : telle a été la pensée qui a présidé à l'arrêté du 3 août, et ce doit être la préoccupation de tous ceux qui ont mission d'enseigner ou de diriger dans les écoles normales.

Lorsque le Conseil supérieur s'est occupé de l'enseignement dans les écoles normales d'institutrices, il a été dirigé par cette pensée qu'il fallait rompre avec cette tradition qui jusqu'ici renfermait les élèves-maîtresses dans le cercle à peu près infranchissable de l'étude théorique, dans une sorte de vie purement intellectuelle, aussi dangereuse pour l'esprit même que pour le corps ; qu'il fallait, dans leur éducation, faire une large part à l'action, à la vie réelle ; développer leurs forces physiques en même temps que fortifier leur intelligence ; les préparer à l'existence commune ; en faire, en un mot, des femmes capables de former d'autres femmes. Cette préoccupation du Conseil supérieur se retrouve dans le soin qu'il a pris de réduire le plus possible le nombre d'heures consacrées chaque jour à l'enseignement ; elle se retrouve encore à l'article 4 de l'arrêté, où il est dit que « la « directrice devra initier les élèves-maîtresses, à tout ce qui « concerne les travaux et les soins du ménage » ; dans le programme de pédagogie, où il est recommandé de leur enseigner « les devoirs « particuliers de la mère de famille et de la maîtresse de maison » ; elles doivent être également « associées autant que possible à la « tenue du ménage et à la préparation du repas ».

On ne saurait trop appeler la sollicitude des directrices d'école normale sur cette direction toute nouvelle qu'elles sont spécialement chargées d'imprimer à l'éducation de leurs élèves. Faire d'elles des jeunes filles instruites dans les sciences et les lettres, mais instruites en même temps des choses de la vie, de la tenue d'un ménage, d'un jardin, d'une basse-cour, de la comptabilité domestique, de la préparation des aliments, de tout ce qui contribue à l'ordre, à l'économie et à la prospérité d'une maison ; faire que l'habitation et le ménage de l'institutrice soient l'habitation et le ménage modèles de la commune et que, de ce milieu où règnent la propreté, l'ordre, le goût, les élèves rapportent dans la maison paternelle le besoin de ces choses : quel rôle plus beau et plus séduisant pour une directrice d'école normale ! N'est-ce point ainsi d'ailleurs que font les peuples chez lesquels l'éducation des femmes est le plus en honneur ? N'est-ce point ainsi qu'une mère de famille vraiment digne de ce nom élève ses filles ? Désormais, la directrice réclamera, à tour de rôle, le concours des élèves-maîtresses pour la surveillance générale de l'établissement, pour l'arrangement de toutes choses dans la maison, pour les soins de propreté et d'embellissement, pour la tenue de la comptabilité journalière, pour la vérification des carnets de fournisseurs, pour le contrôle du service domestique, pour la rédaction des menus de la semaine, pour la conservation et la préparation des aliments, pour tous les devoirs qu'elle remplit elle-même et qui incombent à une maîtresse de maison entendue et vigilante. Elle ne sera plus seulement une maîtresse entourée de ses élèves, mais une mère entourée de ses filles, et l'entrain, la gaieté, la préoccupation des choses saines et utiles régneront dans sa maison. Alors l'école normale ne sera plus une simple maison d'instruction, elle sera véritablement une maison d'éducation.

Comme les élèves-maîtres, les élèves-maîtresses seront initiées à l'hygiène, cette science éminemment préservatrice, mais encore si ignorée et si peu pratiquée. Aux uns comme aux autres, on enseignera les soins auxquels le corps a droit, ceux qu'exige l'hygiène générale, et surtout ceux que réclame l'hygiène scolaire. On leur enseignera aussi les premiers soins à donner en cas d'accident. Ces accidents sont fréquents à l'école et autour de l'école, et parfois le médecin est loin ; un premier pansement fait avec intelligence peut prévenir des complications ; en tout cas, il permet d'attendre l'arrivée du médecin, auquel l'instituteur et l'institutrice ne doivent jamais essayer de se substituer.

L'enseignement méthodique et régulier des travaux d'aiguille complète l'enseignement de l'économie domestique. Le programme ne comporte que des travaux usuels et immédiatement utiles ; il ne mentionne pas les travaux d'agrément, pour lesquels les jeunes filles montrent tant d'attrait et de goût. Toutefois, le Conseil supérieur n'a pas entendu proscrire ces menus ouvrages qui sont l'ornement de la maison ou de la toilette la plus simple ; mais, en s'abstenant de les nommer, il a voulu bien marquer par là que la première et la plus grande place appartenait à ces travaux de première nécessité qu'une mère de famille doit connaître avant tout et pratiquer habituellement. Depuis deux ans, l'administration, préoccupée de l'état d'infériorité où les institutrices se trouvaient à cet égard, a organisé à Paris des cours de coupe et d'assemblage et institué comme sanction de ces études nouvelles un véritable diplôme de capacité. Il faut qu'avant peu il y ait dans chaque école normale une maîtresse pourvue de ce diplôme. Ce jour-là seulement on sera assuré que les institutrices de France peuvent se suffire à elles-mêmes et former à leur tour des élèves qui suffisent à leurs futurs devoirs.

Le programme de dessin des écoles normales d'institutrices diffère peu de celui des écoles normales d'instituteurs ; on remarquera cependant que dans le premier il a été donné davantage à l'art et particulièrement à cette partie de l'art qui peut trouver son application dans la vie des femmes ; on n'y a laissé de la science que ce qui est nécessaire pour l'intelligence exacte des principes et des règles, et le dessin d'ornement y a pris le pas sur le dessin géométrique, plus utile pour les hommes. On a ainsi voulu mettre à profit les heureuses dispositions qu'on rencontre chez les jeunes filles pour tout ce qui concerne les choses de goût et répondre en même temps à un besoin spécial de leur éducation. On remarquera enfin que si le dessin d'après l'estampe n'est pas proscrit, c'est le dessin d'après nature, celui qui s'inspire de la perception nette des choses, qu'ont spécialement recommandé les auteurs du programme.

Les nouveaux programmes ont introduit l'enseignement de la gymnastique dans les écoles normales d'institutrices. Il est inutile d'ajouter que cet enseignement doit être donné avec mesure dans ces établissements et seulement autant qu'il est utile pour assouplir méthodiquement les membres, développer les organes, procurer une fatigue physique qui repose de la fatigue intellectuelle et combattre l'influence souvent pernicieuse de la vie de rêverie ou des habitudes de nonchalance.

De même que dans les autres établissements d'instruction publique en France, les examens de passage jouent un rôle considérable dans les écoles normales d'institutrices. Le premier, placé entre la première et la deuxième année, a même une valeur absolue : subi avec succès il confère le *brevet élémentaire*, le plus humble de tous les diplômes universitaires. L'examen de sortie correspond aux examens de l'Hôtel de Ville (*examen pour l'obtention du brevet supérieur*). Ce dernier confère le droit d'enseigner dans toutes les écoles primaires et, éventuellement, dans le cours supérieur qui pourrait y être annexé. C'est en vertu de ces examens que la plupart des institutrices, en France, exercent dans les écoles primaires et dans les classes préparatoires des lycées et collèges de jeunes filles. La différence et le but de ces deux épreuves seront plus facilement reconnus grâce à l'aperçu donné ci-après des devoirs et des questions posées.

I. Brevet élémentaire. — 1° *Orthographe :* dictée (souvenirs d'enfance tirés des *Confidences* de Lamartine).

2° *Ecriture :* la dictée précédente doit être écrite à nouveau partie en anglaise, partie en bâtarde et partie en ronde.

3° *Couture :* couture en diagonale.

4° *Composition française :* devoirs des frères et sœurs entre eux. Devoirs de la sœur aînée dans la famille.

5° *Arithmétique.* — (a) On plonge un morceau de cuivre dans un vase entièrement rempli d'un mélange d'eau et d'alcool ; un litre de ce mélange pèse 840 grammes. Au moment où l'on introduit le morceau de cuivre dans le vase, il s'écoule 26,3 grammes de liquide, soit les 4/13 de ce que contenait le vase. On demande le volume du morceau de cuivre et la capacité du vase. — (b) On emploie dans un atelier 6 femmes et 3 enfants qui reçoivent ensemble 12 fr. 30 par jour. Quel est le prix de la journée d'une femme et celui de la journée d'un enfant, sachant qu'une femme reçoit seize fois plus que l'enfant ?

6° *Histoire et géographie* (épreuves seulement orales). — Quels sont les plus hauts pics en France ? Affluents de la Loire. Montrez sur la carte muette la position d'Angers. Que savez-vous sur l'histoire du Maine et de l'Anjou ? Par suite de quelles circonstances un roi d'Angleterre s'est-il trouvé posséder une grande partie de la France ? Que possédait Henri II en France ? Sous quel roi de France commença la guerre de Cent ans ? Date de la bataille de Crécy. Quelle différence faites-vous entre Henri de Guise et François de Guise ?

Quelles sont les villes par où passe le chemin de fer de Paris à Bordeaux ? Quels sont les souvenirs historiques que nous rappelle la rue de Rivoli ? Campagnes de Napoléon en Italie. Principaux cols des Alpes.

Quels sont les canaux qui réunissent l'océan Atlantique et la mer Méditerranée ? Quels bassins se trouvent entre ces deux mers ?

(On voit que cet examen ne porte que sur l'histoire et la géographie de la France.)

7° L'examen oral de *Langue et littérature françaises* a principalement pour objet de montrer si l'aspirante est en état de lire un morceau littéraire d'une manière intelligente et avec l'intonation convenable. Les questions qui font suite à la lecture sont très simples : elles se rapportent à quelques transformations de mots et à une connaissance très superficielle des principaux écrivains des xvii° et xviii° siècles.

II. Le BREVET SUPÉRIEUR, auquel peuvent se présenter les jeunes filles qui ont suivi tous les cours de l'École normale ou, parmi celles qui n'ont pas suivi ces cours, les jeunes filles pourvues du brevet élémentaire, a des exigences beaucoup plus grandes.

Dans l'épreuve de *langue et littérature françaises* on demande non seulement une connaissance plus approfondie du développement progressif de la littérature française, mais encore on exige de l'aspirante une pratique familière des principaux écrivains. Ces écrivains sont désignés tous les trois ans ; en outre de quelques ouvrages purement littéraires, on remarque que la liste comprend quelques livres qui, en raison de leur caractère pédagogique, seront d'une grande utilité pour la future institutrice. Pour la période triennale actuelle on a désigné par exemple des morceaux de Corneille, Racine, Molière, des extraits de Fénelon, de Voltaire, La Bruyère, le chapitre sur la pédagogie des *Essais* de Montaigne et les lettres et entretiens de Mme de Maintenon adressés aux dames de Saint-Cyr.

En *histoire* et en *géographie*, les questions, bien que relatives surtout à la France, ne s'y rapportent cependant pas d'une manière exclusive. On demande une connaissance assez exacte des autres États européens et des notions générales sur les autres continents. Il en est de même en ce qui concerne l'histoire.

En *sciences physiques et naturelles*, l'aspirante doit être assez instruite pour connaître les fonctions du corps humain, la classification générale du règne animal et les éléments de la physique et de la chimie. Je donne ci-après quelques questions posées à l'examen du 3 août 1884 :

Quelles sont les grandes fonctions de la vie animale ? Fonctions de relation (nutrition, reproduction). Expliquez la digestion. Qu'est-ce que les dents ? Combien y en a-t-il de sortes ? etc. Que se passe-t-il lorsque les aliments ont pénétré dans l'estomac ?

Qu'entend-on par circulation du sang ? Quel est le rôle du sang ? Quel est le principal organe de la circulation ? Description du cœur ?

Rôle des poumons, leur structure. D'où proviennent les battements du cœur ? Quel est le nombre des battements du cœur par minute dans l'état normal ?

La respiration s'effectue-t-elle de la même manière dans tout le règne animal ? (respiration des poissons, des plantes, etc.)

Principaux rapports entre les diverses espèces animales (bras de l'homme, aile de l'oiseau, etc.).

Qu'est-ce que l'air? Quelle est sa composition? Qu'est-ce qui cause la mort par asphyxie?

Propriétés du thermomètre.

L'examen d'*arithmétique* fournit l'occasion de vérifier la possession, par les aspirantes, de notions générales de géométrie plane: les exigences de l'examen sont très considérables en ce qui concerne le calcul pratique. On en jugera par l'exemple suivant (17 juillet 1884): En supposant qu'à poids égal l'or vaille 15,5 fois plus que l'argent, sachant qu'un centimètre cube d'or pèse 19,26 grammes et un centimètre cube d'argent 10,51 grammes, sachant en outre qu'un kilogramme d'or vaut 3437 fr. 50, on demande de calculer la valeur d'une sphère d'argent de 3 centimètres de rayon; cette sphère est recouverte d'une couche d'or de $0^{mm},01$ d'épaisseur; l'épaisseur de la couche d'or est comprise dans le rayon de 3 centimètres donné à la sphère.

En ce qui concerne la *composition française*, je citerai le devoir suivant donné à Paris aux derniers examens: montrer dans les fables de la Fontaine, par un certain nombre d'exemples, l'intérêt que le fabuliste porte aux faibles et aux opprimés.

En outre, on donne à chacune des sections (lettres, sciences) entre lesquelles se divise l'examen, un sujet particulier à traiter; à la dernière session les sujets étaient les suivants: pour la section des sciences: le paratonnerre; — pour la section des lettres: au-dessus de la statue de la République récemment élevée à Paris, se lisent les dates suivantes, illustrées chacune par un bas-relief: « 10 Juin 1789, etc. — 14 Juillet 1884. » Expliquez sommairement celles de ces dates qui vous sont connues et recherchez le lien qui les rattache.

En *dessin*, on exige des aspirantes qu'elles soient en état de reproduire sur le papier, dans un temps donné, un modèle facile en plâtre (à la dernière session on avait donné le plâtre inscrit sous le numéro 2872 au catalogue de l'École des Beaux-Arts).

La partie de l'examen relative aux langues vivantes est facultative (anglais, allemand, espagnol, italien). L'épreuve consiste en une version écrite (on choisit souvent pour l'allemand un passage de « Fiction et Vérité »), et en une épreuve orale destinée à montrer principalement que l'aspirante parle la langue d'une manière suffisamment courante.

L'épreuve de *gymnastique* roule principalement sur la théorie (marches ; utilité de certains exercices ; structure des membres ; activité des muscles ; mouvements qui favorisent le développement des poumons, etc.).

Le nombre des institutrices formées dans les écoles normales étant loin de suffire aux besoins des écoles primaires publiques, il en résulte que la plus grande partie des aspirantes qui se présentent aux examens du brevet supérieur se sont préparées, soit au moyen d'études personnelles, soit en suivant les cours d'établissements privés. Mais les maîtresses sorties des écoles normales forment une élite et exercent une influence considérable sur le niveau de l'instruction des institutrices.

Au-dessus des écoles normales primaires, il existe en France une école particulière dont l'analogue ne se retrouve pas en Allemagne. L'*Ecole normale primaire supérieure* a pour but de préparer des professeurs et surtout des directrices pour les diverses écoles normales primaires ; elle est, si je puis m'exprimer ainsi, l'école suprême de l'enseignement primaire. Elle a été placée à proximité de Paris, de même que l'on a placé à Saint-Cloud l'école similaire pour les hommes. Elle se trouve à *Fontenay-aux-Roses*, un des plus charmants endroits du département de la Seine. Nous y retrouvons appliqués les mêmes principes qui ont présidé à l'organisation de l'Ecole nationale de Sèvres. Une grande marge est laissée au travail personnel des élèves, et le nombre des heures de classe proprement dite est très restreint. Le cercle des connaissances positives de l'Ecole normale primaire n'est point élargi, mais les études sont plus approfondies et l'on cherche à les relier plus étroitement dans l'esprit des élèves. La *Pédagogie* occupe la place la plus importante ; elle n'est pas, comme dans les écoles normales des départements, bornée à la pratique ; on en approfondit la théorie et l'on étudie les principes généraux sur lesquels doit reposer tout enseignement. Ce but est atteint par des exercices très habilement dirigés par M. Pécaut, inspecteur d'académie, au moyen des ouvrages des plus éminents pédagogues. J'ai assisté à des exercices de ce genre, par exemple sur la méthode maternelle du Père Girard. Dans le cours d'une semaine, les élèves en ont étudié particulièrement un chapitre ; l'une d'elles en fait l'exposé qu'une autre discute ; puis vient un débat général auquel prennent part toutes les élèves, et que le maître ne fait guère que présider. Toutes ces élèves sans exception ayant déjà dirigé une classe, et même en qualité de professeurs titulaires, il en résulte que ces discussions ne sont pas purement oiseuses ; j'ai été très étonné des observations pleines de finesse et d'à-propos que faisaient ces jeunes filles. Ces lectures très sérieuses en commun des pédagogues classiques font prendre plaisir aux questions générales, développent le désir d'une instruction personnelle et donnent à ces jeunes filles un jugement sain, d'une importance capitale pour les fonctions qu'elles sont appelées à remplir.

Les jeunes élèves de l'École de Fontenay ont été de bonne heure enlevées à leur famille ; les années que la jeune fille emploie le plus souvent à s'initier aux soins et aux devoirs du ménage, elles les ont passées, en qualité d'internes, à l'Ecole normale primaire. Et cependant, elles sont appelées à diriger plus tard une école normale, à centraliser dans leurs mains toute l'administration de la maison, à être les chefs de la famille scolaire. Aussi trouvent-elles à Fontenay l'occasion de se préparer à ces devoirs : elles sont confiées à une femme qui a acquis à Paris une grande renommée par la pratique des réelles vertus de son sexe et par le grand talent avec lequel elle s'acquitte de ses fonctions de directrice, à une femme que l'on considère comme une des plus remarquables de la France actuelle. Cette femme, c'est Mme de Friedberg, dont M. Gréard a parlé en termes si élogieux dans son rapport précité. Elle fait les plus grands efforts pour conserver à l'établissement le caractère de la famille et pour en personnifier en elle-même les points essentiels. Tous les matins, avant que ne commence le travail de la journée, elle réunit autour d'elle les élèves et leur fait la lecture d'un chapitre de quelque moraliste (équivalent républicain de la prière), et la journée se termine pour les élèves par une libre conversation d'une heure avec leur directrice vénérée. Etant elle-même une femme très intéressante, douée d'une heureuse clairvoyance pour toutes les questions qui se rattachent à l'enseignement, consacrant à l'enseignement une partie importante de son temps, les professeurs ont en elle un collaborateur intelligent qui leur fait trouver un véritable plaisir à l'enseignement qu'ils donnent à l'Ecole.

Nous devons mentionner un côté très heureux et tout à fait particulier de cet établissement. De temps à autre, le gouvernement envoie à Fontenay un savant distingué qui fait une conférence sur le parti que l'on peut tirer, au point de vue de la morale publique et du progrès social, des diverses branches de la science. Il a pour mission d'éveiller chez les élèves le sentiment de la responsabilité, inséparable de leurs futures fonctions, de leur montrer que c'est de l'influence qu'elles sauront exercer que dépend surtout le relèvement de la nation, de leur tracer la voie à suivre pour s'acquitter de leur fonction civilisatrice. Si l'on confie cette mission à des hommes dont le nom est sur toutes les lèvres, si l'on s'adresse à eux pour dire des choses que des hommes moins connus pourraient dire sans difficulté, c'est en raison de ce principe simple et juste que la parole d'un homme illustre est bien plus convaincante et se grave bien mieux dans la mémoire. C'est ainsi que j'ai assisté à une conférence faite par un célèbre professeur du Conservatoire de Paris sur l'influence éducatrice du chant et sur les moyens à employer à cet effet; il n'est pas possible d'expliquer avec plus d'éloquence et de simplicité à la fois l'utilité de la bonne musique et des chants populaires pour le progrès national.

On voit donc que l'École de Fontenay-aux-Roses n'a pas pour but d'augmenter ou de fortifier les connaissances positives antérieurement acquises ; le but de cette école est de montrer la valeur des principes généraux de morale et d'éducation qui constituent sa propre base. L'établissement ne reçoit que des jeunes filles dont le caractère tout entier semble garantir qu'elles occuperont dignement un jour un emploi de directrice et prend soin que l'on forme, dans toute la France, les institutrices d'après des principes solides et qui promettent d'heureux résultats. Je dis dans toute la France ; car le temps n'est sans doute pas éloigné où l'on ne prendra plus, comme directrices d'écoles normales, que des dames sortant de l'Ecole normale supérieure de Fontenay-aux-Roses.

L'examen que doivent subir les élèves à la sortie de Fontenay porte non seulement sur des questions d'enseignement, mais surtout sur la pédagogie et l'administration scolaire. Toutefois ce ne sont pas les connaissances positives qui décident du succès, mais bien plutôt la justesse et la méthode de raisonnement.

Cet examen a comme sanction la délivrance du *Certificat d'aptitude à la direction des écoles normales primaires*. En outre des élèves de Fontenay, on admet à se présenter à cette épreuve les jeunes filles âgées de 25 ans au moins, qui justifient de la possession soit du certificat de fin d'études des Écoles normales primaires, soit de l'agrégation ou de la licence ès lettres ou ès sciences, soit enfin du baccalauréat complet. Les épreuves se font au même moment dans tous les chefs-lieux d'académie et les compositions écrites sont partout les mêmes. Ces compositions sont toujours au nombre de deux : l'une sur une question de pédagogie, l'autre sur une question d'administration scolaire ; quatre heures sont accordées pour chacune des deux compositions. Les épreuves orales ont lieu seulement à Paris. Elles comprennent:

a. L'explication d'un passage de l'un des auteurs désignés chaque année par le ministre sur la proposition de la Commission.

b. La discussion d'une question se rapportant à un point du programme. Cette question, tirée au sort, doit être traitée après trois quarts d'heure de préparation en loge ; la discussion elle-même doit durer au plus une demi-heure.

L'examen oral se termine par une épreuve pratique. A cet effet, l'aspirante assiste à une classe dans l'Ecole normale ou dans la division supérieure d'une école primaire : elle fait immédiatement après les observations que lui a suggérées le cours auquel elle a assisté.

Lorsque l'examen est entièrement fini, la liste des admises est dressée par la Commission, puis soumise à l'approbation du ministre.

La nomination des directrices d'écoles normales appartient au ministre.

En ce qui concerne les questions posées de préférence dans ces examens, je citerai les suivantes:

I. *Pédagogie.* — 1° *Éducation.* — *Éducation physique.* Hygiène générale. Jeux et exercices des enfants. *Éducation des sens.* — *Éducation intellectuelle* : développement de l'intelligence humaine. Rôle de la mémoire, du jugement, de l'imagination. Méthode ; diverses sortes de méthodes. Analyse et synthèse ; induction et déduction. — *Éducation morale.* Volonté, libre arbitre de l'homme. Conscience morale ; responsabilité ; devoirs. Education du caractère, etc., etc.

2° *L'école* (éducation et instruction réunies). — Les écoles primaires et secondaires. Cours complémentaire d'enseignement primaire supérieur. Économie scolaire. Local et mobilier de l'école ; matériel d'enseignement. Collections. Organisation pédagogique des bibliothèques scolaires. Répartition des élèves. Programme. Plan d'études. Répartition des matières, livres de classe. Formes de l'enseignement : aspect, débit, questions ; exercices oraux et écrits, correction. Promenades scolaires.— Méthode particulière à chaque branche d'enseignement. — *Examens* : importance du certificat d'études primaires. — *Discipline* : récompenses, punitions, émulation ; sentiment de la dignité chez l'enfant. Influence personnelle du maître et conditions de son autorité; ses relations avec les élèves et avec les familles.

3° *Histoire de la pédagogie*. — Les principaux pédagogues et leurs doctrines. Analyse des principaux ouvrages.

Sont indiqués par exemple : *Rabelais*, Gargantua, I, 14, 15, 21, 23, 24 ; Pantagruel, II, 5, 6, 7, 8. *Montaigne*, Essais I, 24, 25 ; II, 8, 10 ; III, 8. *Fénelon*, De l'éducation des filles. *Locke*, Pensées sur l'éducation. *Rollin*, Traité des Etudes, I, 2 (sur l'éducation des filles); VI, 1, 2 et suivants ; VII ; VIII. *Rousseau*, Emile, I-IV. *Condorcet*, Rapport sur l'organisation de l'instruction publique. *Pestalozzi*, Manuel des mères : Comment Gertrude instruit ses enfants. Mme *Necker de Saussure*, l'Education progressive. Le *Père Girard*, De l'enseignement de la langue maternelle. *Channing* (trad. Laboulaye), De l'éducation personnelle. *Horace Mann* (trad. Laboulaye). De l'importance de l'éducation dans une république. *Guizot*, Méditations et études morales. *Dupanloup*, l'Enfant. *Herbert Spencer*, De l'éducation intellectuelle, morale et physique.

II. *Législation et administration*. Lois, arrêtés, règlements, circulaires officielles les plus importantes :

Ecoles normales d'instituteurs et d'institutrices. — But, recrutement, plan d'études, enseignement, économie intérieure, administration, budget, commission de surveillance.

Ecoles primaires. — Gratuité, caractère obligatoire de l'instruction primaire. L'instruction primaire publique doit être donnée par des laïques. Arrêtés sur l'établissement et l'entretien des écoles communales. Ecoles mixtes (garçons et filles). Admission des enfants à l'école. Construction, conditions hygiéniques des locaux scolaires. Ecoles publiques et pensionnats. Ecoles publiques d'enseignement secondaire. Bourses nationales. Registres scolaires, etc.

Ecoles maternelles. — Leur rapport avec la classe élémentaire des écoles primaires, leur histoire, leur règlementation particulière.

Annexes de l'école. — Bibliothèque scolaire et populaire. Cours du soir pour les adultes. Instruction professionnelle. Conférences publiques. Musées scolaires. Caisse des écoles. Caisses d'épargne scolaires. Enseignement des travaux manuels. Gymnastique, exercices militaires, bataillon scolaire.

Personnel. — Instituteurs et institutrices, titulaires et adjoints, publics et privés ; nomination, situation légale ; devoirs professionnels ; engagement décennal (1) ; traitements, pensions de retraite.

---

1. Doivent souscrire cet engagement tous ceux qui veulent être admis gratuitement dans une école normale.

Associations d'enseignement.

Autorité chargée de la surveillance des écoles primaires.

Les inspecteurs, leur position vis-à-vis de l'administration supérieure et du personnel enseignant.

Bibliothèques pédagogiques.

Conférences pédagogiques.

Je donne ci dessous quelques-uns des sujets donnés, jusqu'au 31 octobre 1880, dans cet examen pour le certificat d'aptitude à la direction des écoles normales et qui sont analogues à ceux qu'on donne encore aujourd'hui :

1) Montrez que l'enseignement n'a pas seulement pour but de vulgariser la science, mais surtout d'en tirer des conséquences pour l'éducation de l'esprit des élèves ? Prendre en particulier pour exemples l'arithmétique et l'histoire. — Quelles sont les qualités de l'intelligence ou du caractère que vous vous efforcerez surtout de développer chez vos élèves ? donnez les raisons de votre choix.

2) De la discipline. Quel est le but supérieur qu'elle doit se proposer ? Quel doit être son caractère essentiel ? Quels sont les écueils qu'il faut éviter ? — Budgets des écoles normales primaires. Qu'entend-on par budget de l'école, par budget général ? A quel moment et dans quelles conditions les dresse-t-on ? Pourrait-on les réunir en un seul ?

3) Montrez à quel point la loi sur la gratuité de l'enseignement modifie les lois des 15 mars 1850 et 10 avril 1867.

4) Expliquez comment et dans quelle mesure sont propres à former le jugement les diverses études littéraires et scientifiques que comprend le programme des écoles normales primaires.

5) Est-il bon, est-il nécessaire de comprendre la morale dans l'enseignement donné à l'école ? Difficultés de cet enseignement ; faire quelques remarques pratiques sur la méthode à suivre pour le donner.

6) Analyse du traité de Fénélon sur l'éducation des filles. Application que l'on peut faire de quelques-uns des conseils de Fénélon aux écoles primaires et en particulier aux écoles primaires de filles.

7) Esquissez, pour l'enseignement de la géographie, un plan correspondant aux trois divisions de l'école primaire. Moyens à employer dans chacune des divisions.

8) Induction et déduction. Quelles sont les branches de l'enseignement où chacune de ces méthodes trouve à s'appliquer particulièrement ? Donnez des exemples.

9) Qu'entend-on par respect de soi-même ? Est-il possible d'éveiller de bonne heure ce sentiment chez l'enfant, et, dans ce cas, quels avantages en résultent ? Quels dangers doit-on éviter à cet égard ?

10) L'école d'enseignement pratique. Quels services est-elle appelée à rendre pour l'éducation des élèves-maîtres et des élèves-maîtresses ? Quels moyens emploieriez-vous pour retirer de cette école les plus grands avantages possibles ?

11) Traitements du personnel enseignant dans les diverses catégories d'écoles primaires d'après les lois et règlements en vigueur. Comparaison générale avec ce qui existait antérieurement sous ce rapport.

12) On se plaint souvent qu'un trop grand nombre d'instituteurs et d'institutrices perdent, quelques années après leur entrée en fonctions, le goût de l'étude personnelle, qu'ils n'apportent à leur classe qu'un zèle très modéré, qu'ils se contentent de résultats médiocres et finissent par tomber complètement dans la routine.

En dehors de cet examen qui mène au directorat, il en existe en France un autre qui donne droit à un emploi de professeur dans une école normale et qu'on appelle *examen d'aptitude au professorat des écoles normales primaires.* Cet examen porte sur la *méthode* de l'enseignement et sur toutes les matières qui font partie du programme des écoles normales. Toutes les fois que l'on ne peut se rendre compte de la valeur du sujet au point de vue de la méthode sans recourir à ses connaissances réelles, celles-ci deviennent l'objet d'un contrôle spécial, ainsi que cela se pratique en Prusse pour l'examen *pro rectoratu.* Les conditions pour se présenter à l'examen sont les suivantes : 1° Être âgé de 21 ans révolus ; 2° avoir au moins deux ans de service dans l'enseignement public ; 3° posséder l'un des diplômes suivants : diplôme de bachelier ès lettres ou ès sciences, brevet de capacité pour l'enseignement secondaire spécial, brevet complet de l'enseignement primaire. L'examen comporte une partie écrite et une partie orale ; cette dernière comprend elle-même un examen proprement dit et une leçon d'épreuve. L'examen écrit comprend : I. *Section des lettres :* 1° Un sujet de littérature, de grammaire, d'histoire ou de géographie ; 2° un devoir sur un sujet de psychologie ou de morale ; 3° une composition sur un sujet de pédagogie. II. *Section des sciences :* 1° Composition sur un sujet de mathématiques et confection d'un dessin géométrique ; 2° composition sur une matière du programme des sciences physiques, chimiques ou naturelles et de leurs applications ; 3° composition sur une question relative à la méthode à suivre dans l'enseignement des sciences naturelles. — Dans *les épreuves orales* les aspirants (ou les aspirantes) doivent : 1° après 3/4 d'heure de préparation corriger un devoir d'élève et motiver leurs critiques ; 2° après un 1/4 d'heure de préparation lire et commenter un passage d'un des auteurs classiques indiqués pour le brevet supérieur. *La leçon d'épreuve* porte sur un sujet tiré au sort et relatif à un point quelconque de l'enseignement des écoles normales ; elle est faite devant une classe d'école normale. On accorde pour cette leçon 3 heures de préparation sans aucun secours étranger. Lorsque la leçon d'épreuve porte sur un point des sciences naturelles, on exige une démonstration expérimentale.

Parmi les sujets donnés à l'écrit, je citerai les suivants :

A. SECTION DES LETTRES.

1) La féodalité en France : comment expliqueriez-vous ce régime aux élèves d'une école normale ? aux élèves d'une école primaire ?

2) Dans quelle mesure doit-on combiner l'enseignement de l'histoire avec celui de la géographie ? Exemple : Colomb et Magelhaens.

3) Expliquez aux élèves de la classe supérieure d'une école normale les conséquences de la promulgation et de la révocation de l'Edit de Nantes.

4) Différences et analogies principales du sens dramatique chez Corneille, Racine.

5) Le goût ; dans quelles conditions et jusqu'à quel point peut-on espérer le perfectionner dans les écoles normales au moyen des études littéraires ?

6) Quelle idée Mme Necker de Saussure se fait-elle de l'éducation ?

7) Nos colonies en Asie, en Amérique, en Australie. Quand et comment les avons-nous conquises ou fondées ? Que possédons-nous aujourd'hui comparativement à l'Angleterre et aux autres nations européennes ? (La composition devra contenir, soit au commencement, soit à la fin, la disposition de la leçon que l'on suppose destinée aux élèves de la classe supérieure de l'école normale et partie de la récapitulation générale de l'enseignement de l'année.)

8) Expliquez et justifiez le précepte :

> Avant donc que d'écrire, apprenez à penser.

9) Exposez les motifs qui justifient la nouvelle division des matières dans le programme d'histoire nationale.

10) Expliquez et appréciez le mot de Rousseau : « La première éducation doit être purement négative ».

B. SECTION DES SCIENCES.

1) De quelle manière expliqueriez-vous le fonctionnement d'une locomotive à la division supérieure d'une école primaire ?

2) Expliquez les réactions chimiques utilisées dans la préparation du fer.

3) Caractérisez les propriétés des principales plantes de la famille des légumineuses en insistant particulièrement sur celles de votre pays.

4) Esquissez une leçon sur l'ouïe de l'homme, leçon destinée aux élèves de troisième année d'une école normale. Décrire succinctement tout l'organe et rappeler les lois physiques au moyen desquelles on peut expliquer le rôle de chaque partie de l'oreille.

5) Utilité de l'herborisation pour l'enseignement de la botanique. Comment doit se faire l'herborisation dans une école normale ? Préparation et conservation des herbiers.

6) Nommez les matières géologiques qu'il est utile de montrer aux élèves pour faire une leçon sur les autres matières minérales employées dans la construction.

7) Doit-on dans l'enseignement de l'arithmétique expliquer les opérations sur les fractions décimales avant les opérations sur les fractions ordinaires ? Examiner les avantages et les inconvénients de l'une et l'autre méthode.

8) Faire à la classe supérieure d'une école primaire une leçon sur le rôle économique et l'importance des animaux employés en agriculture.

9) Faire une première leçon de trigonométrie dans la classe supérieure d'une école normale.

10) Quels sont les instruments d'optique que l'on doit s'attacher particulièrement à faire connaître aux élèves ? Comment doit-on exposer la théorie de ces instruments ? Exemple : la loupe.

La République française ayant admis les femmes à ces examens et leur ayant ainsi facilité l'accès des plus hauts postes de l'enseignement primaire public, le Conseil supérieur de l'Instruction publique a reconnu qu'il était juste d'accorder aux femmes une certaine part dans *l'inspection* des écoles. Tout ce qui concerne l'instruction primaire est soumis à l'examen de ce qu'on appelle les *Inspecteurs primaires,* au nombre de un par arrondissement. Ces inspecteurs, qui sont à leur tour contrôlés par des inspecteurs d'académie, doivent, il est vrai, surveiller toutes les écoles de filles de leur ressort ; toutefois, le ministre peut confier cette mission à des femmes, par délégation particulière. L'inspection faite par des femmes porte le plus souvent sur des détails qui, par leur nature, échappent à la compétence des hommes. On arrive d'ailleurs à ces fonctions au moyen d'un examen particulier (*examen d'aptitude aux fonctions d'inspecteur de l'enseignement primaire*) presque identique à celui du directorat des écoles normales.

CONCLUSION

Nous avons appris, par ce qui précède, tout ce que la troisième République a fait, soit par des perfectionnements, soit par des créations de toutes pièces, pour le relèvement de l'enseignement des femmes dans son ensemble. En parlant des lycées de filles, nous leur avons trouvé un caractère exclusivement féminin. En ce qui concerne au contraire les écoles primaires, les établissements ne présentent que de légères différences, qu'ils s'adressent à l'un ou à l'autre sexe. Ce n'est que dans la préparation du personnel enseignant, c'est-à-dire dans les écoles normales, que l'on rencontre des différences, tant dans la méthode que dans la somme des connaissances à acquérir.

Strictement centralisé, réglementé jusque dans ses moindres détails, le système d'instruction adopté par nos voisins constitue une machine dont la marche est parfaite. Le plus petit degré que doit gravir le maître d'une école primaire ou secondaire entraîne l'obligation de subir un examen particulier. Le diplôme qui constate le succès est la condition indispensable à un avancement quelconque. Un inspecteur primaire (ou, comme nous disons, un « Inspecteur de cercle ») doit, pour conquérir cette place, avoir passé *sept* examens, ce dont mon exposé permet de se rendre facilement compte. Il y a là, selon moi, un grave danger pour le bon esprit de l'instruction publique en France. Dans ce pays, comme en Allemagne, c'est une caractéristique commune à tous les hommes indépendants et capables de se soumettre difficilement aux hasards d'un examen et, ce qui est plus encore, à l'appréciation souvent maladroite des examinateurs. Les examens sont généralement calculés pour des capacités moyennes. On exige une assimilation de connaissances superficielles, mais étendues, et c'est là un travail qui convient surtout à l'homme de valeur moyenne ; mais aussi on écarte de cette façon le penseur qui cherche surtout à approfondir l'essence des choses. Un directeur d'école normale, qui aura dirigé avec tact et mesure l'établissement confié à ses soins, et que l'administration voudrait attirer dans le personnel des inspecteurs primaires, ne se résoudra que difficilement à s'asseoir sur un banc d'examen et à laisser contrôler ses connaissances par des juges qui lui seront très souvent inférieurs.

Ce système de subordonner chaque promotion à l'obtention d'un diplôme spécial permettra certainement à quelques hommes très capables d'arriver, avec le temps, aux places supérieures et dirigeantes de l'instruction publique en France ; par contre, il écartera trop souvent les esprits inventifs, les esprits qui saisissent les idées générales, esprits dont toute institution humaine a un si pressant besoin. Chez nous, en Allemagne, nous ne sommes pas encore, pour le moment du moins, arrivés à cette course maladive des esprits médiocres que doit nécessairement produire un système si compliqué d'examens; toutefois il s'est produit récemment, dans une ville allemande, un fait qui donne à réfléchir : un professeur connu, plein de mérite, qui, par ses études antérieures et par les services rendus, aurait pu aspirer à la direction d'un gymnase, a vu sa nomination de directeur d'une école supérieure de filles subordonnée à la condition de subir avec succès l'*examen de directeur*.

Quoi qu'il en soit de ces défauts qu'il est aisé de faire disparaître, il est incontestable qu'un souffle puissant de vitalité passe dans tout l'ensemble de l'instruction publique en France. L'indifférence à l'égard de l'instruction du peuple est considérée comme l'une des principales causes des malheurs de 1870. Et comme l'enseignement des jeunes filles avait été jusqu'alors à peu près complètement négligé, la troisième République s'en est principalement occupée. Les débats devant les Chambres, dont j'ai rendu compte dans ce livre, des travaux littéraires relativement considérables démontrent à quel point la question de l'enseignement des jeunes filles préoccupe tous ceux qui ont en vue le bien et la régénération de leur patrie. Nous trouvons de cela un témoignage non moins éloquent dans les énormes sacrifices que s'est imposés l'Etat pour la fondation d'écoles tant primaires que secondaires.

Nous ne sommes que trop disposés, nous autres Allemands, d'après ce qu'ont fait des politiciens maladroits pour rabaisser la grandeur de la France, à conclure qu'il en est de même de tout le travail de la nation et à n'en avoir qu'une opinion médiocre aussi convient-il de montrer ici avec quelle énergie calme, mais incessante, nos voisins ont cherché à corriger leurs défauts antérieurs, reconnus sans fausse honte. Ce n'est pas uniquement d'après les élucubrations d'une presse éhontée et dominée par des motifs inavouables que nous devons juger de l'état actuel de la France et de l'esprit de ses habitants. Allez dans les cours des casernes, dans les salles de classe : c'est là que vous verrez la confirmation de ce que j'ai dit, dans le cours de cet ouvrage, de l'esprit sévère avec lequel le Français s'attache à reconnaître et à corriger ses défauts.

Iᵉʳ SUPPLÉMENT

I. LOI RELATIVE A LA CRÉATION D'ÉTABLISSEMENTS DESTINÉS A L'ENSEIGNEMENT SECONDAIRE DES JEUNES FILLES

(21 DÉCEMBRE 1880).

Art. 1ᵉʳ. — Il sera fondé par l'Etat, avec le concours des départements et des communes, des établissements destinés à l'enseignement secondaire des jeunes filles.

Art. 2. — Ces établissements seront des externats.

Des internats pourront y être annexés sur la demande des conseils municipaux et après entente entre eux et l'Etat. Ils seront soumis au même régime que les collèges communaux.

Art. 3. — Il sera fondé par l'Etat, les départements et les communes, au profit des internes et des demi-pensionnaires, tant élèves qu'élèves-maîtresses, des bourses, dont le nombre sera déterminé dans le traité constitutif qui interviendra entre le ministre, le département et la commune où sera créé l'établissement.

Art. 4. — L'enseignement comprend :

1) L'enseignement moral.
2) La langue française, la lecture à haute voix et au moins une langue vivante.
3) Les littératures anciennes et modernes.
4) La géographie et la cosmographie.
5) L'histoire nationale et un aperçu de l'histoire générale.
6) L'arithmétique, les éléments de la géométrie, de la chimie, de la physique et de l'histoire naturelle.
7) L'hygiène.
8) L'économie domestique.
9) Les travaux à l'aiguille.

10) Des notions de droit usuel.
11) Le dessin.
12) La musique.
13) La gymnastique.

Art. 5. — L'enseignement religieux sera donné, sur la demande des parents, par les ministres des différents cultes, dans l'intérieur des établissements, en dehors des heures de classe.

Les ministres des différents cultes seront agréés par le ministre de l'Instruction publique.

Ils ne résideront pas dans l'établissement.

Art. 6. — Il pourra être annexé aux établissements d'enseignement secondaire un cours de pédagogie.

Art. 7. — Aucune élève ne pourra être admise dans les établissements d'enseignement secondaire sans avoir subi un examen constatant qu'elle est en état d'en suivre les cours.

Art. 8. — Il sera, à la suite d'un examen, délivré un diplôme aux jeunes filles qui auront suivi les cours des établissements publics d'enseignement secondaire.

Art. 9. — Chaque établissement est placé sous l'autorité d'une directrice.

L'enseignement est donné par des professeurs hommes ou femmes munis de diplômes réguliers.

La présente loi, délibérée et adoptée par le Sénat et la Chambre des députés, sera exécutée comme loi de l'Etat.

Fait à Paris, le 21 décembre 1880.

JULES GRÉVY.

Par le Président de la République :

Le Ministre de l'Instruction publique et des Beaux-Arts,
JULES FERRY.

II. ÉCOLE NORMALE D'ENSEIGNEMENT SECONDAIRE DE SÈVRES

Le Sénat et la Chambre des députés ont adopté,
Le Président de la République promulgue la loi dont la teneur suit:

Art. 1er. — Il sera fondé par l'Etat une école normale d'internes destinée à recruter des professeurs femmes pour les écoles secondaires de jeunes filles.

Les jeunes filles seront admises par voie de concours et entretenues gratuitement par l'Etat.

Art. 2. — Tout ce qui concerne le programme, la durée des études, le personnel, les conditions d'admission, les examens de sortie, sera déterminé par un règlement délibéré en Conseil supérieur de l'Instruction publique.

La présente loi, délibérée et adoptée par le Sénat et par la Chambre des députés, sera exécutée comme loi de l'Etat.

Fait à Paris, le 26 juillet 1881.

JULES GRÉVY.

Par le Président de la République:

Le Président du Conseil, Ministre de l'Instruction publique et des Beaux-Arts,

JULES FERRY.

II° SUPPLÉMENT

L'INSTITUT PROTECTEUR DES FEMMES DE LA SOCIÉTÉ, A PARIS

Pour terminer cet exposé de l'instruction publique en France, j'ajoute, pour mes lectrices, un renseignement qui, pour ne pas rentrer absolument dans mon sujet, ne laissera pas cependant d'être utile à beaucoup. Il s'est fondé, depuis quelques années, à Paris, sous le nom d'*Institut protecteur des femmes de la Société* une association qui s'est donné pour mission de diriger de ses conseils et de procurer des places à toutes les dames, sans distinction de nationalité, qui voudraient se consacrer en France à l'enseignement privé. Cette association, composée d'hommes et de femmes des hautes classes de la société, dispose surtout d'excellentes relations et en fait profiter les dames qui s'adressent à elle. Abstraction faite du droit d'admission dans la Société, les services rendus sont entièrement gratuits et découlent d'un principe purement humanitaire. J'engage toutes les jeunes filles allemandes qui vont en France et qui demandent à l'enseignement leurs moyens de subsistance — et leur nombre est légion — de ne s'adresser qu'à cette Société. Par là seulement elles échapperont au danger de devenir les victimes d'une exploitation non moins grande à Paris qu'à Londres. Même les dames qui viennent seulement pour apprendre la langue française trouveront au siège de la Société une bonne pension à bon marché ainsi que le meilleur moyen d'arriver à leur but. La présidente de la société est *Madame la Vicomtesse du Peloux* (adresse: rue de Turin, 26).

Imp. de la Soc. de Typ. - NOIZETTE, 8, r. Campagne-Première, Paris.

À la même Librairie

BIBLIOTHÈQUE PÉDAGOGIQUE
Publiée sous la direction d'Hippolyte COCHERIS
Inspecteur général de l'Instruction publique

Les Doctrines pédagogiques des grecs, par Alexandre MARTIN, in-12, br.... 1 25

Les écrivains pédagogues du XVIe siècle, extrait des œuvres d'ÉRASME, SADOLET, RABELAIS, LUTHER, VIVÈS, RAMUS, MONTAIGNE, CHARRON, par Paul SOUQUET, in-12, br............. 2 »

Comment Gertrude instruit ses enfants, traduit de Pestalozzi, par le Dr DARIN, 1 vol. in-12, br........... 2 50
 Le même, avec portr. hors texte. 2 75

Pensées sur l'éducation des enfants, par J. LOCKE. Traduction de COSTE, annotée et précédée d'une introduction, par E. FOCHIER, in-12, br.......... 2 50

Émile ou de l'éducation, par J.-J. ROUSSEAU, (Extraits choisis), avec deux introductions par Paul SOUQUET, in-12, br................ 2 50

La pédagogie féminine. Extraits de tous les traités sur l'enseignement des femmes, par Paul ROUSSELOT, in-12, broché............... 2 »

Traités des études de Rollin. Directions pédagogiques recueillies par Félix CADET, et le Dr DARIN, in-12. br... 2 »

TRAITÉS ET OUVRAGES DIVERS DE PÉDAGOGIE

Cours théorique et pratique de pédagogie, à l'usage des écoles normales primaires, par CHARBONNEAU, précédé d'une introduction par J.-J. RAPET, in-12, broché............... 2 75
 Le même, cart........ 3 25

Pédagogie, à l'usage de l'enseignement primaire, par Paul ROUSSELOT, in-12, br................. 3 »
 Le même, cart....... 3 50

Histoire universelle de la pédagogie, par E. PAROZ, directeur d'école normale, in-12, br............. 4 »

La pédagogie révolutionnaire, par G. DUMESNIL, in-12, br......... 2 »

Lettres sur la pédagogie, par F. CADET, inspecteur général de l'instruction publique, in-12, br........... 2 »

Lettres sur la profession d'instituteur, par A. THERY, in-12, br...... 2 »

L'École primaire, essai de pédagogie élémentaire, par Paul ROUSSELOT, in-12, broché.............. 1 25

Conseils aux instituteurs, par RICHARD, in-12, br.............. » 50

De l'éducation dans la démocratie, par Mme COIGNET, in-12, br...... 3 »

Conférences pédagogiques, de Paris en 1880. — Rapports et procès-verbaux, in-12, br.................. 2 »

Congrès pédagogique de 1881, in-12, broché.............. 1 25

Le congrès des instituteurs allemands, par G. JOST, in-12, br........ 2 »

Guide des délégués cantonaux (de) pour la surveillance et l'inspection des établissements primaires par E. D'OLLENDON, in-12, br......... » 30

Code manuel des délégués cantonaux et communaux, par LHOMME ET PIERRET, avec une introduction de CUISSART, 1 vol. in-12, br............ 3 »
 Le même, cart. toile angl..... 3 50

Écoles primaires et salles d'asile, construction et installation, par Félix NARJOUX, in-12 avec de nombreux plans et figures................. 2 50

Les Écoles publiques en Europe. Conférence de Félix NARJOUX, br. in-18. » 75

Les Écoles normales primaires, par LE MÊME, 1 vol. in-8, br......... 12 »

Règlement pour la construction et l'ameublement des maisons d'école, par LE MÊME, in-8, br........... » 50

Introduction de la méthode des salles d'asile dans l'enseignement primaire, conférences faites aux instituteurs réunis à la Sorbonne à l'occasion de l'Exposition de 1867, par Mme Marie PAPE-CARPENTIER, in-12, br....... » 75

Les Écoles maternelles, par M. JATRAT, in-4, br............ 4 »

Pédagogie des travaux à l'aiguille, par Mme F.-W. COCHERIS, in-12, br. 3 »

Enseignement secondaire des filles, par Mme LAMOTTE, in-1, br...... 1 »

Recueil alphabétique de citations morales des meilleurs écrivains, prosateurs et poètes, historiens et philosophes de tous les temps et surtout contemporains, ou Encyclopédie morale, par E. LOUDENS, 1 beau vol. grand in-8, jésus à deux colonnes................ 6 »

Études sur la vie et les travaux pédagogiques de J.-H. Pestalozzi, par F. POREE, premier directeur de l'école municipale Turgot, 1 vol. in-12, br...... 4 »

www.ingramcontent.com/pod-product-compliance
Lightning Source LLC
Chambersburg PA
CBHW070650170426
43200CB00010B/2184